혁신교육
정책피디아

혁신교육
정책피디아

발행일   2018년 04월 30일 초판 1쇄 발행
            2020년 11월 25일 초판 2쇄 발행
지은이   한기현
발행인   방득일
편 집   신윤철, 박현주, 정미정, 문지영
디자인   강수경
마케팅   김지훈

발행처   맘에드림
주 소   서울시 도봉구 노해로 379 대성빌딩 902호
전 화   02-2269-0425
팩 스   02-2269-0426
e-mail   momdreampub@naver.com

ISBN   978-89-97206-95-7 93370

혁신교육
정책피디아

한기현 지음

맘에드림

CONTENTS

Chapter 04

변화의 새로운 물결과 기득권의 방해공작

암흑 속에서 발견한 희망

Chapter 05

혁신학교, 대한민국 교육의 새로운 방향을 제시하다

Chapter 06

학교 혁신의 동력인 교사의 혁신역량을 강화하라

교육 혁신을 위한 기본 조건 ·······························

Chapter 07

교원의 업무를 정상화하라

Chapter 08

교육정책사업을 감축하라

Chapter 09

기관평가를 상향식으로 전환하라

교육 고통에서의 탈주와
행복·희망교육으로의 비상

곽노현

한기현 선생은 알면 알수록 따뜻한 인격과 비범한 능력의 소유자이다. 그는 깨어 있는 정신으로 위선과 가식을 배격하며 끊임없이 진실과 당위(當爲)를 추구한다. 그런가 하면 자신의 호를 '아으情'이라고 붙일 만큼 다정다감한 시인(詩人)이기도 하다. 관념과 정서를 교묘하게 결합한 모던한 시풍으로 보건대 젊은 날의 한기현은 언제나 남모르게 비상과 탈주를 꿈꾸었을 것이다. 그것이 교육에서도 '교육 고통에서의 탈주와 행복·희망교육으로의 비상'이라는 꿈으로 연결된 것 같다.

나는 그를 발탁하여 교원업무정상화, 교육정책사업 정비, 혁신학교 등 핵심 전략정책들을 입안하고 추진하는 일에 참여하도록 했다. 그는 거기서 마치 물을 만난 물고기처럼 정력적으로 움직이며, 마음껏 정책역량을 발휘하고 연마했다. 그리고 서울교육청의 관료 조직을 속속들이 체감하는 시간을 가졌다. 이때의 경험은 퇴직 후 조희연 교육감의 두 가지 핵심 태스크포스를 맡아 본격적으로 도우면서 절정에 달한다. 그는 특히 교원업무정상화와 교육정책사업 감축의 실효성 확보에 혼신의 힘을 쏟았다. 하지만 당시 중앙정부의 방해에 부딪혀 그다지 진전이 없었던 점을 매우 안타까워했기에 이 책에서는 현 정부에 대한 간곡한 당부도 잊지 않고 있다.

한기현 선생은 이번에 펴내는《혁신교육 정책피디아》에서 교육정책의 본질에 성큼 다가가는 그의 남다른 혜안과 역량으로 우리나라 학교와 교육청의 문제점을 철저히 해부하고 해결책을 제시한다. 무엇보다도 모든 페이지마다 그의 개혁가적 열정을 느낄 수 있어서 좋았다.

이 책은 현장 교사의 풍부하고 혁신적인 교육 경험을 바탕으로 썼다는 점에서 현장 교사 경험이 없는 전문 연구자들이 쓴 책과는 확연히 다른 결을 갖는다. 이 책은 또한 서울교육청이라는 거대 관료 조직의 작동 기제와 조직문화를 속속들이 이해한 바탕 위에서 썼다는 점에서 교육청을 내부에서 직접 경험하지 않은 현장 교사들이 쓴 책과도 결이 다르다. 마지막으로 이 책은 진보교육감의 교육개혁 성공을 위해 애간장을 태우며 함께했던 실천적 열정을 바탕으로 썼다는 점에서 실천적 열정을 불태우지 않고도 쓸 수 있는 정책 연구서와도 결이 다르다. 이것이 내가 한기현 선생의 《혁신교육 정책피디아》를 한 치의 망설임도 없이 모든 교육 관계자들에게 초강력 추천할 수 있는 이유이다.

함께 꾸는 꿈은
더 빨리 이룰 수 있다!

나는 이 책을 통해 교육청에서 교육정책과 관련해 일했던 다양한 경험을 여러 사람들과 공유하고 싶었다. 교육청에서 혁신정책을 이끌어가는 분들에게는 성찰의 기회를 제공하고, 교육행정에 처음 참여하는 분들에게는 시행착오를 조금이나마 덜 수 있게 도움을 주지 않을까 하는 기대감이 책을 쓰게 된 동기였다.

그런데 막상 글을 쓰면서 경험을 반추해보니 일선에서 아무리 애를 써도 교육부를 비롯한 중앙정부가 제대로 도와주지 않거나 방해를 하면 도무지 성과를 낼 수 없다는 사실을 다시금 깨달았다. 이에 중앙정부에도 간절히 도움을 호소하는 방향으로 좀 더 확대해서 쓰기로 했다.

정권이 바뀌어도 여전히 안개 속인 교육 현실

대한민국 교육의 수장들은 계속 바뀌었지만, 교육 혁신은 여전히 답보 상태에 머물러 있고, 심지어 교육 혁신이 나아가야 할 방향에 역행하는 모습마저 보이니 걱정이다. 물론 정부가 산적한 교육 문제 모두에 정통할 순 없을 것이다. 그렇기 때문에 교육 혁신에 관한 다양한 생각에 귀를 기울여야 한다. 특히 학교현장과 교육청에서 교육 혁신을 경험해본 사람들의 견해는 분명 큰 도움이 될 것이다. 이에 나도 막중한 책임감을 안고 30여 년의 학교 경험과 4년 6개월의 교육청 경험을 바탕으로 그간 간절하게 바라던 교육정책들을 이 책을 통해 하나하나 전달하려고 한다.

글을 시작하기에 앞서 평범하지 않은 교육청 발령부터 지금까지 겪었던 우여곡절을 소개하고자 한다.

진보 교육감, 교육 혁신의 새 지평을 열다

2012년 3월 내가 서울시교육청 학교혁신과 파견교사로 발령이 났을 때 한 중앙일간지는 "교육정책에 관여할 수 있는 교육청 발령은 평교사들에겐 하늘의 별 따기"라고 하며 법원에 탄원서도 제출하고 [1] 석방운동을 한 것에 대한 보은 인사라며 맹비난했다. 그 때문인지 서울시교육청에 들어가자마자 감사원 감사까지 받았다. 그 후 곽노현 교육감이 끝내 퇴진하고 교육청을 떠나자 그야말로 낙동

---

1. http://pssyyt.tistory.com/396?category=249465에 탑재

강 오리알 신세로 지내다가 2013년 3월에 학교로 복귀했다.

사실 나는 곽 교육감과 개인적인 친분이 전혀 없는 사이였다. 그저 그의 교육감 후보 시절 공약이 좋았고, 그중에서 특히 혁신학교 공약에 열광해 그의 열렬한 지지자가 되었던 것이다.

곽 교육감 당선 후 교육감으로서 성공하기를 간절히 바라는 마음에 초·중등교육의 현실을 알리고 그동안 바라던 정책들을 정리해 이를 〈정책 제안서〉로 만들어 교육감실로 보냈다. 입시 위주 교육을 거부하던 학생 시절과 교사로서 살아온 이야기를 담아 2001년에 출판한 책 《다시 꿈을 꾸는 세상》도 함께 보냈다. 취임 초 엄청나게 바쁘실 텐데 일개 교사 한 명이 보낸 글을 읽어보시기나 할까 하는 의구심은 있었지만, 그래도 혹시나 하는 기대로 보낸 것이다.

그런데 며칠 안 돼 곽 교육감이 직접 전화를 주셨다. 그리고 며칠 후 함께 식사를 하는 동안 세 시간 넘게 열정적인 모습으로 초·중등교육에 관해 여러 가지 질문을 쏟아내셨고, 그에 관한 많은 진지한 대화를 나누었다. 그날의 그 만남이 내가 서울시교육청에서 일하게 된 계기가 되었다.

나는 주로 교원업무정상화와 혁신학교 정책에 참여했는데, 우리 파견교사들은 모든 정책에 관해 정책보좌관과 정례협의를 갖기도 했고 가끔은 교육감님과 직접 협의하기도 했다. 교육감님은 학교현장에서 열심히 활동하는 교사들과도 자주 만나 그들의 이야기를 경청하고 정책에도 적극 반영하셨다.

이렇듯 교육청으로부터 불어오는 신선한 바람에 학교들은 마치 숨통이 트이는 듯 큰 숨을 들이쉬며 꿈틀거리기 시작했고, 일부 혁신학교에서는 벌써 학교구성원들의 행복한 목소리가 들려왔다.

퇴행해버린 교육 현실에 교직을 박차고 나오다

이렇게 서울시의 교육이 학교 혁신, 교육행정 혁신, 인권, 복지, 지자체와의 협력 등 여러 면에서 획기적으로 변해가고 있는 중요한 시점에서 교육감이 덜컥 물러나는 비극을 맞게 되었다.[2]

곽 교육감의 퇴진 후, 그간 교육청에 들어가 해온 모든 일들이 와르르 무너지기 시작했다. 혁신학교는 노골적으로 핍박을 당했고, 교육청 지원이 절실한 교원업무정상화 정책은 방치되었다. 학교현장에 복귀한 후 이런 상황에 피가 거꾸로 솟구쳤다. 이에 다음 교육감 선거에서 다시 교육청을 탈환해야 한다는 와신상담의 일념으로 그해 8월 말 명예퇴직을 하고 정든 교직을 떠났다.

그리고 2014년 3월 서울시교육감 선거 출마 기자회견장에 가서 생면부지의 조희연 후보를 만났다. 그때부터 선거본부 정책위원을 맡아 그야말로 눈코 뜰 새 없이 바쁘게 일했다. 특히 보람 있었던 것은 교수 출신인 후보가 파악하기 쉽게 초·중등교육 쟁점

---

2. 나를 포함한 많은 사람들이 억울한 누명을 씌워 쫓아낸 것으로 생각하고 있고, 그 비열한 책동이 언젠가 꼭 밝혀지리라고 확신한다.

사안 95개를 추려 각각을 현황, 문제점, 개선 방안으로 요약 정리해드린 것이다. 사전식으로 배열해 토론회 등에서 찾아보기 쉽게 만들었다.[3]

또 하나는 경실련 등 4개 교원(시민)단체 연합으로 구성된 '서울교육감 시민선택'에 제출한 공약집에 대한 평가가 다른 후보들을 압도한 것이다. 정책위원회에서 내게 일임해 그동안 협의가 된 것들로 작성한 것인데, 10가지 평가 항목에서 우리만 A가 5개이고, 2등과 3등은 1개, 4등은 0개이니 그야말로 압도적인 1등으로 언론에도 공개되었다.[4] 공약을 만든 정책위원회의 개가였다.

그리고 3개월의 피 말리는 선거전 끝에 조희연 후보가 당선되었다. 당선이 확정된 날 목표를 달성했으니 이제는 집에서 손주들을 돌보며 편히 쉬겠노라는 글을 페이스북에 올리고 선거본부에는 일체 발길을 끊었다.

그런데 1주일쯤 지나서 당선인으로부터 연락이 왔다. 도올 김용옥 선생으로부터 초대를 받았는데 배석을 해달라는 것이었다. 그렇게 도와드리기 시작한 것이 인수위로 연결되었고, 결국 취임 후까지 붙잡히게 되었다. 붙잡혔다는 표현을 썼지만 사실 참으로 고마운 일이다. 곽노현 교육감의 중도 하차로 못 이룬 꿈을 다시 펼쳐볼 소중한 기회를 얻었기 때문이다.

---

3. http://cafe.naver.com/woorivision에 탑재

4. http://blog.daum.net/seoul-educhoice에 탑재

행정 경험과 시행착오 속 깨달음

집에서 서울시교육청이 있는 서대문까지는 90분이 걸리니 왕복 세 시간의 출퇴근도 암 투병 후 장애인이 된 몸으로는 녹록지 않았던 게 사실이다. 여러 가지 갈등 상황을 조정해야 하니 스트레스도 많이 받고, 업무량이 많으니 집에서도 늘 컴퓨터 앞에 앉아 있어야 했다. 하지만 고등학생 때부터 "저는 이런 입시 위주의 교육은 받고 싶지 않습니다!"라고 절규하며 품었던 교육 혁신의 꿈을 펼칠 기회를 갖게 되었으니 참으로 고마운 일이었다.

여러 우여곡절 속에서 나는 2011년부터 2016년까지 중간의 1년 6개월을 빼고 4년 6개월 동안 교육청에서의 교육행정을 경험했다. 직접 담당한 업무 외에도 교육감(교육감실 보좌관들)과 모든 것을 협의할 수 있었으니 정책 결정과 추진 과정, 조직과 인사행정 과정, 예산이 결정되고 처리되는 과정, 시의회나 교원(시민)단체와의 소통 과정, 교육청과 현장의 소통 과정, 대언론 관계와 홍보 등 교육청에서 행해지는 제반 행정과정을 두루 경험할 수 있었다.

그 과정에서 많은 장학관(장학사), 교원(교장, 교감, 교사), 교원(시민)단체 활동가들, 시의회 의원 그리고 일부 타 시·도교육감과 교육청 인사들까지 알게 되었는데, 특히 경기도교육청에는 개인적으로 많은 도움을 받았기에 더 많은 분들을 알게 되었다.

이렇게 직접 경험하며 시행착오를 겪고 보니, 이 모든 것은 혼자 간직할 게 아니라는 생각이 들었다. 모두와 함께 공유하면 앞으로 교육 혁신의 꿈을 실현하기 위해 일할 분들에게 도움이 될 거라고 판단했기 때문이다.

지금까지 진보교육감의 교육 혁신에 대해 수많은 책들이 출판되었고, 나도 많은 도움을 받았다. 하지만 주로 혁신학교에 관한 책들이었고, 이를 뒷받침하기 위한 교육청의 정책이나 이와 관련된 행정과정을 소개한 책은 거의 없었다. 전·현직 교육감 몇 분이 거시적인 관점에서 혁신의 방향을 제시하거나 정치인과 행정가로서의 경험을 소개한 것이 몇 권 있지만, 교육감을 도와 정책의 입안과 추진에 참여한 사람이 직접 겪은 교육행정의 구체적인 과정과 그 과정에서의 어려움이나 깨달음 등을 소개한 책은 없었다.

따라서 평교사로서 겪어본 교육행정 경험의 공유는 교육청에서 처음 일하게 될 분들, 지금까지 일해왔지만 되돌아볼 필요를 느끼는 분들 그리고 교육청 밖에서 진보교육감을 돕거나 잘못한다고 비판하는 모든 단체와 활동가들에게도 필요하리라 본다. 또한 교육 혁신의 기치를 내걸고 당선된 후 그것을 정책화하고 추진하는 과정에서 어떻게 성패가 결정되는지를 살펴보는 것은 차기 교육감들에게도 도움이 되리라고 생각한다.

정부의 협조를 거듭 부탁드리며

서두에도 밝혔지만, 교육청이 아무리 발버둥을 쳐도 중앙정부의 협조가 없으면 성공은 요원하다. 앞으로 본문에서 자세히 설명하겠지만, 중앙정부의 협조 없이는 학교 혁신의 첫 단계인 교원업무정상화부터도 어렵다. 학교 혁신의 동력을 제대로 확보할 수 없는 것이다. 그 결과 혁신은 점점 더 요원해진다.

이제 정부는 학교 혁신을 위해 헌신적으로 노력한 현장 교사들과 진보적인 혁신정책을 펼치려고 노력한 교육행정 경험자들의 소리에 귀를 기울여 그동안 학교와 교육청에서 목말라했던 것이 무엇인지를 정확하게 파악하고 적극 지원해주어야 한다. 이 책은 정부가 어떻게 교육정책을 펼쳐나가야 할지 알려줄 나침반 구실도 하리라고 생각한다.

이 책에 소개된 모든 경험은 팩트이지만, 의견은 전적으로 내 생각이다. 그러니 읽는 이에 따라 공감하는 부분도 있을 것이고, 때로는 달리 생각하는 부분도 있을 것이다. 이에 대한 활발한 논의도 교육 혁신을 위해 매우 유의미한 일이 될 것이라고 생각한다. 그리고 나보다 더 경험이 풍부한 분들도 계실 것이다. 그분들도 그 소중한 경험을 더 많은 사람들과 공유했으면 좋겠다.

앞으로 교육 혁신을 꿈꾸는 사람들이 교육청, 교육부 그리고 청와대까지 대거 진출해 성공적인 성과들을 거두길 바란다. 그리하여 학생, 학부모, 교사들이 모두 행복하고 미래에는 세계 각국이 대한민국의 교육을 배우러 오는 날이 도래했으면 좋겠다. 꿈은 이루어진다! 함께 꾸는 꿈은 더 빨리 이루어진다!

앞에서 곽노현, 조희연 두 분 교육감님께는 고마움을 표시했는데, 그 외에도 고마움을 전해야 할 분들이 참 많다. 그중에서도 나와 함께 직접 세세한 일까지 같이 고민하고 진행했던 교육청 분들과

TF 위원 분들께 특별히 감사를 드린다. 내가 서울교육을 위해 한 일 중 혹시 잘한 일이 있다면 이분들의 생각과 수고 덕분일 것이다.

출판 제안을 흔쾌히 수락해주신 맘에드림의 방득일 대표님과 꼭 필요한 조언들을 해주신 신윤철 주간님 그리고 원고를 잘 다듬어준 편집부 박현주 씨에게도 감사드린다. 여러모로 부족한 사람이 쓴 책이지만 조금이나마 이 나라의 교육 발전에 기여하기를 간절히 기원한다.

Chapter 01

비정상이 난무하는
대한민국의 교육 현실

2016년 사람들은 너 나 할 것 없이 거리로 쏟아져 나왔다. 그들은 한목소리로 "이게 나라냐!"고 외치며 비정상의 총체가 된 대한민국의 현실을 개탄했다. 비정상이 난무하는 대한민국의 현실 속에서, 대한민국의 교육 또한 너무나 오랫동안 비정상이 마치 정상인 것처럼 인식되어왔다. 이제 더 이상 비정상의 수렁에 빠진 교육을 방임해서는 안 된다!

최근 몇 년간 참으로 여러 가지 일들이 있었다. 무엇보다 큰일은 헌정 사상 초유의 대통령 탄핵 사건으로 인해 우리 사회에 은밀히 기생하며 나라를 좌지우지했던 부끄러운 치부들이 줄줄이 그 모습을 드러냈다는 것이다. 그동안 얼마나 비정상적인 세상에서 살아왔던 것인지 생각하면 할수록 분통이 터진다.

우리 사회의 거의 모든 분야에 비정상이 난무하겠지만, 특히나 대한민국의 교육 현실은 감히 비정상의 총체라 말할 만하다. 이에 이번 장에서는 대한민국의 비정상적 교육 현실을 낱낱이 밝히고, 이 책에서 추구하고자 하는 정상적인 모습을 교육 선진국의 사례를 통해 이야기해보려 한다.

1. 이게 나라냐!

2016년 12월, 엄동설한의 혹한 속에서도 광화문 광장에는 200만 명이 넘는 시민들이 촛불을 들고 모였다. 광장에 모인 그들은 "이게 나라냐!"라고 항변하며, 나라를 이 꼴로 만든 현직 대통령을 비롯한 적폐세력들을 몰아내고 '나라다운 나라'를 만들어보자며 한목소리를 냈다.

부끄러운 헬조선의 민낯
사실 지금까지 보여준 모습만 봐도 대한민국의 정치, 경제, 사회,

문화 등 모든 영역이 결코 정상이라고 말할 순 없을 것이다. 정부 각 영역에서 국민의 엄청난 세금을 휘두르며 정책을 담당하는 자들이 정상이 아니기 때문이다. 최고 전문가로서 국민을 위해 일하려는 열정을 가진 사람들이 아니라 자기를 더 높은 자리에 앉혀 줄 사람의 눈치를 보며 국민들은 안중에도 없이 그 사람에게만 충성을 다하는 자들이 전문성과는 상관없이 각 분야마다 최고위 정책 결정자의 자리에 앉아 있었다.

그들은 나라의 발전과 국민의 행복을 생각하며 일한 것이 아니라 자신들만의 탐욕을 위해서 최고 권력자의 생각에 따라 일하면서 세금을 허비하고 도둑질하며 '이게 나라냐?'라는 한탄이 나올 지경으로 이 나라를 소위 '헬조선'으로 만들고 말았다.

총체적 난국을 헤쳐 나갈 방안은?

이 난국을 만들어낸 주요 원인 중 하나는 바로 중앙정부 주도의 여러 정책들이다. 특히 교육 분야에서는 교사들이 중앙정부의 정책에 복종이나 하며 전혀 전문성을 발휘할 수 없게 하여 공교육을 부실화했고, 학교현장에 넘쳐나는 중앙정부와 교육청의 요구 사업들 대부분은 오히려 제대로 된 교육을 방해하여 막대한 예산과 인력, 시간을 허비하게 했다.

'4대강', '자원외교', '방산업체 비리' 등 요즘 속속 드러나는 엄청난 세금의 낭비와 비리 사례들을 보면 다른 부처도 비슷할 거라는 생각이 든다.

2. 대한민국 교육에 만연한 비정상의 실태

슬프게도 아마 사회의 거의 모든 분야가 크게 다르지 않을 것이다. 그러니 저마다 자기가 속한 분야가 얼마나 비정상적인 상태인지 말할 수 있을 것이다.

나는 교육 분야에서 평생을 살아왔기 때문에 이 분야가 얼마나 비정상적인 상태인지에 대해 말하고자 한다. 교육은 모든 국민의 공통된 관심사이므로 모두들 이러한 실정을 경험하고 있지만, 이것이 얼마나 비정상적인지에 대해서는 정상적인 상태를 알아야 느낄 수 있겠기에 교육 선진국이라고 자타가 공인하는 북유럽의 교육 사례와 단편적으로나마 비교해보려 한다.

놀면서 성장하는 아이들을 놀 수 없게 구속하는 현실

대한민국 〈어린이헌장〉도 "어린이는 즐겁고 유익한 놀이와 오락을 위한 시설과 공간을 제공받아야 한다"고 선언하고 있다. 그리고 이 선언의 전제인 '어린이는 놀면서 자라야 한다'는 보건학적·발달심리학적·교육학적 대명제이다. 이 선언에 걸맞게 어린이들이 놀 시설과 공간이 충분하지는 않지만 그래도 동네마다 있는 놀이터와 학교 운동장은 좋은 놀이 공간이라고 볼 수 있다.

하지만 아이들로 북적대야 할 놀이터와 운동장은 거의 텅 비어 있다. 놀아야 할 아이들이 경쟁에 내몰려 학원에 가 있기 때문이다. "놀이터와 운동장에 내 아이와 함께 놀 아이가 없어요!", "내 아이는 학원에 보내 공부만 하게 하지 않고 친구들과 어울려 놀면서 자라게 할 거예요"라던 어느 다부진 엄마의 하소연이 기억난다.

어린이를 놀지 못하게 하고 오로지 '공부! 공부!' 하며 학원에 보내는 우리 사회 풍조는 아무리 생각해도 도무지 정상이 아니다. 어둡고 추운 겨울 저녁에 막 저녁 식사를 마치고 나왔을 열 살 남짓 앳된 아이들이 학원버스를 기다리고 있는 모습을 보니, 그 시간에 따뜻한 집 안에서 가족이 모여 오붓하게 저녁 식사를 마친 후 잠자리에 들기 전 재미있는 이야기를 듣거나 놀이를 하는 북유럽의 아이들이 생각나 내 마음도 어둡고 추워졌다. 점점 더 경쟁은 치열해지니 아이들이 공부해야 하는 강도도 세지고, 학원에 다니는 나이도 점점 어려지고 있다.

그런데 이러한 우리나라의 참담한 교육 현실에 경종을 울려줄 만한 사례가 있다. 2010년 4월 11일에 방영된 EBS TV의 〈세계의 교육현장〉 1편 '핀란드의 유치원 교육, 잘 놀아야 공부도 잘 한다!'를 보니 핀란드 어린이는 하루 종일 친구들과 함께 놀았다.

유치원 교사와 교육행정가도 어린이교육에 대해서는 '어떻게 하면 잘 놀게 할까'를 가장 고민했다. 방송에 나온 엄마의 말은 너무나 놀랍다. "자녀 교육에서 가장 중시하는 게 무엇인가?"라는 질문에 "잠을 푹 자게 하는 것이다"라고 대답한 그 엄마는 그 이유로 "잠을 잘 자야 다음 날 잘 놀 수 있기 때문이다"라고 답변했다.

초등학교에 입학할 때까지 쓰는 것은 물론 읽는 것도 가르치지 않았고, '어린이는 잘 놀아야 한다'는 생각은 초등학교에서도 변

함없었다. 그런데도 그 아이들은 모두들 잘 아시다시피 PISA(국제학업성취도평가)의 비교에서 수리·과학·문해력 등 학력을 비롯해 협동심, 문제해결력, 창의력 등 모든 역량에서 가장 뛰어나다는 평가를 받는다. 지극히 정상적인 모습이다.

이와 비슷한 사례로《대한민국 엄마들이 꿈꾸는 덴마크식 교육법》(김영희, 명진출판, 2010)의 차례를 보면 저자는 '〈마음껏 놀면서 크는 아이들〉 충분히 놀아야 다부진 어른으로 자란다'라는 소제목을 붙이고, 그런 교육철학과 교육방법 속에서 행복하게 자라는 덴마크 아이들의 모습을 소개하고 있다. 독일에서 두 자녀를 유치원부터 대학까지 기른 박성숙 님도 여러 권의 책을 통해 독일교육을 소개하고 있는데 그중 하나의 제목은《꼴찌도 행복한 교실》(21세기북스, 2010)이다. 소질과 능력은 다르게 타고 나지만 어떤 아이도 소외되지 않고 모두가 즐겁게 놀며 자라는 행복한 모습, 이것이야말로 교육의 정상적인 모습이 아닐까?

맹목적인 경쟁에 내몰리는 현실

2013년 2월 28일에 KBS 1TV에서 4부작으로 방영된 창사특집 다큐멘터리 〈공부하는 인간〉 1편 '오래된 욕망'에서 우리나라 교육현실의 씁쓸한 단면을 다시금 확인할 수 있었다. 방송에서 한국계 미국인 스캇 임(24세), 한국계 유대인 릴리 마골린(26세), 중동계 미국인 브라이언 카우더(23세), 유럽계 미국인 제니 마틴(23세) 등 4명의 하버드대학교 재학생들이 밤 10시에 대치동의 학원가를 방문해 신기해하는 장면을 내보낸 것이다. 미국에서, 이스라엘에서, 중동에서, 유럽에서 청소년기를 보낸 그들에게 불야성을 이루는 학원가와 그곳에서 밤늦게까지 공부하는 대한민국의 청소년들은 마냥 신기했던 모양이다.

그들은 물었다. "몇 살이니?", "열여섯 살", "열두 살". "학원 끝나고 지금 집으로 돌아가 또 숙제를 한다고? 그럼 몇 시에 자니?", "1시", "11시 30분". "난 그 나이 때 10시면 무조건 잠들었어. 진짜 흥미롭다."

대체 왜 이렇게까지 공부를 해야 하는지에 대한 질문에 한국 학생은 이렇게 대답했다. "한국에서 대학에 가는 건 전쟁이에요. 한국에서는 대학이 인생의 많은 부분을 결정하죠. 그러니 시험을 망친다면 인생이 불행해질 수 있어요. 그래서 우리가 스트레스를 받죠."

대치동 학원가를 방문한 후 그들은 이런 소회를 남겼다. "스스로 만족하고 행복해서가 아니라 남들과 치열하게 싸워 경쟁에서 이겨야만 살아남을 수가 있다고 믿는 사회 분위기 속에서 열심히 공부한다는 아이들의 말이 우리에게는 충격적이었다."

신기해하는 한편 충격적이었다는 그들의 말은 이러한 우리 청소년들의 현실이 얼마나 비정상적인 것인지 단적으로 드러내준다.

그런데 그날 그들이 만난 대한민국의 청소년들은 학업 성적에서 최상위권에 속하는 학생들이었다. 그 사실만 보더라도 우리나라의 청소년들이 치열한 경쟁 속에서, 앞서 북유럽 청소년들이 마음껏 구가하는 활동들은 모두 포기해야 하는 억압 속에서 얼마나 스트레스를 받는지 짐작할 수 있다. 거기에 학업 성적이 이들보 다 못한 대부분의 학생들은 최상위권 학생들이 받는 스트레스에 다가 경쟁에서 뒤처진 낙오자라는 좌절감까지 더해진다.

우리 청소년들에게 가정, 학교, 사회는 모두 경쟁과 공부만을 강 요하며 스트레스를 주는 폭력적인 환경이다. 이러한 환경 속에서 우리 청소년들은 자기주도적으로 행복한 삶을 누리거나 행복한 미 래를 설계하기는커녕 친구를 이기도록 내몰리며, 협동과 배려가 아 닌 극도의 이기주의와 약자에 대한 갑질이라는 폭력만을 배운다.

이러한 환경은 4명의 하버드생들이 **충격적**이라고 표현할 만큼 **비정상**이다. 그러한 비정상이 결과적으로 '입시지옥', '학교폭력', '교실붕괴', '교육 불가능'이라는 말까지 낳았다.[1]

이제 이러한 우울한 교육 현실과 대비되는 사례를 소개하려 한 다. 2016년 3월 17일에 실린 팩트올(FACTOLL)의 기사 〈독일 약사 김건내 씨가 말하는… 독일 교육의 놀라운 실상〉에서 기자와 김 건내 씨는 그녀의 아들인 독일 중학생 김준호 군의 생활을 다음과 같이 소개하고 있다.

김 씨의 자녀들이 학교 수업 외에 받는 교육은 음악이나 체육 등 예체 능이 전부였다. 한국 학생들처럼 국어와 영어, 수학, 과학 등의 사교육

---

1. 대학의 비정상도 밝혀야겠지만 이 책에서는 교육청의 관할인 유·초·중등교육까지만 다루도 록 하겠다.

은 받지 않는다고 했다. 성적이 아주 부진한 학생들만 제한적으로 과외 지도를 받는다는 것이다.

큰애나 작은애나 방학은 당연히 쉬는 시간이라고 생각해요. 방학 땐 학교 교과목 공부를 한 시간도 안 합니다. 오직 관심사는 노는 거지요. 축구, 농구, 탁구, 태권도, 체스, 말타기, 스키, 음악캠프, 여름성경학교, 여행 등을 그 예로 들 수 있습니다.

그렇다고 학교에서 예체능교육에 소홀한 것도 아니다. 실생활에 필요하고 삶을 풍요롭게 할 수 있는 것들이 학교 교육과정에 충분하게 반영되어 있기 때문이다. 박성숙 씨의 《독일 교육 이야기》를 보면 "독일인은 '수영할 수 있니?' 혹은 '자전거 잘 타니?'라고 묻지 않는다. 학교에서 배워서 모든 사람이 잘하기 때문이다"[2]라며 생활교육 실태를 소개한다.

실제로 나는 덴마크와 핀란드 학교를 방문해서 음악 시간에 학생들이 여러 악기로 밴드를 구성해 연주하는 수업을 보았고, 웬만한 요리학원 못지않은 시설이 갖춰진 교실에서 요리를 배우는 학생들도 보았다. 예체능 분야에서 학교교육 외에 좀 더 배우고 싶은 것이 있다면 방과 후에 배울 수가 있는데, 각 지자체에 시설과 프로그램이 잘 갖춰져 있고, 매우 싼 비용만 지불하면 얼마든지 이용할 수 있었다.

---

2. 박성숙, 《독일 교육 이야기》, 21세기북스, 2010, 29쪽

내 주변에도 그런 행복한 교육을 경험한 사례가 있다. 대기업에 근무하는 아빠를 따라 외국에 살면서 유치원부터 고1 때까지 유럽식 교육을 받고 2015년 고2 때 국내에 들어온 처조카는 지덕체 모든 면에서 출중하다.

고교생임에도 국제 기아 문제를 다룬 진지한 논문을 쓰고, 우리말 고어체를 이용한 소설을 썼으며, 피아노와 클라리넷 연주에도 능해 대학생이 된 지금 얼마 전에는 홍대 앞에서 밴드 공연도 했다. 요리도 잘하고 제빵 기술도 탁월해 친구들에게 직접 빵을 만들어주기도 한다. 수영과 자전거 타기도 모두 학교에서 배웠다.

생활에 필요한 것과 자기가 좋아하는 것은 거의 다 익혀서 무엇을 하든 자신감이 넘치고 대인 관계도 좋은 처조카를 보면 항상 행복하고 희망에 찬 모습이다. 내가 덴마크, 핀란드에 가서 만났던 학생들이 바로 그런 모습이었다.

핀란드에서 동네마다 있는 작은 규모의 청소년 시설을 방문해보니 방과 후 청소년들을 위한 시설과 프로그램은 학습 중심이 아니었다. 그저 방과 후 시간을 친구들과 어울려 행복하게 지낼 수 있도록 당구장, 탁구장, 영화관람실, 음악감상실, 무용실, 대화방, 식당 등으로 구성되어 있었다. 우리처럼 큰 규모의 청소년회관이 아니다. 접근성이 떨어지도록 멀리 있지도 않다. 동네마다 작고 아기자기한 시설들이 있고 표정이 밝은 아이들로 늘 북적인다.

북유럽의 청소년들에게 있어 대학은 우리처럼 필수가 아니다. 그들은 학교에서 생활에 필요한 모든 것과 삶을 풍요롭게 해주는 것 그리고 민주시민으로서 살아갈 주체적인 삶과, 타인에 대한 배려와 협동심을 배우기 때문에 자유롭게 청소년기를 구가하며 현재의 행복을 누리고 미래의 행복을 만들어가고 있다. 지극히 정상적인 교육의 모습이다.

과잉된 교육열과 부모와 아이 모두 불행한 현실

우리나라의 학부모는 무한경쟁 속에서 자기 아이가 뒤처지지 않도록 무리를 해서라도 사교육비를 지출한다. 이러한 부담으로 인해 노후까지도 위협받는 실정이다.

그나마 이러한 노력이 자녀에게 도움이 된다면 좋겠지만, 아이들의 입장에서도 교육받는 것 자체가 고통이고, 교육을 받을수록 행복해지지도 않으면서 사람 됨됨이는 망가진다. 사회적으로도 교육은 불평등을 심화시키고, 오히려 인력자원의 손실을 가져와서 미래의 희망이 되지 못하고 있다.

① 사교육비로 등골이 휘는 부모들

교육부가 발표한 바에 따르면 2015년 학생 1인당 월평균 사교육비는 24만 원이다.[3] 서울시 강남구의 〈2015 강남구 사회조사 보고서〉에 의하면 강남 거주 초등학생은 58만 원, 중학생은 89

---

3. 소득 수준별로는 월 700만 원 이상 고소득 가구는 42만 원, 600~700만 원 미만은 36만 원, 100만 원 미만은 6만 6천 원이었다고 발표했다.

만 원, 고등학생은 130만 원 정도라고 한다. 2015년 대학교 연간 등록금은 반값 등록금을 실현한 서울시립대학교(공립)가 239만 원이고, 그 외의 국공립대가 대체로 400~600만 원, 사립대는 600~900만 원 수준이었다. 국공립대 로스쿨은 1,000만 원, 사립대 로스쿨은 2,000만 원 정도이다.

하지만 실제 가정에서 지출되는 교육비는 이러한 통계치보다 훨씬 더 많이 들어갈 것이다. 학벌사회의 피 말리는 무한경쟁 속에서 자녀만은 안정된 삶을 살게 하겠다는 일념으로 갖은 고생을 다하며 교육비를 대다가 뜻을 이루지도 못하고, 노후자금도 준비 못한 채 힘들게 살아가는 한국인들의 모습은 참으로 기가 막힐 노릇이다.

② 암울하기만 한 아이들의 미래

우리나라의 부모들은 미국 오바마 대통령이 부러워할 만큼 희생적인 교육열로 자녀의 교육비를 대지만, 아이들의 미래는 결코 부모의 바람처럼 희망적이지 않다. 오히려 암울하기 그지없다.

이러한 암울한 분위기는 최근 세간에 떠도는 신조어들만 살펴봐도 어렵지 않게 짐작할 수 있다. 이십대 태반은 백수라는 의미의 '이태백', 연애·결혼·출산·취업·주택 구입·인간관계·희망을 포기한 '7포세대', 부잣집에서 태어난 '금수저'에 대비되는 존재로 아무리 노력해도 희망이 없는 '흙수저', 마치 지옥을 방불케 하는 대한민국이라는 뜻의 '헬조선' 등이 그것이다.

오죽하면 이런 말들이 만들어졌을까. 암울한 미래에 절망하는 자녀를 보는 것이 한국 부모 대부분의 현실이다.

③ 점점 더 낮아지는 윤리지수

흥사단 투명사회운동본부 윤리연구센터의 2015년 조사에 의하면 청소년 정직지수는 초등학생 88점, 중학생 78점, 고등학생 67점이었다. 그리고 '10억이 생긴다면 1년 정도 감옥에 가도 좋은가?'라는 설문에 초등학생의 17%, 중학생의 39%, 고등학생의 56%가 '그렇다'고 응답을 하여 학년이 높아질수록 윤리지수는 낮아지는 것으로 확인되었다.

④ 지독한 학벌사회로 날로 심화되는 계층 간 격차

학벌사회에서 부모들은 자녀에게 학력경쟁에서 이기도록 오직 공부만을 요구한다. 이것이 사회의 일반적인 교육 지향이 되다 보니 정치가, 교육행정가, 학교장도 교사에게 오직 학력 향상만을 요구한다. 인성교육과 건강교육을 내세우는 것은 그저 허울 좋은 포장용이다.

학교교육만으로는 무한경쟁에서 뒤처진다는 불안감에 더 공부를 시키려고 하다 보니 사교육이 번성할 수밖에 없다. 그러는 동안 학력 향상 면에서 학원이 학교보다 낫다며 학교는 무시당하게 되었다. 이에 학교는 공교육 부실이라는 오명을 벗어나려고 학생들에게 공부만을 더욱 강요하는 악순환에 빠지고 말았다.

이러한 환경 속에서 학생들은 교육을 받을수록 이기적이 되고 정직하지 못한 방법으로 요령만 익히게 된다. 또한 그저 공부만을 강요당하는 학생들은 스트레스로 정신건강, 신체건강을 해치게 되고, 그것은 자기와 타인에 대한 폭력으로 나타나기도 한다.

저마다의 능력을 최고도로 발휘하지 못하게 하고 억압하는 교육 체제 탓에 국가는 어마어마한 인력자원의 손실을 보고 있다. 무한한 자유경쟁 체제 속에서 교육비를 많이 댈 수 있는 계층과 그렇지 못한 계층 간의 차이는 점점 더 벌어져서 갈수록 불안정한 사회가 되어간다.

이처럼 부모와 자녀가 죽도록 고생하고 노력해도 누구 하나 행복하지도, 꿈을 이룰 수도 없는 것이 대한민국의 교육 현실이다. 오히려 교육을 받을수록 행복은커녕 사람 됨됨이는 망가지고, 국가적으로는 인력자원의 손실을 가져오며, 교육을 통해 계층 간의 격차가 더 벌어져 공동체는 무너져간다. 이것이야말로 비정상의 총체가 아니고 무엇인가?

이러한 우리나라의 현실과는 대조적으로 북유럽 국가들은 서로 약간의 차이는 있지만 대체적으로 비슷한 교육복지정책, 교육철학과 교육과정, 교육행정과 교육방법 등을 추구하고 있다. 따라서 특정 국가의 예를 들 때 주변 다른 나라도 비슷하다고 보면 크게 틀리지 않을 것이다. 북유럽 교육에 대해서는 많이 소개가 되어 있는데 그중 일부를 소개하면 다음과 같다.

① 무상교육의 실현

"덴마크에서는 모든 학교의 등록금이 무료예요. 대학도 마찬가지죠. 대학에 다니는 동안 정부에서 생활비를 대주니까 아르바이트 부담도 없고요. 독립해서 사는 대학생의 경우 매달 약 6,000크로네(약 120만 원)씩 나오거든요. 부모님과 함께 살아도 이 금액의 반절 정도 나오고요". 덴마크는 등록금이 아예 무료고, 대학생들에게 생활비까지 지원한다. 프랑스, 독일 등 서유럽의 나라들도 등록금이 없거나 매우 낮지만 생활비까지 지원하진 않는데 덴마크는 학생 복지의 최첨단을 걷고 있는 것이다.[4]

독일은 초등학교부터 대학까지 원칙적으로 무상교육이었다. 그러다가 주마다 약간의 차이를 보이기는 하지만 대학은 한 학기에 약 500유로(약 80만 원) 정도의 등록금을 받기 시작했다. 독일 교육은 사교육 없이 공교육만 받아도 충분하고, 기본적으로 충분한 교육비 지원을 받기 때문에 우리나라처럼 크게 교육비를 걱정할 필요가 없다.[5]

② 최선을 다해 학생들을 지원하는 학교

학생의 교육목표 달성에 대한 책임은 학교에 있다. 따라서 학습능력, 지각, 결석, 과잉행동 등의 문제가 있어 교육목표를 달성하

---

4. 오연호, 《우리도 행복할 수 있을까》, 오마이북, 2014, 209쪽
5. 박성숙, 《꼴찌도 행복한 교실》, 21세기북스, 2010, 290쪽

는 데 차질이 생기면 학교는 최선을 다해 학생을 지원해야 한다. 학교 환경도 중요하다. 학교 분위기가 '학생 친화적'이어야 하고 학교는 그들에게 가장 안전한 장소가 되어야 한다.

스웨덴 학교에는 '학생건강팀'이라는 전문가 조직이 있어 교사의 역할을 보완한다. 학생건강팀은 학생들이 학교 수업을 잘 따라갈 수 있도록 학생들의 건강을 증진시킬 뿐만 아니라 정신적인 문제나 생활 문제도 사전에 예방해 모든 학생들이 교육목표를 달성할 수 있도록 돕는다. 스웨덴 「교육법」에서는 "스웨덴의 초·중·고교는 의무적으로 학생건강팀을 두어야 하며 거기에는 의사, 간호사, 심리학자, 전문상담사, 특수교사, 진로진학상담사가 속한다"라고 명시되어 있다.[6]

---

6. 황선준·황레나, 《스칸디 부모는 자녀에게 시간을 선물한다》, 예담프렌드, 2013, 271~272쪽

Chapter 02

학생, 교사, 학부모로서

경험한 비정상의 실태

대한민국에서 나고 자란 사람이라면 누구나 우리의 교육 현실에 대해 개탄한 적

이 있을 것이다. 학창 시절을 돌아보면 오직 입시만을 위해 많은 것을 포기한 채

학교와 학원을 맴도는, 마치 쳇바퀴 위를 도는 것 같은 생활이 먼저 떠오를 것이

다. 그러한 교육 현실에서는 교육이나 배움 자체에 대한 즐거움은 사라진 채 오직

진학을 위한 수단으로써의 배움과 교육만이 남아 있을 뿐이다.

앞에서 대한민국을 온통 뒤덮고 있는 교육의 온갖 우울한 비정상적 실태에 대해 언급했다. 나는 대한민국에서 교육을 받은 사람이고, 교육현장에서 살아왔기 때문에 그 비정상으로부터 자유로울 수 없었고, 학생으로, 교사로 그리고 학부모로 모두 불행했다. 그래서 이번 장에서는 나의 불행한 경험을 통해 대한민국 교육의 현실을 되짚어보고자 한다.

1. 불행한 학생, 입시 위주 교육에 반항하다

나는 1972년에 경기고등학교에 합격했다. 당시 최고의 명문고인 이 학교에 들어가기 위해서 건강을 해치고, 하고 싶은 많은 것들을 포기한 끝에 결국 이루어낸 승리였다.

최고 명문학교의 참모습

그렇게 많은 것을 희생하며 열심히 노력해 쟁취한 결과이건만, 그에 대한 성취감과 기쁨은 잠시뿐이었다. 막상 이 학교의 교육을 받아보자 곧 크게 실망하지 않을 수 없었던 것이다. '자유인, 문화인, 평화인'이라는 교훈이 무색할 만큼 학교 분위기는 입시 위주 교육에 매여 자유롭지 못했다. 문화를 누리고 싶었던 욕구는 이러한 입시 위주 교육으로 인해 좌절되었다. 그리고 남은 건 독재 권력에 의해 억압당하고 착취당하는 결코 평화롭지 못한 상황 속에서 그저 나만 잘되기 위해 노력하며 평안을 누리게 하는 교육뿐이었다.

그도 그럴 것이 이 학교가 최고의 명문고로 인정받고 있던 가장 큰 이유는 서울대학교에 가장 많이 진학시키고 우리 사회에서 부귀영화를 누리는 코스로서 단연 으뜸이기 때문이었지, 엘리트로서 국가 사회에 헌신하고 약자를 배려한다거나 리더로서 갖춰야 할 '노블레스 오블리주(Noblesse Oblige)' 같은 정신을 내면화하는 데 각별히 힘쓰는 교육과정은 아니었던 것이다.

고독한 저항

이에 분노한 나는 2학년에 올라가자마자 담임 선생님을 찾아가서 이렇게 선언했다. "저는 더 이상 이런 입시 위주의 교육을 받지 않겠습니다. 저 나름대로 공부할 테니 성적이 어찌 나오든지 상관하지 마십시오."

이렇게 학교교육 거부 선언을 한 후 나는 세계 문학이나 철학 등 내가 보고 싶은 책들을 보면서 사색에 잠겼고, 독서클럽에서 뜻이 맞는 친구들과 토론과 여행을 하고 이성 교제도 하면서 하루하루를 보냈다. 지금 생각해보면 북유럽 청소년들처럼 살고 싶었던 것 같다.

그러나 그들처럼 행복할 수 없었다. 왜냐하면 대부분의 학생들이 입시공부에 열중하는 가운데 나만 동떨어진 생활을 하다 보니 소외감을 느껴야 했고, 주변에는 공부하라고만 했지 참된 행복의 길로 인도해주는 좋은 멘토가 없어서 늘 불안했다.

경기여고 학생들과 함께하면서 청소년기에 유일한 즐거움과 안식처였던 독서클럽이 학교에서의 지원은커녕 강제로 해체되는 등의 여러 가지 제약이 있는 가운데 학교교육을 거부하면서까지 누리고 싶었던 청소년기의 자유로운 행복은 그저 꿈일 뿐이었다.

혼자서는 아무것도 바꿀 수 없는 현실

나는 저녁마다 옥상에 올라가 국내외 가곡들을 호기 있게 부르고, 고흐, 고갱, 샤갈, 마티스 등의 그림에 감탄하며, 김동인의 소설, 정현종의 시, 전혜린의 수필, 카뮈·헤세·카프카·사르트르·에드워드 핼릿 카 등 문학과 철학과 역사서들을 두루 읽으며 깊은 사색에 빠져들었다. 수시로 시를 써서 친구들과 나누었고, 글짓기 전교 2등 상도 받았다. 하지만 내가 원하던 영문과, 철학과에 들어가지 못하고 낙방을 거듭했으니, 나 홀로 입시 위주 교육을 거부한 결과는 혹독했다.

단순 암기와 객관식 시험이 지긋지긋하다 보니 재수, 삼수한다고 성적이 더 나아지는 것도 아니었고 시간만 허비할 뿐이었다. 서울대 법대에 들어간 한 클럽 선배는 "기현이는 고등학교 때부터 이미 대학생처럼 공부를 하니 대학에 들어가면 참 잘하겠다"며 우스갯소리를 하기도 했다. 하지만 지식의 단순 암기와 객관식 문제 풀이에 숙달된 학생들에게 절대적으로 유리한 입시 체제하에서는 도무지 원하는 대학에 들어갈 수가 없었다.

훗날 감리교신학대학 학장을 하셨던 고 변선환 박사님께서 철학에 대한 내 열정과 소질을 보시고 당신 부부가 박사 학위를 받았던 스위스 바젤대학에 유학을 보내주겠다고 하신 것과 서울교대 1학년 때 윤리과 교수님이 내가 학보에 〈사르트르 철학의 현상학적 접근〉이라는 소논문을 게재한 것을 보시고 놀라 학자가 되기를 권면하신 것을 생각하면 당시 나를 받아주지 않았던 대학교들이 못내 서운할 뿐이다. 무엇보다 그런 입시제도를 운영한 이 나라의 교육제도가 크게 원망스럽다.

지금은 입학사정관제도나 수시라는 입시제도가 있어서 과거에 비해 약간 개선된 면은 있다. 하지만 입시 위주 교육이라는 잘못된 교육 상황은 여전히 강고하여 학생, 학부모, 교사들을 괴롭히고 있으니 참으로 통탄스럽다.

2. 교장과 부딪치며 스트레스 받는 불행한 교사

불행한 학창 시절을 보낸 내가 우여곡절 끝에 2년제 교육대학에 들어가게 되었고, 초등학교 교사가 되었다.

교사로서 아이들과 함께 지내는 것은 내게 큰 즐거움이었다. 1학년 담임을 맡았을 때에 "우리 아이는 아침에 눈을 뜨자마자 학교에 간다고 책가방부터 메요"라고 고마워하셨던 어느 학부모의 말이 생각난다.

아이들과 눈높이를 맞추며 즐거웠던 교직 생활

천성이 어린아이처럼 '순수하다'라는 말을 자주 듣는 편인 나는 교사로서도 아이들의 눈높이에서 함께 생활을 하였다. 천상병 시인이 그의 시 〈소풍〉에서 이 세상에 소풍 왔다고 했던 것처럼 교사로서의 내 삶은 아이들과의 놀이 그 자체였다.

내가 교사로서 아이들에게 키워주고 싶었던 것은 '강한 자에게 강하고 약한 자에게 약하라'는 정의로운 사랑의 마음이었다. 그리고 아이들을 진심으로 내 마음속에 품었다. 평교사인 내게 40세부터 주례를 부탁한 제자들이 있었던 것은 크나큰 보람이고 '영혼이 맑은 한기현 선생님께'라는, 내게는 참으로 과분한 제목의 편지를 비롯한 수많은 제자들의 편지 꾸러미는 참으로 행복한 교직의 결실이다.

제자에게 받은 편지의 일부

비교육·비효율의 총체 교장 승진제도

그러나 나의 교직생활을 총체적으로 돌아보면 불행했다고 말할 수 있다. 학교생활은 엄청난 스트레스의 연속이었기 때문이다. 스트레스의 주원인은 교장과의 갈등이었다. 퇴직하기까지 서울에서만 10개 학교에 근무했는데, 거의 대부분의 학교에서 교장과 대치 상태였다. 내가 보기에는 많은 교장이 교육자라기보다 학교라는 작은 성에서 자기 권력에 도취하여 권력을 함부로 휘두르는 성주였다.

교장들과의 문제는 내 삶에 큰 스트레스이기도 했지만, 우리 교육이 부실해진 가장 중요한 원인 중의 하나이므로 이 문제를 짚고 넘어가지 않을 수가 없다. 그리고 이 문제를 조금 더 객관적으로 보기 위하여 현재 국민일보의 변재운 대표이사가 논설위원 시절에 쓴 〈문제는 교장이야, 바보야!〉라는 칼럼과 《교사, 어떻게 살아야 하는가》, 《교사, 교육개혁을 말하다》의 일부를 소개한다.

기자가 되기 전 아주 잠깐, 그러니까 딱 한 달간 교사를 했다. 교직을 천직으로 여기지 않은 탓도 있지만 한 달 만에 교직을 떠난 데는 이유가 있었다. 한 고등학교에 배정받았는데 평소 생각하던 분위기가 아니었다. 교장의 권세가 대단했고, 그 절대적 권력 앞에 교사들은 그저 머리를 조아렸다. 학교에 겨우 익숙해질 즈음 교장으로부터 지시를 받았다. 장학관 순시가 있을 예정이니 서류를 정리해놓으라는 것이었다. 아무리 생각해도 불필요한 일인데다 분량도 방대했다. 가까스로 시간을 맞춰 제출했는데 왜 이제 가져오느냐고 불호령이 떨어졌다. 거기다 대고 갓 들어간 주제에 말대꾸를 해버렸다. 교장은 서류를 집어던졌고 나는 짐을 싸들고 나왔다.

사대를 졸업해서 교사 친구가 많고, 대학 때 만난 아내까지 교직에 있다 보니 학교 이야기를 자주 듣는다. 그러면서 잠깐 몸담았던 그 학교가 유별난 곳이 아니라는 것을 알게 됐다. (중략) 공교육 정상화의 핵심은 교장이다. 훌륭한 교장이 많아야 공교육이 산다. 그러기 위해서는 좋은 교장 배출 시스템을 갖춰야 한다. 하지만 우리 제도는 이와 거리가 먼 것 같다. (중략) (교장이 되기 위한) 이런 일련의 점수 축적 과정이 학생들의 학습권을 훼손하면서 이루어진다는 것이다.[1]

승진하려면 교장으로부터 근무평정 점수를 최근 5년 동안 제일 높은 점수를 3개를 받아야 한다. (중략) 3년 간의 근평 점수 때문에 교장과 교감의 눈치를 살피고 순종을 해야 하기 때문이다. (중략) 각종 연구 대회에 보고서를 제출하고 입상하여 얻는 연구 점수도 획득해야 한다. (중략) 그 밖에 연구시범학교 경력 점수, 도서 벽지나 농어촌 근무 경력 점수, 돌봄교사 등등 시·도교육청마다 온갖 가산점으로 지정해놓은 수많은 항목에 대해 점수를 모아야 한다. (중략) 보통 학교에서 교사들은 수십 명 있지만 교감, 교장은 대부분 한 명이다. 그러니 경쟁이 치열할 수밖에 없다.[2]

---

1. 변재운, 〈문제는 교장이야, 바보야!〉, 국민일보, 2010년, 3월 8일

몇 년 동안 승진을 위해 불철주야 노력한 점수가 한순간에 물거품처럼 날아갈 수도 있으니 어찌 교장과 교감의 명을 거절하고 자신의 교육적 소신을 아이들에게 펼칠 수가 있을까? (중략) 학생들을 자습시켜도 있는 실적, 없는 실적 다 끌어모아서 계획서나 보고서를 멋지고 그럴싸하게 잘 꾸미는 능력까지 갖추고 있다면 금상첨화다.[3]

이처럼 교장은 교사들이 절대적으로 복종해야 하는 학교의 최고 권력자였고, 교장 승진제도는 교육적 자질을 바르게 검증하는 시스템이 아니었다. 따라서 교장이 비교육적이고 비효율적인 사람이면 학교 또한 그렇게 될 수밖에 없었다. 그러니 학생 시절 우수했던 교사가 아무리 많아도 자신의 교육력을 제대로 발휘할 수 없었고, 결과적으로 공교육의 부실화가 초래된 것이다.

나처럼 이런 승진제도 때문에 처음부터 승진에 관심이 없는 교포교사(교장 되기를 포기한 교사를 의미)는 근무평정 점수 꼴찌를 받는다고 해서 쫓겨나는 것은 아니기 때문에 교장의 지시를 거부하거나 교장의 학교(교육과정) 운영 방침에 마음껏 반대할 수 있기는 하다.

하지만 학년·담임·업무 배정에서 불이익을 받아 힘든 생활을 해야 할 각오를 해야 했으며, 미운털이 박혀 사사건건 스트레스를

---

2. 김성천·서용선·오재길·이규철·홍섭근, 《교사, 어떻게 살아야 하는가》, 맘에드림, 2015, 98~99쪽

3. 실천교육교사모임, 《교사, 교육개혁을 말하다》, 에듀니티, 2017, 112쪽

받아야만 하니 대부분의 교포교사도 '울며 겨자 먹기'로 교장의 지시와 방침에 따를 수밖에 없었다.

교육이 권력 강화의 수단이 되고 만 대한민국

여기서 의문이 생길 것이다. '왜 정치권력은 교장에게 이러한 막강한 권력을 주었을까?'

답은 간단하다. 바로 그 정치권력을 계속 유지하고 강화하는 데 교육처럼 좋은 도구가 없기 때문이다. 그래서 교육을 장악하려고 권력에 충성스러운 교장을 선발해 학교(교사) 관리[4]를 맡겼던 것이다.

이런 문제를 근본적으로 개선하기 위해 전교조가 전교협 시절부터 수많은 교사들의 해직을 감수하면서 정치권력에 치열하게 저항했다. 그 결과 학교운영위원회, 인사위원회 등 교장의 권력을 제한하고 견제하는 제도적 장치가 마련되었고, 그 후부터는 어느 정도 개선이 되어 교장의 전횡이 줄어들었다.

승진제도 또한 노무현 정부 때에 평교사도 투표에 의해 교장이 될 수 있는 **내부형 공모제**라는 방식이 도입되어 그렇게 교장이 된 분들이 학교 혁신의 괄목할 만한 성과를 내며 공교육에도 희망을 주었지만, 이명박 정부를 거치면서 정부의 꼼수에 의해 법령이 개

---

4. 사실 이 표현은 교육기관인 학교에서 매우 부적합한 표현인데 여전히 교장과 교감을 학교 관리자로 지칭하고 있다.

정되면서 내부형 공모제는 거의 사문화되었다.

전교협이 태동할 당시 나는 그들의 주장에 깊이 공감하면서도 어린 딸 생각에 차마 용기를 내지 못해 참여하지 못했다. 그래서 지금도 당시 해직당하고, 고통을 당했던 용감한 교사들에게 늘 부채의식을 가지고 있다. 하지만 최소한 학교 내에서는 초임 발령 때부터 비교육적인 교장과 대치했다. "이런 것을 왜 하느냐?"며 개인적으로 거부하기도 하고, "이게 교육이냐?"며 교무회의[5]에서 혼자 벌떡교사가 되거나 교장실로 찾아가서 항의하고 바꾸도록 요구하기 일쑤였다. 그래서 교장에게 "도둑놈!"이라고까지 하며 학교 재산을 지킨 적도 있고, 모든 교사가 퇴근도 안 하고 농성하도록 하여 교장의 학교(교육과정) 운영 방침을 전면적으로 바꾸도록 한 적도 있다. 이런 일 때문에 어떤 교감은 "한 선생은 나비처럼 날아서 벌같이 쏜다"라고도 했고, 교장들 사이에 소문이 났는지 어떤 교장은 부임하자마자 먼저 찾아와서 협조를 당부하기도 했다.

이런 일이 그리 간단하고 쉬운 것은 아니었다. 앞에서 언급한 바와 같이 최고 권력자부터 교육청까지 모든 권력은 교장의 편이고, 그것은 많은 잘못된 법령에 근거를 두고 있다 보니 교장과 대치하려면 내가 당하지 않도록 항상 조심하고 치밀하게 준비해야 했다. 그리고 이 모든 일이 여간 스트레스가 아니었다. 그렇다고

---

5. 이 표현도 '교사회의'의 잘못된 표현이지만 당시에는 일반화된 표현이었다.

교장이 비교육적인 짓을 함부로 할 때 그대로 두고 보는 것은 더 괴로운 일이었다.

이런 지난한 과정을 거쳐 교장의 항복을 받아낸다고 해도 그것이 결코 즐거운 일은 아니다 보니 교직생활은 전반적으로 고달픔의 연속이었던 것이다. 그러다가 나이 마흔을 넘기게 되자 힘에 부쳐 개인과 사회에 비전을 잃고 방황하다가 무릎의 뼈와 근육에 암 덩어리가 생겨 장애인이 되었고, 투병 과정에서 가족까지도 죽을 고생을 시키기도 했다.

권력을 견제하는 다양한 제도와 정책 도입의 필요성

다행히도 교장을 견제하는 제도가 도입되고 교장 리더십에 대한 새로운 요구들이 생기면서 좋은 교장들도 많이 보이고, 소위 진보교육감 등장 이후에는 교사들이 힘을 합쳐 좋은 학교를 만들려고 나서면 지원을 받을 수 있는 여건도 만들어졌다.

하지만 안타깝게도 승진제도의 뼈대는 여전히 과거와 같아서 교장이 교사들의 의견을 무시하고 군림하려면 얼마든지 그렇게 할 수 있다.

학교에 근무하던 시절인 2011년의 일이다. 2교시 수업을 마친 쉬는 시간에 젊은 여교사가 찾아와 자기에게만 갑자기 부과된 업무 과잉으로 교육활동에 지장이 많다며 도움을 요청했다. 들어보니 부당한 지시와 교육활동에 대한 지장 초래가 명백해 수업을 다 마친 후 시정을 요구해야겠다고 생각했다.

그런데 3교시 후 쉬는 시간에 그 여교사가 다시 찾아와서 "선생님은 내년에 전근 가시지만 저는 이 학교에 4년을 더 있어야 해요"라고 말하며 도움 요청을 취소하겠다고 했다. 교사로서 교육활동에 집중하려는 당연한 요구조차 여의치 않은 암울한 교육 현실을 여실히 보여준다.

정치권력의 필요에 따라 학교 관리자로 임명된 교장들이 교사들에게 교육 그 자체보다 '상부기관(?)'이 요구하는 업무들을 강조하면서 교사들은 교육력을 발휘할 수 없었다. 이는 결국 교실붕괴와 공교육의 부실로 이어진 것이다.

3. 불행한 학부모,
   아이에게 입시 위주 교육을 대물림하다

학부모로서 대한민국의 학교는 자녀를 맡기기에 결코 좋은 곳이 아니었다. 나 자신이 교사로서 현장에서 아무리 발버둥을 쳐도 입시 위주의 학교교육이나 국가 교육과정을 바꿀 순 없었기 때문이다.

홈스쿨링을 권하다

고등학생 시절 나 스스로 학교교육을 거부했던 것처럼 딸이 초등학교를 졸업할 무렵 중학교부터는 학교에 다니지 말라고 권했다.

나름대로 그 당시에는 생소한 홈스쿨링을 계획한 것이다.

내 생각에는 홈스쿨링으로 독서, 국내외 여행, 영화감상, 그림 그리기나 악기 연주 등 취미생활, 수영, 요리, 가사일 돕기 등을 하고 싶은 대로 마음껏 하는 편이 학교에서 교육을 받는 것보다 훨씬 더 인간적으로 성숙할 수 있고, 불필요하거나 과도한 공부 노동에 헛된 수고와 시간을 낭비하지 않을 수 있다고 판단했기 때문이다.

친구를 사귀는 것은 교회에서나 예체능 학원에서도 충분히 가능하고 여행 등의 개인적인 체험활동을 통해서도 가능하다고 생각했다. 만약 대학교육이 필요하다면 유학을 보낼 수도 있고, 국내 대학을 희망하면 중·고등학교 6년을 압축해 검정고시를 패스할 정도로만 공부하면 될 것이었다. 외국어도 해외여행을 통해 그 필요성을 깨닫도록 하고 도와주면 잘하리라 생각했다.

결국 대물림된 입시지옥

나의 바람과 달리 정작 딸아이는 일반 중학교에 진학하기를 원했다. 워낙 사교성이 좋아서 친구들이 많은데, 그 친구들과 함께 어울리며 생활하고 싶어 했던 것이다.

다행히 딸아이는 이 나라의 입시제도에 종속되어 있는 학교 시스템에 무난히 적응해서 교육과정을 무사히 마치고 현재 좋은 직장에 다니며 아이들도 잘 기르고 있다.

하지만 나는 지금까지도 아쉬운 마음이 남아 있다. 학원 대신에

EBS의 비디오테이프를 활용해 남들처럼 사교육비가 많이 든 것은 아니지만, 어쨌든 입시 위주의 교육에 따라가기 위해 필요 이상 과도하게 공부하며 학교와 독서실에 붙잡혀 있어야 했던 아까운 청소년기의 시간들과, 이 사회가 유도하고 학교가 시키는 과도한 입시공부 때문에 내가 홈스쿨링에서 계획했던 바와 같이 청소년기를 마음껏 구가할 수 있고, 취미활동을 통해 타고난 재능을 더욱 계발할 수 있으며, 일상생활에 필요한 능력까지 두루 갖출 수 있는 기회를 포기해야 했다는 사실 때문이다.

2017년 11월에 방영된 KBS 1TV의 〈다큐 공감〉에 학교는 한 번도 다닌 적이 없다는 임하영(20세)이라는 청년이 소개된 적이 있다. 매우 행복하게 자랐고 꽤 능력을 갖춘 청년이었다. 그 방송을 보면서 더욱 아쉬운 마음이 들었던 이유는 학부모로서 마치 수용소 생활을 방불케 하는 딸의 학교생활이 전혀 행복하게 보이지 않았었기 때문이다.

Chapter 03

학교폭력과 무너진 교실

사람들은 요즘 청소년들이 무섭다는 말을 자주 한다. 언론에서는 하루가 멀다 하고 청소년의 잔혹한 범죄에 대한 이야기를 보도하며, 이들을 방임한 학교와 교사, 부모를 비난하기에 바쁘다. 무엇이 이들을 이렇게 만들었을까? 교육이 거의 불가능한 상태인 아이들이 점차 늘고 있는 추세 속에서 우리나라의 교실붕괴 실태와 그 심각성을 살펴본다.

요즘 언론에는 성인 못지않은 학생들의 끔찍한 범죄 행위가 연일 보도되고 있다. 과연 청소년이 벌인 짓이 맞나 싶을 만큼 상상을 초월하는 그들의 행동에 더 이상 관용을 베풀 필요가 없다며, 많은 사람들이 「청소년보호법」 폐지를 외칠 만큼 강한 분노를 쏟아내고 있다. '우리나라 청소년들이 왜 이렇게 되었는가?'라는 안타까운 질문과 함께 학교교육의 실태를 살펴보고자 한다.

1. 학교가 감당할 수 없는 아이들

1998년 나는 암 때문에 왼쪽 다리 일부를 잘라냈다. 그 후 체육 수업이나 현장 체험학습 인솔 등 중요한 교육활동이 어려워져 학급 담임교사를 맡을 수 없게 되었다.

그때부터 교과전담교사로서 여러 반 수업을 하게 되었다. 다행히 아이들은 내 수업을 좋아해준 것 같다. 종종 학교행사로 내 수업을 못 듣게 되면 아이들이 서운해한다는 이야기도 들려왔으니 말이다. 아무튼 교과전담교사를 하면서 학생 때문에 담임교사들이 겪는 어려움을 안타까운 마음으로 지켜보았다.[1]

---

1. 사실 영악한 아이들은 교과전담교사를 담임교사보다 깔보는 경향이 있어서 많은 경우 교과전담교사가 더 어려움을 겪기도 한다

교육이 불가능한 아이들과 속수무책 현실

5학년의 한 담임교사는 수업 중에 교실 안을 돌아다닐 뿐만 아니라 운동장에까지 나가는 ADHD(주의력결핍 과잉행동장애) 남학생 때문에 힘들어하고 있었는데, 그런 학생 문제는 부모의 협조 없이는 도무지 해결할 수도, 도와줄 수도 없었다.

사실 이것은 학교(교사)가 어찌할 수 없는 질병의 문제이므로 부모에게 병원 치료를 강요하고 진정 조치를 한 후 학교에 보내게 하거나, 아예 학교에서 지원금을 받아 약물 치료를 하게 하는 등의 합당한 조치를 행정당국이 취해야 한다. 그런데도 마냥 학교(교사)에만 맡기니 교사도 병이 날 만큼 힘들고, 다른 아이들도 1년 내내 피해를 보게 된다.

다른 학교에서도 1학년에 ADHD 여학생이 있었는데, 수업 중에 이유 없이 교실 문을 발로 차며 소리를 질렀다. 그 여학생의 담임은 생활지도는 물론 모든 면에서 탁월하다고 알려진 분이었는데도 속수무책이었다.

ADHD 학생은 학교에서 교육 불가능한 대표적인 사례이다. 이 것은 질병이므로 질병 전문가가 해결해야지 교육 전문가가 해결할 문제가 아니다. 그런데도 행정당국은 교사나 다른 학생들의 심각한 피해를 그저 수수방관만 할 뿐이다. 그런 학생이 언제 내 학급에 들어올지는 아무도 모른다. 교사나 학생들은 학년 초 학급을 배정받을 때 지뢰밭을 지나는 마음이나 다름없다.

교육이 불가능한 학생은 또 있다. 바로 교사의 말을 완전히 무시하는 경우이다. 하루는 6학년 담임교사가 내게 도움을 청했다. 수업 중에 큰 소리로 떠들고 다른 아이들을 건드려서 지적을 하고 주의를 주면 "내 맘이에요!" 하고는 계속한단다. 집에도 도움을 청했지만 먹고살기도 힘드니 학교에서 알아서 하라고 했단다.

나는 비록 상담 전문가는 아니지만 5학년 때 교과전담교사로 그 학생을 지도한 적이 있고, 나를 좋아했던 학생이라서 그 학생을 1주일에 한 번 이상 만나며 돕기로 했다. 졸업하기까지 10주 정도를 만났지만 효과는 없었다. 졸업 2주 전쯤 이 학생을 포함해서 6학년 학생 여러 명이 후배를 괴롭힌 일이 있어서 모두 불러 주의를 좀 주었더니 지금껏 자기에게 친절하게 대한 게 모두 연극이었다며 일갈하곤 다시 찾아오지 않았다.

그런 학생을 회복시키려면 상담·치료·복지 전문가들이 모여 가정의 협조를 받아가며 전문적인 프로그램에 따라야 하는데, 그런 기능을 담당하는 Wee 센터 등의 상담 시설과 프로그램도 부족하고, 강제로 부모의 협조를 요청할 수도 없어 어려움이 크다.

어느 날엔 우리 학교 졸업생인 인근 중학교 학생이 우리 학생들의 금품을 갈취하고 폭행한다고 해서 그 학교 생활부장과의 협조하에 학생들을 불렀다. 6학년 때 내 수업을 듣던 학생들이고 또 나를 잘 따랐던 터라 피자를 먹으면서 좋게 부탁했다. 그런데 이야기를 들어보니 이미 중학교에서 정학 처분을 받은 상태였다. 기가 막힌 것은 아이들이 정학 처분을 너무나 반긴다는 것이었다. 이미 가정에서도 방치된 아이들을 학교도 방치한 셈이다. 하지만 제대로 상담·치유할 시스템이 갖춰지지도, 부모의 협조를 받을 수도 없는 학교로서는 교육이 불가능한 게 현실이다.

2. 학교폭력과 무너진 교실 속 배움을 포기하는 아이들

2010년에 근무하던 학교에서 나는 학교폭력 업무를 담당했다. 학교폭력 업무는 너무나 힘들고 위험하기도 해서 모든 교사들이 기피하는 업무인데, 원로교사인 내가 후배들을 위해 맡아주었다.

온 학교를 뒤흔든 학교폭력 사건

이제부터 소개할 사례는 어느 학생과 학부모에 의해 한 학급 정도가 아니라 한 학년 전체를 교육이 불가능한 상태로 마비시킨 사건이다. 당시 학교폭력예방자치위원회가 소집되어 밝혀진 사건의 전말은 다음과 같다.

사건의 간략한 개요는 김피해(가명)가 이가해(가명)를 비롯한 8명의 학생들에게 괴롭힘을 당한 것이다. 김피해 학생은 심각한 스트레스와 불안 증상으로 병원에서 정신과 입원 및 통원 치료 중이었고, 앞으로도 치료가 필요한 상태였다. 사실 김피해 학생의 아버지는 가정에서 폭력을 휘두르는 사람이었고, 동생과 어머니도 치료를 받고 있는 상황이었다.

하지만 김피해 학생은 명백히 따돌림, 등교 거부 등 학교 부적응을 겪고 있었다. 게다가 다른 학생의 증언을 보더라도 이가해 학생은 친구들과 함께 김피해 학생을 매일 등굣길에 때렸고, 유리에 찔려 붕대를 감은 발을 짓밟거나 욕설을 하고 놀리는 등 지속적으로 괴롭혀왔다. 이에 김피해 학생의 어머니는 아이를 전학시키기로 하고 이가해 학생을 고소하게 된 것이다.

여기에 이가해 학생을 포함한 가해학생 측은 아이의 정신적인 문제를 야기한 불안과 스트레스의 근원은 아이 아버지의 가정폭력 때문인데, 아이들끼리의 사소한 다툼으로 그 책임을 전가하려 한다고 주장하며 교육청에 집단 민원을 제기한 상태였다.

참으로 복잡한 사건이다. 이런 사건은 학교가 홀로 감당할 수 없다. 학교는 교육을 담당하는 곳이지 사건을 담당하는 곳이 아니므로, 학교는 참고인 정도로 협조만 하고 당연히 경찰이 담당해 주어야 한다.

하지만 현재의 「학교폭력예방 및 대책에 관한 법률」(이하 「학폭법」으로 지칭함)에 의하면 학교에서 담당하도록 되어 있다. 그렇기 때문에 학교폭력 담당교사인 나는 수사관, 검사, 행정공무원 역할까지 모두 맡아야 했고, 이 문제가 일단 미봉책으로나마 잠잠해질 때까지 담임교사와 교감(교장)과 나는 당사자인 학부모들과 수차례 학교와 병원에서 만나고, 전화로 통화하고, 그 반 학생들 전체와 당사자 학생들을 만나 조사했다. 담임교사는 젊은 남교사였는데, 스트레스와 과로로 병원 치료까지 받아야 했고, 교감과 나 또한 너무나 힘들어 정상적인 교육활동이 불가능했다.

가해학생이 더 당당한 이상한 학교

사건의 처리 결과는 더욱 기가 막혔다. 자치위원회가 열려 그동안의 조사 결과를 보고하자 이가해(가명) 학생의 아버지는 험상궂은 얼굴로 한참 연상인 내게 삿대질을 하며 애들 겁주어 진술을 받은 게 아니냐며 억지를 썼다. 자치위원 중에는 그 동네 파출소장도 있었는데 이런 상황에서도 그저 침묵할 뿐이었다.

유리 조각에 찔려 붕대를 감은 발을 짓밟을 정도로 가해 심리가 내재되어 있는 이가해 학생은 심리 치료를 받도록 처분해야 마땅했다. 하지만 학부모의 협조 없이는 불가능한 조치였다(현재 강제 규정이 없다). 결국 사과문 작성과 1주일 봉사활동(교무실 청소) 처분을 요구했고, 위원들 의결을 거쳐 확정되었다.

하지만 그 두 가지 조치 모두 시행되지 못했다. 학생에게 이행하라고 했더니 아버지가 하지 말라고 했다면서 의기양양했다.

나는 5학년 교과전담이었기 때문에 이 학생을 만날 기회가 없었다. 사실 만났어도 지도가 불가능했을 거라고 생각한다. 그 후 6학년 교실이 있는 4층으로는 갈 일이 없어서 가해학생들을 보지는 못했지만 졸업할 때까지 이가해 학생을 비롯한 가해학생들은 여전히 6학년을 휘젓고 다녔다고 한다. 다른 학생들도 웬만한 피해는 그냥 당해주었고, 아마 교사들도 교육이 불가능함을 알고 포기했을 것이다.

그렇게 한참 이 사건이 진행 중일 때 중년 여교사가 담임을 맡고 있던 바로 그 옆 반에서 또 다른 사건이 터졌다. 이번엔 학부모 난입사건이었다.

체육 수업을 마치고 교실로 들어와서 운동장에서부터 계속 말썽을 부리던 한 여학생에게 야단을 친 것이 발단이었다. 그 여학생은 울면서 아빠에게 전화를 했는데, 맞았다는 거짓말까지 했다. 그 아빠는 바로 학교로 달려와 교실로 난입했다. 교사는 욕을 하며 때릴 듯이 달려드는 남자를 피해 교무실로 대피했다. 아빠는 교장실까지 찾아가 소리를 지르며 겁을 주고는 사라졌다.

나는 이 이야기를 전해 듣고 교장에게 가서 도무지 묵과할 수 없는 일이니 당장 고발하라고 항의했다. 그런데 교장은 아빠라는 사람이 모처에서 나이트클럽을 운영하는 조폭이며, 일을 확대시키면 오히려 담임교사에게도 좋지 않다고 하면서 그냥 덮어두자고 했고, 담임교사도 그냥 덮어달라고 했다. 그 교사는 며칠 동안 병가를 내고 학교에 나오지 못했다.

그렇게 한 학년이 쑥대밭이 되었다. 피해학생이나 교사는 결국 전학을 가거나 충격으로 병가를 냈는데도 가해학생들은 의기양양하게 학교를 누비고 다녔다. 상황이 그러함에도 교사, 학교, 교육청은 모두 속수무책이었다. 그도 그럴 것이 학교는 교육을 하는 곳이지 치료하는 곳도, 수사나 처벌을 하는 곳도 아니기 때문이다.

그런데 「학폭법」은 실효성 있는 지원이나 대책 없이 무조건 학교에서 해결하라고 한다. 이렇게 수수방관하면서 사회는 교사가 무능하다느니, 공교육이 부실하다느니 하며 비난에만 열을 올린다.

연이은 사건·사고에 고개 숙인 학교

학교폭력 문제 외에도 학부모가 학교에 불만을 품고 직접 찾아오거나 민원을 넣어 교사나 학교 전체의 교육활동에 지장을 초래하는 경우는 비일비재하다. 이런 경우 앞의 예에서 보았듯이 학교나 교육청은 일을 빨리 종결짓고 또 일이 더 어렵게 되지 않도록 학부모에게 사과하거나 그 요구를 들어주는 경우가 많다. 이렇게 교사나 학교가 을의 입장이 되다 보니 이런 일은 점점 더 늘어나고 있다.

그뿐만이 아니다. 중·고등학교에서는 수업 중에 잠을 자는 학생들이 많다. 그런데 대부분의 교사들은 그 학생들을 그냥 포기해버리고 만다. 왜냐하면 굳이 깨우려다가 봉변만 당할 수 있기 때문이다. 근래에는 교사들이 학생을 무서워하는 '학생 무섭증'이라는 신조어까지 생겼다. 출근하거나 수업에 들어갈 때, 또는 개학이 가까워질 때 학생들을 만날 생각을 하면 가슴이 두근거리고 식은땀이 나는 교사들이 점점 늘어나고 있는 것이다. 이런 상황에서 정상적인 교육은 불가능하다. 그래서 '교육 불가능'이라는 신조어도 생겨난 것이다.

학교에서 어느 교사가, 언제 이런 무서운 학생이나 학부모를 만나게 될지 모르는 지뢰밭 같은 상황에서 사건이 터지면 교장(교감)도 도움이 되지 못한다. 교육청이나 경찰도 매한가지이다. 게다가 「학폭법」은 이렇다 할 해결책도 주지 않고 무조건 교사에게 책임과 의무를 덮어씌운다.

　이런 일련의 사건들을 겪은 후 나는 교회의 철야기도회에 열심히 참석했다. 사방이 막혀 있으니 하늘에 대고 호소할 수밖에 없었기 때문이다. 교육 문제를 가지고 기도를 할라치면 절로 통곡이 나왔다. 통곡하면서 외쳤다. "하나님! 교육을 살려주세요. 저에게 교육을 살릴 힘을 주세요. 꼭 제가 아니라도 좋으니 교육을 살릴 사람을 세워주세요!"

3. 실효성 없이 학교에 부담만 주는 현행 「학폭법」

현재의 「학폭법」은 너무나 부실하고 무력하기 짝이 없다. 그렇다 보니 학부모가 불복할 경우 전혀 대책이 없다.

현행 「학폭법」의 문제점
현행 「학폭법」은 문제점투성이다. 학교 현실과 동떨어져 제대로 문제를 해결해주지 못하는 법의 심각성을 살펴보면 다음과 같다.

* '학교폭력대책자치위원회'(이하 '학폭위'라고 한다)를 제대로 구성할 수 없다: 시행령 14조에 보면 교감, 교사, 학부모 대표, 법조인, 의사, 경찰공무원, 청소년 보호 경력자에게 위촉하게 되어 있는데 법조인, 의사, 청소년 보호 경력자를 위촉하기도 어려울뿐더러 위촉했다 하

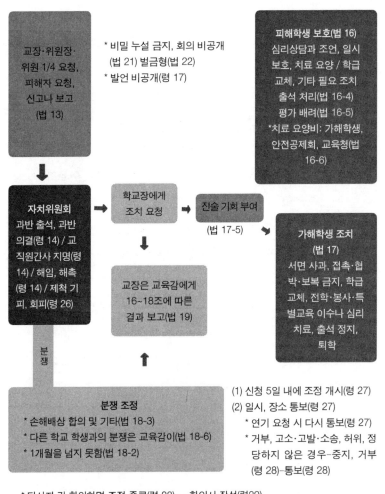

교장·위원장·위원 1/4 요청, 피해자 요청, 신고나 보고 (법 13)

* 비밀 누설 금지, 회의 비공개 (법 21) 벌금형(법 22)
* 발언 비공개(령 17)

피해학생 보호(법 16) 심리상담과 조언, 일시 보호, 치료 요양 / 학급 교체, 기타 필요 조치 출석 처리(법 16-4) 평가 배려(법 16-5)
*치료 요양비: 가해학생, 안전공제회, 교육청(법 16-6)

자치위원회 과반 출석, 과반 의결(령 14) / 교직원간사 지명(령 14) / 해임, 해촉 (령 14) / 제척 기피, 회피(령 26)

학교장에게 조치 요청

진술 기회 부여 (법 17-5)

가해학생 조치 (법 17) 서면 사과, 접촉·협박·보복 금지, 학급 교체, 전학·봉사·특별교육 이수나 심리 치료, 출석 정지, 퇴학

교장은 교육감에게 16~18조에 따른 결과 보고(법 19)

분쟁

분쟁 조정
* 손해배상 합의 및 기타(법 18-3)
* 다른 학교 학생과의 분쟁은 교육감이(법 18-6)
* 1개월을 넘지 못함(법 18-2)

(1) 신청 5일 내에 조정 개시(령 27)
(2) 일시, 장소 통보(령 27)
  * 연기 요청 시 다시 통보(령 27)
  * 거부, 고소·고발·소송, 허위, 정당하지 않은 경우–중지, 거부 (령 28)–통보(령 28)

* 당사자 간 합의하면 조정 종료(령 28) → 합의서 작성(령29)
(3) 필요하면 관계 기관을 통해 조사(법 18-4)
(4) 조정 종료: 조정안 수락(령 28), 1개월이 넘도록 조정이 안 됨(령 28)–통보(령 28)

그림 3–1 학교폭력예방 및 대책에 관한 법령 도해

더라도 전혀 활동을 기대할 수 없다. 빛 좋은 개살구인 것이다.

- **학교가 어떻게 분쟁 조정(법 18조)을 할 수 있는가?:** 적게는 수백만 원, 많게는 수천만 원의 손해배상이 걸려 있는 분쟁 조정은 판사도 쉽지 않은데, 이를 학교에 넘기는 것은 효과도 없고 위험천만한 일이다. 조정을 하다가도 고소, 고발, 소송 제기의 경우 조정을 종료하게 되어 있는데(시행령 28조), 이 경우 학교는 교육력만 크게 허비하게 된다.

- **가해학생에 대한 조치(법 17조)도 학부모가 불복하면 할 수 없다:** 서면 사과, 학급 교체, 전학, 봉사, 특별교육 심리치료, 출석 정지, 퇴학 등이 있는데 학생이나 학부모가 불복하는 경우 학적 사항 외에는 대부분 강제할 수 없고, 출석 정지를 받은 학생이 오히려 좋아하는 경우도 많으니 조치의 효과가 없다. 가해학생이 전문상담기관에서 일정 기간 특별교육 심리치료를 받게 하는 것은 매우 효과적인 처분인데, 이것도 강제력이 없어 부모가 불복하게 되면 할 수가 없다. 부모가 교육을 회피하면 300만 원의 과태료를 부과하는 규정이 추가되었지만 사건이 생긴 후의 사후 처방이다. 교육과 치료 효과가 있기까지 장기적인 특별교육, 심리치료가 필요한데 그런 전문기관도 태부족하다.

- **피해학생 보호에도 너무나 무력하다:** 가해학생의 보복이나 계속적인 폭력의 가능성에 대해서 학교 내에서는 교사가 보호한다고 해도 그 학생만 지키고 있을 수도 없고, 학교 외에서는 경호원을 붙여줄 수도 없으니 피해학생의 보호 규정(법 16조)도 유명무실하기는 마찬가지이다. 폭력 집단에 의한 폭력의 경우 학급 교체나 전학도 보호 대책이

---

2. KBS 2TV 〈추적 60분〉, '위기의 아이들' 1편, 2010. 3. 10

되지 못함은 언론을 통해서도 이미 심층 취재, 보도가 되었다.[2] 심리 상담과 치료를 하기 위해서 전문기관으로 연결해줄 수는 있다. 하지만 동행할 사람이 없으면 이것도 할 수가 없다.

- **업무 마비의 초래**: 경미한 사안도 피해자의 요청이 있으면 학폭위를 열어야 하니 학교는 업무가 폭주해 효과도 없는 일에 매달려 정작 본연의 업무인 교육활동을 제대로 할 수가 없고 다른 학생들이 피해를 보게 된다.

- **학교폭력 사건의 해결은커녕 가해학생의 부모에게 학교와 지도교사가 괴롭힘을 당하는 경우가 비일비재하다**: 학폭위에서 봉사활동 처분을 내려도 부모가 거부해 벌을 줄 수 없던 경험이 내게도 있다. 그 학부모는 수시로 학교에 전화로 협박성 항의를 해 오히려 학교가 괴롭힘과 수모, 벌을 받는 꼴이 되었다. 이 경우 가해학생은 학교가 자기를 제재할 수 없다는 것을 알고 더욱 대담해지고, 학교의 권위 추락을 지켜본 다른 학생들에게도 악영향을 미친다.

Chapter 04

변화의 새로운 물결과
기득권의 방해공작

혁신학교는 대한민국 교육 개혁에 한 줄기 희망의 빛을 비춰주었다. 학교가 교육

기관 본연의 기능을 회복하고, 교사 또한 가르치는 본업에 충실한 방향으로 개혁

을 진행한 결과 학교구성원 모두가 만족할 만한 성과를 이루게 된 것이다. 하지만

한편에서는 교육을 권력과 기득권 유지의 수단으로 이용하려는 세력들의 방해공

작이 치열하다.

과거부터 우리나라의 교육열은 세계에서 손꼽힐 정도다. 그에 비례해 어느 정도 높은 학력 수준을 유지하고 있는 것 또한 부인할 수 없는 사실이다.

하지만 그 뜨거운 열기가 비정상적인 방향으로 흘러가고 있다. 교육은 어느 순간 권력과 부귀영화를 쟁취하고 세습하는 수단으로 전락했고, 교육 본연의 모습을 찾기 위해 노력하는 사람들은 갖은 핍박을 당해야 했다. 이 장에서는 우리 사회의 뜨거운 교육열 뒤에 가려진 어두운 모습을 조명해볼 것이다. 그리고 그 어둠 속에서 빛을 찾는 사람들의 노력과 그 성과에 대해서도 이야기해보려 한다.

1. 진보교육감에서 시작된 혁신의 새 물결

우리가 터를 잡고 살고 있는 이 땅에는 지하자원이 별로 없다. 그래서 사람만이 자원이라고 생각하며 교육에 힘써왔다. 교육을 통해 개인적으로는 입신출세를 하고, 가정적으로는 가문을 일으키며, 국가적으로는 인력자원 개발을 통한 경제 성장을 추구하면서 '오직 교육만이 살 길'이라는 생각으로 몰입한 것이다. 이렇게 해서 세계 최고 수준의 뜨거운 교육열을 가진 나라가 되었다.

뜨거운 교육열 뒤에 가려진 어두운 그림자

높은 교육열 뒤에는 그늘이 존재한다. 아이들은 어린 시절부터 제대로 놀지도 못하고 세계에서 가장 많은 시간을 책상에 묶여 공부하는 데 보내고 있다. 부모들은 내 아이가 다른 아이에게 뒤질세라 노후자금까지 희생하고, 그것으로도 부족하면 아르바이트까지 두세 개씩 뛰어가며 사교육비를 대느라 등골이 휜다.

국가는 제대로 된 투자는 하지 않으면서 '인재를 기르려면 경쟁이 필요하다'라는 인식하에 과도한 입시경쟁을 조장한 후 학생들에게 끝없는 경쟁을 강요해왔다. 학생들만의 경쟁으로는 부족하다고 여겼는지 이제는 교사들 간의 경쟁까지 부추기고 있다.

이러한 교육열이 20세기까지는 그런대로 통했다. 개인과 가정에는 개천에서도 용이 나며 가난에서 벗어나 부귀영화를 누리게도 했고, 국가적으로도 산업 현장의 역군들을 길러내며 경제 성장에 크게 기여하기도 했다.

그러나 21세기에 들어서면서 계층 이동의 수단이던 교육이 오히려 계층 고착화의 수단이 되었고, 국가적으로도 PISA의 평가에서 이미 지나간 산업시대에 필요한 학력(언어, 수리, 과학)은 최고 수준이지만, 다가올 미래사회에 필요한 미래역량인 협동력, 창의력, 문제해결력에서는 최하위를 기록해 먹구름이 잔뜩 끼게 되었다. 그리고 교육에 관해 '공교육 부실', '학교붕괴', '입시지옥', '학교폭력', '교권 추락', '교육 불가능' 같은 절망적인 말들이 만들어지고 회자되어왔다. 이러한 상황은 청소년 행복지수 최하위 수준, 교사의 자기효능감 최하위 수준, 노인 빈곤율 최고 수준(교육비 대느라 노후자금을 마련하지 못해서) 등 국가 간의 상호 비교 지표들에서도 객관적으로 드러나고 있다.

교육감 직선제 도입으로 시작된 변화의 조짐

앞 장에서 살펴본 바와 같이 부실한 공교육과 붕괴된 교실의 현상황은 참담하기 이를 데 없다. 교육은 국가의 백년지대계이고 희망인데 이토록 참담한 지경이 되었으니 대통령 선거 때마다 후보들은 앞다투어 이런 상황을 극복하는 '교육대통령'이 되겠노라며 호언장담을 한다. 하지만 정작 당선이 되고 난 후에는 상황을 계속 악화만 시켰을 뿐 호전시킨 대통령은 없었다.

그런 와중에 교육감 직선제가 되어 주민 직선으로 선출된 진보교육감이 등장하면서 대통령도 해결하지 못하고 이전의 임명직교육감이나 간선으로 선출된 교육감들도 해결하지 못했던 교육문제가 해결의 실마리를 찾기 시작했다.

교육감 직선제가 되기 전에는 임명제와 간선제로 교육감이 되었다. 그런데 2006년 12월 「지방교육자치에 관한 법률」이 개정되면서 교육감 직선제가 도입되어 2007년 2월에 부산광역시 교육감 선거를 시작으로 지금까지 주민 직선 교육감들이 배출되었다.

하지만 국회의원 선거나 지자체장 선거 때와는 달리 주민들의 관심이 워낙 저조해 투표율이 매우 낮았다. 그 결과 직선제 실시 전에 간선제로 선출되었던 현직 교육감이 재선되거나 교육청의 고위 관료 출신이 당선되었다. 그래서 주민 직선 교육감이라고는 하지만 그들이 펼치는 교육정책이나 행정 방식은 이전의 임명제나 간선제 교육감들과 거의 대동소이했다. 즉 중앙정부가 추구하는 대로 '학생들의 경쟁을 더욱 강화해 인재를 기르겠다'라든지, '교육청이나 교사도 경쟁을 시켜 교육력을 향상시키겠다'라는 신자유주의적인 교육정책 기조를 그대로 따르고, '가만히 있어!(하라는 대로 해!)' 식 지시·감독·통제 위주의 행정 방식을 그대로 견지한 것이다.

진보적 교육 공약을 내건 교육감들의 등장

이와 같은 양상은 2008년 7월에 시행된 서울시교육감 선거에서부터 달라지기 시작했다. 진보교육운동 진영에서 색다른 진보적 교육 공약을 내세우며 적극적으로 나서기 시작한 것이다. 하지만 아쉽게도 진보세력이 내세운 주경복 후보가 현직 교육감이던 공정택 후보에게 패하며 진보교육감이 등장할 기회를 잃고 말았다.

그로부터 9개월 후인 2009년 4월에 실시된 경기도 교육감 선거에서는 'MB식 특권교육 반대', '혁신학교', '무상급식', '학생인권' 등의 진보적 공약을 내세운 김상곤 후보가 당선되어 교육감 직선제가 시행된 이후 처음으로 진보교육감이 등장하게 되었다. 그러나 2010년 6월에 전국적으로 실시 예정인 지방선거에서 전국의 교육감 선거를 동시에 실시하기로 되어 있었기 때문에 김상곤 교육감의 잔여 임기는 1년 2개월에 불과했다.

김상곤 교육감이 이 짧은 잔여 임기 동안 실시한 정책들은 기존의 교육감들과는 다른 매우 신선한 것이었고, 그 성과 또한 주민들의 마음에 와닿았다. 그중에서도 **혁신학교**는 그동안 대책만 무성했지 누구도 회복시키지 못했던 부실한 공교육과 붕괴된 교실 상황을 전폭적으로 개선시키고 바꾸어놓았다.

혁신학교를 통한 아래로부터의 개혁

혁신학교의 학부모들은 처음으로 "학교생활이 즐겁다", "학교에 가고 싶다"는 아이들을 보게 되었다. 창의적이고 열성적인 교사들을 보고 처음으로 학교를 신뢰하게 되었다(이런 입소문들이 퍼지며 자녀를 혁신학교로 전학시키려는 부모들이 늘어나자 덕분에 혁신학교가 있는 지역의 부동산 값도 오르는 현상까지 나타났다). 또한 무상급식 실시로 교육비를 덜어주었고, '학생인권조례'를 주장해 학교에서의 권위주의 문화를 청산하려고 노력했다.

첫 번째 진보교육감의 이와 같은 성과는 2010년 6월에 있은 전국 교육감 선거에서 진보교육감이 6명이나 당선되고, 2014년 6월 선거에서는 전국의 교육감 17명 중 13명이나 당선되는 결과로 이어졌다. 이들 진보교육감들도 '경쟁교육과 특권교육 반대', '혁신학교를 통한 교육 정상화', '교육복지의 확대', '학생인권 보장' 등을 주요 정책 과제로 삼았고, 지금까지 반세기가 넘도록 실패만 거듭하며 해결하지 못한 교육 과제들을 차근차근 해결해나가기 시작했다.

2. 기득권 세력의 방해공작

학교현장에서 번지기 시작한 개혁과 혁신의 조짐은 보수적인 기득권 세력들을 당황케 했다. 이에 그들은 기존에 장악하고 있던 중앙권력, 지방권력, 보수언론과 합세해 진보교육감들의 정책들을 치열하게 방해하고 공격하기에 이른다.[1]

정부와 언론이 합세한 음해공작과 꼼수

"진보 교육감들을 끌어내려라!"

"수단과 방법을 가리지 말아라!"

이렇게 시작된 것이 바로 대대적인 진보교육감 소탕작전이다. 마치 '현대판 추노'를 보는 것처럼 검찰과 경찰은 물론 선관위와 교과부, 감사원, 거기에 보수언론이 총동원되어 진보교육감 죽이기에 혈안이 되었다.

털고 또 턴다. 뒤지고 또 뒤진다. 때리고 또 때린다. 교육감 취임 전의 행적까지 샅샅이 헤집고, 학생들에게 장학금을 지급한 것을 불법 선거운동으로 고발하고, 교육감 집무실까지 뒤졌다. 진보교육감 6명 가운데 무려 5명이 집중적인 수사와 고발, 감사에 시달렸다. 김상곤 교육감은 법정에만 12차례 섰고, 이 가운데 4차

---

1. 대표 격이 곽노현 서울시교육감을 몰아낸 것이다. 나는 이 일을 보수세력이 비열하게 누명을 씌운 것으로 보고 박정희 대통령 시절 억울하게 누명을 써서 사형당하거나 감옥살이를 한 분들이 수십 년 후 재심에서 무죄 판결을 받은 것처럼 앞으로 세월이 지나면 분명 밝혀지리라고 믿는다.

례 판결 모두 승소했다. 김승환 교육감 역시 취임 뒤 모두 5차례나 교과부의 고발 및 검찰 수사를 받았다.[2]

이렇게 진보교육감들이 지독한 탄압을 받는 와중에 발생한 세월호의 비극은 '가만히 있어!(하라는 대로 해!)'라는 말과 함께 국민들의 공분을 자아냈고, 진보교육감 출현 전의 교육감들이 중앙정부의 '가만히 있어!(하라는 대로 해!)' 식 행정에 맹종한 결과 교육이 붕괴되었다는 인식과 함께 중앙정부와 맞서는 진보교육감에 대한 지지를 높이게 되었다.

그 결과 2014년 6월에 있은 전국 교육감 선거에서는 교육감 선거구인 17개 지역에서 서울을 포함하여 무려 13명의 진보교육감이 탄생하게 된 것이다.

끝없는 말 바꾸기와 꼼수

사정이 이렇게 되니 권력을 장악한 보수세력은 대통령이 공약하고, 대통령이 "중앙정부가 책임져야 한다"고 분명히 말했던[3] 누리과정 예산을 시·도교육청이 편성하라고 하면서 예산을 옭죄고, 한 발 더 나아가 교육감 직선제 폐지라는 꼼수까지 쓰기 시작했다. 이 주장을 꼼수라고 표현하는 것은 교육감 직선제가 도입될 당시에는 그들도 열렬히 찬성했기 때문이다. 2014년 폐지를 주장하기 전까지 한

---

2. 최재천·박재동·엄기호·조희연, 《곽노현 버리기》, 책보세, 2012, 207~208쪽

3. 2013년 1월 31일 시·도지사 간담회 자리에서 "보육사업과 같은 전국 단위 사업은 중앙정부가 책임지는 게 맞다"고 말했다.

나라당이 교육감 직선제를 찬성했던 내용을 살펴보면 다음과 같다.

- '교육감 직선제 법률안' 통과 당시였던 2006년에는 주호영 의장을 포함해 현직 새누리당 국회의원들 대부분이 찬성 태도를 보인 사실이 확인됐다. 지난 2006년 11월 7일에 열린 '제262회 국회 교육위원회 회의록(대안)'을 분석한 결과다.
- 당시 한나라당 교육위 간사 임해규 의원: "현행법상 교육감 및 교육위원이 학교운영위원들을 선거인단으로 한 간선제로 선출되는 과정에서 여러 가지 문제점들이 나타나고 있다"라면서 "현재 간선제로 선출하는 교육감 및 교육위원을 시·도지사 및 시·도의원과 같이 주민 직선제로 선출하도록 했다"라고 설명했다.
- 당시 한나라당 이군현 의원(전 한국교원단체총연합회 회장, 현 자유한국당 의원)은 다음과 같은 찬성 발언을 내놨다. "지금 교육감 선거하고 교육위원 선거가 모든 납세자에게 선거권이 공평하게 부여되지 않고 학교운영위에 소속된 사람들만 선거권을 가짐으로 해서 이 제도 자체가 잘못되었다. (중략) 선거인단 수가 적어 입후보자가 비리문제와 연루되는 확률이 매우 높다", "교육감 선거를 일단 직선제로 하는 게 옳다"면서 "그것은 교육자치의 원리 중에 소위 주민 통제의 원리라고 하는 원칙에 맞다"라고 강조했다.

역시 돌연 입장을 바꿔 폐지에 앞장서고 헌법소원까지 제기한 한국교총의 과거 찬성 발언은 다음과 같다.

- 2006년 법 개정으로 도입된 교육감 직선제는 한국교총이 앞장서서 요구한 제도였다. 이 단체는 2000년대 초부터 줄곧 교육감 직선제 쟁취운동을 펼쳐왔다.
- 국회 논의에서 교육감 직선제로 가닥이 잡힌 지난 2004년 12월 29일 보도자료에서 "한국교총이 일관되게 주장해온 대로 교육감 선거가 주민 직선으로 바뀌었다"면서 "이것은 시대의 변화와 주민의 선출권 보장을 통한 교육 참여라는 원칙에 상응하는 것으로써 원칙적으로 환영한다"는 성명을 냈다.
- 2007년 2월 14일에 부산시교육감 선거가 첫 주민 직선으로 실시되기 하루 전에는 다음과 같은 환영 성명을 내기도 했다. "교총이 줄기차게 요구해온 시·도교육감의 주민 직선제의 실현은 기존의 간선제 선출권이 학교별로 구성된 소수의 학교운영위원에게 제한된 관계로 실질적인 주민의 교육자치 참여를 통한 대표성이 취약한 데 있었다."

이렇듯 교육감 직선제를 환영했던 그들이 교육감 직선제로 진보 교육감들이 대거 당선되자 곧바로 돌변해 폐지를 주장한 것이다. 그들의 폐지 주장은 너무도 어처구니없기 때문에 그 주장이 얼마나 그릇된 것인지를 논박하는 것은 길게 설명할 것도 없이 너무 간단하다.

- **교육감 직선제를 통해 당선된 교육감들이 선거 과정의 비리와 각종 비리에 연루되어 당선 무효가 됨으로써 선거를 다시 해야 하는 경우가 많아 교육행정에 혼란이 오고 국민 혈세가 낭비되고 있다고? 그**

렇다면 국회의원 선거와 각종 지자체 선거의 직선제도 폐지해야 한다. 민주주의에 무지하든지, 민주주의에 도전하는 참으로 황당한 주장이다.

- **광역지자체장과 러닝메이트로 교육감을 선출하자고?** 이럴 경우 정당 추천을 받는 광역지자체장의 영향에서 벗어날 수 없으므로 교육행정이 일반행정과 정당정치에 예속되어 「헌법」이 보장하고자 하는 교육의 자주성, 전문성, 정치적 중립성이 심각하게 훼손되며, 이런 주장 자체가 위헌적인 주장이다.

- **학부모와 교직원만 참여하는 간선제로 교육감을 선출하자고?** 교육은 학부모와 교직원의 이해만이 걸려 있는 협소한 문제가 아니고 국가의 미래가 걸려 있는 매우 중차대한 사안이다. 또한 교육감의 직무 영역은 학교에만 국한된 것이 아니고 학교 밖의 교육과 지역사회의 평생교육까지 포함된다. 게다가 교총은 '주민 통제의 원리'를 이야기하며 직선제 도입을 주장했었다. 그런데 이제 와서 상반되는 주장을 하는 데에는 교총의 주축인 교장들이 학부모와 교직원에게 매우 큰 영향력을 가지고 있어서 간선제가 자기들에게 절대적으로 유리하기 때문에 주장하는 꼼수에 불과하다.

이에 헌법재판소는 2015년 11월 교육감 직선제가 위헌이라 주장하며 교총이 제기한 헌법소원을 재판관 9명 전원의 일치된 의견으로 각하시켰다.

　교육감 직선제로 선출된 진보교육감이 1명에서 6명으로 늘어나더니 급기야 2014년에는 17석 중 13석이 당선되자 그동안 자기들이 적극적으로 운동해 이뤄냈다며 자랑까지 하던 교육감 직선제를 180도 돌변하여 폐지하자고 하니 참으로 낯 뜨거운 행태가 아닐 수 없다. 이러한 교총이 과연 진정한 교육자들의 교원단체인지 묻고 싶다.

진보교육감들이 보수세력이 차지한 중앙정부의 정책과 다른 정책을 펼치고, 그래서 진보교육감들이 마음에 들지 않는다면 자기들이 추구하는 교육 방향과 정책이 진보교육감들보다 우월하다는 것을 확실한 성과를 통해 국민들에게 보여주며 정정당당하게 선의의 경쟁을 벌이는 것이 옳다.

지금처럼 직선제가 자기들에게 불리하다고 진보교육감들을 뽑아준 국민들을 선거에서 배제하려고 한다면 이것은 명백하게 국민들을 무시하는 반민주적이자 비열한 발상이다. 하루 빨리 양심을 회복하고 진보교육감들의 어떤 정책과 성과들이 국민들에게 지지를 받는가를 연구해 정정당당하게 대비하기를 바란다. 교총도, 보수교육단체들도 이제는 변해야만 한다.

Chapter 05

혁신학교, 대한민국 교육의 새로운 방향을 제시하다

비정상의 늪에 빠진 교육 현실을 타개하려는 노력은 과거 정부에서도 존재했다. 하지만 대부분의 노력이 실패로 끝나고 말았다. 실패의 주요 원인은 교사를 주체로 하여 학교 본연의 기능을 살리는 실질적인 개혁이 아니고, 교사를 개혁 대상으로 보고 학교를 꼭두각시처럼 휘둘렀기 때문이다. 우리는 성공한 혁신학교를 통해 개혁의 새로운 모델을 발견했다. 이제 올바른 정책을 수립해 개혁의 방향을 바로잡아야 할 때이다.

앞에서 우리나라 교육이 얼마나 비정상의 늪에 빠져 있는지 살펴 보았다. 그리고 진보교육감의 등장과 함께 나타난 혁신학교가 우 리 교육의 희망이 되어준 것도 살펴보았다. 이제부터 이야기할 혁신학교는 중앙정부 주도로 이루어지는 상명하달식 개혁이 아 니라, 교사가 주체가 되어 바람직한 학교를 만들어가는 자발적 혁 신의 모습을 잘 보여준다. 혁신학교의 성공을 통해 학교와 교육 청이 해야 할 일에 대해 다시 생각해보는 계기가 되었으면 한다.

1. 혁신학교에서 발견한 희망의 빛

2009년 4월 8일 보궐선거로 치러진 경기도교육감 선거에서 민주 화를 위한 전국교수협의회 의장 출신 김상곤 교수가 당선되면서 진보교육감 시대의 포문을 열었다.

그 후 2010년 6·2 지방선거에서 서울, 경기, 강원, 전북, 전남, 광주에서 6명의 진보교육감이 당선되었고, 2014년 6·4 지방선거 에서는 전국 17개 시·도교육청 중 경북, 대구, 울산, 대전을 제외 한 13곳에서 진보교육감이 당선됨으로써 대세로 떠올랐다. 이 세 차례의 교육감 선거에서 진보교육감과 보수교육감들이 내세운 공약들을 비교해보면 다음 표와 같다.

표 5-1 진보와 보수교육감 후보들의 공약 비교

진보교육감 후보들의 공약	보수교육감 후보들의 공약
1. 특권교육 지양, 교육격차 해소, 일반고 살리기 2. 혁신학교 확대, 교사의 교육활동 전념 여건 마련, 민주시민교육, 문예체교육 활성화, 경쟁 아닌 협동, 선행학습 규제, 학원 규제 3. 학생인권 신장 4. 보편복지로 이행: 무상교육(급식) 확대, 유아교육 공교육화 5. 지자체(마을)와의 교육 공조, 혁신교육지구 확대 6. 교육행정과 학교운영에서 민주화를 통한 소통과 참여 확대 7. 학교 비정규직 문제 적극적 해결	1. 특목고·자사고 확대, 일반고 점프업 프로그램(문용린) 2. 혁신학교 반대, 학력 신장, 학습부진학생센터(문용린), 실력드림센터(고승덕) 3. 학생인권 강조가 교권 추락 원인이라고 주장 4. 선별복지 주장: 보편복지 예산 부족 5. 마을과의 교육 공조에 관심 결여 6. 교육청 학습서비스센터·학부모프로센터(고승덕) 7. 학교 비정규직 문제에 소극적 관심
진보·보수교육감 후보들의 공통 공약	
1. 부패, 비리 일소 2. 학교폭력 추방, 학교 안전 강화 3. 사교육비 부담 줄이기 4. 진로(소질·적성)교육, 인성교육 5. 교권 보호, 교사의 행정업무 감축	

당선 후 진보교육감들은 공약 추진을 위해 노력했지만, 보수세력이 장악한 중앙정부와 주류 언론들은 집요한 방해를 계속했다.

혁신학교가 제안하는 공교육 혁신의 모델

진보교육감 초창기의 가장 큰 공격 대상은 바로 무상급식 정책이었다. 혁신학교 정책도 공격받았지만 무상급식에 대한 논란이 워낙 컸기에 상대적으로 공격 강도가 약했고, 그 덕분에 혁신학교 관련 예산은 무상급식 예산이 전액 삭감되는 대신에 무사히 통과

했다.[1]

김상곤 교육감 취임 후 경기도교육청 기획예산담당관을 맡아 혁신교육을 주도한 이성대 교수는 그의 저서 《혁신학교, 행복한 배움을 꿈꾸다》에서 "무상급식이 더 큰 이슈가 되었기 때문에 김상곤 교육감의 대표 공약이 무상급식이라고 생각하는 사람들이 많지만, 실제 대표 공약은 **혁신학교**였다"[2]라고 고백하면서 "혁신학교로 대표되는 혁신교육은 우리 교육에 있어서 큰 의미를 갖는다. 우리나라 교육의 흐름을 바꾸어놓은 일대 사건이기도 하다. 혹자들은 김상곤 교육감의 당선이 현재의 13개 교육청의 진보교육감을 탄생시키는 계기가 되었다고 한다. 물론 맞는 말이다. 그러나 더 정확히는 혁신교육의 성공이 진보교육감의 시대를 만들어낸 것이다"[3]라고 평가하는 게 옳다.

내가 희망을 갖게 된 것도 바로 혁신학교가 이룬 전대미문의 성과 때문이다. 물론 과거에도 남한산초등학교 같은 폐교 위기의 작은 학교들이 이제까지와 다른 획기적인 교육방법으로 학교를 살린 사례는 있었다. 그리고 내부형 교장공모제에 의해 평교사가 교장으로 초빙된 학교들의 성공적인 혁신 사례들도 있었다. 그때

---

1. 무상급식 공약은 우리 사회가 복지사회로 가는 큰 걸음을 내딛게 했다. 하지만 진보교육감들의 수많은 공약 중 가장 중요한 것은 혁신학교 공약이다. 유권자들이 교육감에게 가장 원한 것은 무너진 학교를 일으켜 세워 공교육을 회복시키는 일이었기 때문이다.

2. 이성대, 《혁신학교, 행복한 배움을 꿈꾸다》, 행복한미래, 2015, 58쪽

3. 앞의 책, 5~6쪽

만 해도 그런 시도나 성과는 작은 시골학교에서나 가능하다고 생각했다. 그런데 2009년부터 '혁신학교'라는 이름으로 그런 꿈같은 학교들이 도시에 만들어지기 시작했다. 그때부터 눈이 번쩍 뜨였고 서울도 할 수 있다는 희망이 용솟음쳤다.

그런 부푼 희망을 갖고 혁신학교의 모체가 된 작은 학교들과 내부형 공모제 출신 교장이 이끌어가는 학교들의 국내 혁신 사례와 프레네, 발도르프, 비고츠키, 배움의공동체, 독일, 덴마크, 핀란드 등의 국외 사례를 공부했다. 그러던 중 2010년 6월 곽노현 교육감의 당선으로 서울에서도 혁신학교의 실현이 기정사실화되었다. 그 후 '좋은교사운동'에 혁신학교에 대해 공부하는 팀이 있다는 것을 알고 그곳에 합류해 함께 공부하고 토론하며 도시학교에 적용할 수 있는 방법을 찾아보고, 전국의 혁신학교 활동가들을 만나서 정보도 교환했다. 때마침 《나는 혁신학교에 간다》(경태영, 맘에드림, 2010)라는 책이 출판되어 경기도에서 혁혁한 성과를 내고 있는 혁신학교들의 성공담을 자세히 들여다볼 수 있었다.

2. 혁신학교의 본질을 간과한 추진은 실패할 뿐

쓰디쓴 실패로 끝난 첫 번째 도전

드디어 서울시교육청(곽노현 전 교육감)에서도 '서울형 혁신학교'라는 이름으로 혁신학교를 지정하기 시작했다. 앞에서 고백했지만, 1개 학년이 교육 불가능 상태에 빠져 있던 우리 학교도 교장이 혁신학교를 신청했다. 혁신학교가 성공하려면 소수라도 혁신역량을 갖춘 교사들의 자발적 열의가 있고, 그들의 의견이 잘 반영되는 민주적인 풍토가 조성되어 있어야 한다. 하지만 당시 교장은 매우 독선적이고 자신에게 충성하는 사람들 중심으로 학교를 운영했기 때문에 계획서는 그럴듯하게 만들어서 통과할지 몰라도 현장실사를 통과하긴 어려울 거라고 생각했다.

그런데 뜻밖에도 우리 학교가 혁신학교로 지정되었다. 속으로는 '이건 아니다' 싶었지만, 지정된 이상 성공하도록 적극 협조하기로 마음먹었다.

모든 혁신학교가 성공한 것은 아니다

안타깝게도 우리 학교는 처음부터 혁신학교의 취지와는 전혀 다른 방향으로 가고 있었고, 교장의 의견을 떠받드는 소수 간부와 부장이 모든 것을 결정했다. 이에 잘못된 점을 지적하고, 성공적인 혁신을 위한 의견을 수차례 제시했지만 평교사인 내가 부장회의에 참석할 수 있게 해준 것 말고 전혀 달라진 게 없었다.

혁신학교의 성공을 위해 나는 교장에게 수차례 요구했다. 우선 교사들이 혁신역량을 갖추도록 함께 모여 공부할 수 있게 해달라고 요구했다. 동아리는 조직했으나 바쁜 업무로 참여율이 저조했다. 교장에게 근무 시간 내에 모임을 가질 수 있도록 도움을 요청했으나 협조를 받지 못했다. 연수도 받은 바 없고 방법도 모르는 교사들에게 방학 동안에 교육과정을 재구성하라고 지시하기에 그러한 역량이 먼저 갖춰져야 한다고 호소하며 반대했으나 모든 부장들이 교장의 눈치를 보며 찬성하는 바람에 시간만 버리는 엉터리 작업들에 매달리기도 했다.

또한 교사들이 함께 공부할 시간을 확보할 수 있도록 혁신학교 지원금으로 교무행정지원사를 빨리 채용해 교사의 업무경감 시스템을 마련하라고 요구했다. 하지만 교장 자신이 필요성을 크게 느끼지 않았고, 채용 후 지원사가 해줄 일을 제시했음에도 불구하고 교사들의 업무경감에 무관심해 도움이 되지 않았다.

교사회의를 활성화해 회의에서 결정된 것들에 대한 존중도 요구했다. 하지만 교사들이 회의를 싫어하니 부장회의로 족하다고 거부하며, 평교사인 내가 대표로 부장회의에 참석해 발언하라고 했다. 이에 안건을 교무부장에게 제출한 교사가 있으면 교무부장이 그 안건에 대해 협의할 시간과 장소를 공지하고 관심 있는 교사들이 참여할 수 있게 하자고 다시 제안했다. 그런데 이번에는 교장이 제안을 수락했지만, 바쁜데다가 그간의 위축된 분위기 속에서 다른 교사들이 무관심했다. 교사들의 참여를 호소했지만 결국 실패하고 말았다.

혁신학교 지원금을 혁신역량을 기르고(교사 연수), 그 여건을 갖추고(교무행정지원사), 교육과정 운영의 질을 높이고(문예체 강사), 학교폭력이 심한 우리 학교 실정에 맞춰 꼭 필요한 부분(상담 전문가 채용 등)에 올바르게 사용하라고 요구했다. 특히 과도 책정된 홍보비는 없애라고 요구했다. 하지만 홍보비만 약간 줄였을 뿐 거의 반영이 되지 않았다.

구청의 지원금 5,000만 원을 받아 운영하려는 소수 특혜의 인재양성교실(16:40~18:40)은 혁신학교의 취지에 맞지 않고 담당교사들의 업무 부담이 많으니 폐지하라고 요구하며, 교사들의 반대 운동도 촉구했다. 하지만 동료들의 협조 없이 나 홀로 반대하는 가운데 교장은 부장교사들을 주강사로 그대로 강행했다.

이와 같이 1학기 동안 줄기차게 잘못된 점을 지적하고 대안을 제시했지만, 홀로 고군분투하다가 실패했다. 그리고 2학기에는 6개월간의 학습연구년제 교사로 선발되어 학교를 떠나게 되었다.

그러다 여름방학 후에 젊은 교사들의 저항 소식과 함께 도와달라는 요청이 들어왔고, 이런 사실이 교육청에도 알려져 당시 혁신학교 담당 파견교사의 활약으로 교장과 교감이 경질되었다. 그리고 실패로 치닫는 혁신학교를 살리기 위해 혁신역량이 갖춰진 3명의 교사를 초빙하기로 했다.

하지만 이들이 모두 전교조 교사라는 이유로 학운위 통과가 어려울 것 같다는 말을 듣고 학교운영위원을 했던 나는 학부모위원들을 만나 그들을 혁신학교 성공 사례로 전국적으로 유명한 서울 강명초등학교로 모시고 갔다. 크게 감동을 받은 학부모위원들에게 그 학교 교사 대부분이 전교조 교사라는 사실을 알려드리자 비로소 3명의 교사 초빙에 동의해주셨다.

실패한 혁신학교를 다시 성공시킨 교사들

이듬해인 2012년 서울시교육청 혁신학교 담당 파견교사가 되어 그 학교를 방문했을 때 과로와 스트레스 속에 고군분투하는 초빙 교사들에게 참으로 죄송한 마음이 들었다. 혁신학교를 잘못 시작해 갈등과 불신이 첨예한 상황에서 성공적인 혁신학교를 만들어 가기란 처음 시작하는 것보다 훨씬 더 어렵다.

하지만 그로부터 3년 후 어엿하게 혁신성공학교의 반열에 올랐다. 얼마나 많은 땀과 눈물을 흘렸을지는 짐작하고도 남는다.

3. 혁신성공학교, 혁신흉내학교, 혁신기만학교

이제 혁신성공학교('미래교육 선도학교'로 개칭을 제안함)만 남기고, 혁신학교 확산 정책은 끝내야 한다. 즉 모든 학교가 혁신성공학교처럼 되도록 하는 학교 혁신정책으로 교육정책의 방향이 전환되어야 한다.

혁신학교와 다른 학교와의 차이점

2012년 3월부터 학교혁신과 소속의 혁신학교 담당 파견교사가 되어 서울시교육청에서 근무하게 되었다. 이때 혁신학교에 관련된 모든 정책의 입안과 추진에 참여했는데, 그중에는 혁신학교 컨설팅도 있어서 많은 혁신학교를 방문할 기회가 있었다.

이렇게 직접 다녀본 후 내가 개인적이고 비공식적으로 분류한 것이 바로 혁신성공학교, 혁신흉내학교, 혁신기만학교다. 다음 표는 세 학교의 차이점을 표로 나타낸 것이다.

표 5-2 혁신성공학교와 혁신기만학교, 혁신흉내학교의 차이점

	대부분 일반학교 혁신기만학교	혁신흉내학교	혁신성공학교
만족도	학생↓ 학부모↓ 교사↓ 학생↑ 학부모↑ 교사↓	학생↑ 학부모↑ 교사↓	학생↑ 학부모↑ 교사↑
혁신의 질	교육 부실, 혁신 없음 거짓 혁신으로 외화내빈	혁신흉내 있지만 타율적, 지속가능성 없음	자발적 혁신, 지속가능
구성원 참여	강제 동원, 형식적 자치	소극적, 타율적 참여	능동적, 주체적 참여
교무 행정 전담팀 운영	구성했어도 작동 안 됨 교사들 여전히 잡무	구성했어도 작동 미흡 교사들 잡무 존재	잡무부터 대폭 감축 전담팀 제대로 작동 교사들 교육활동 전념
연구& 협의	지시·전달만 있을 뿐	연구·협의 미흡, 흉내	연구회, 교사회 활발
학교장	비민주적, 권위적	권위적, 교장 주도 혁신	민주적, 교사 중심 혁신
교육청 지시, 학교 자치	형식적으로 모두 이행 학교(교사)자치 부재	자체 성찰 없이 이행 교사자치 정도 낮음	주체적 선별 이행 교사자치 정도 높음

혁신기만학교는 진정한 혁신철학이나 방법도 전혀 모르는 교장이 혁신학교 지원금을 노리고 지정을 받아 그 지원금으로 오히려 혁신에 역행하는 여러 가지 프로그램을 운영함으로써 도리어 일반학교보다도 더 나쁜 상황을 초래하는 경우를 말한다. 다행히 혁신학교 중에 이런 학교는 많지 않았다.

혁신흉내학교는 교장이 주도적으로 이끌어가는 학교로 학생들이나 학부모들이 경험해보지 못한 혁신학교의 성공 사례들을 현재의 교육에 접목시키니 학생, 학부모의 만족도는 높다. 하지만 이런 학교에서는 교사들의 자발성이 없고 업무가 폭발해 교사들의 불만이 높다. 이런 상태에서는 교사들의 혁신역량이 길러지지 않아 지속성이 없다. 겉으로는 혁신이 이루어지는 것처럼 보여도 혁신이 학교문화로 정착되지 못해 교장의 인사이동으로 그간의 혁신은 물거품이 된다. 이런 학교들 탓에 혁신학교는 힘들기만 하다는 소문이 퍼져 혁신학교 확산 정책에 큰 지장을 초래했다.

혁신성공학교[4]는 교사 주도형과 교장 주도형이 있는데 대개 신설학교의 경우 열정과 역량을 갖춘 교사들을 모이게 할 수 있으므로 처음부터 교사 주도형이 가능하지만, 일반학교의 경우 처음에는 교장이나 일부 열정적인 교사 주도로 혁신흉내학교처럼 출발

---

4. 혁신학교의 성공적인 성과를 소개할 때 계속 반복적으로 등장하는 학교들이 있다. 2009년에 경기도에서 13개 학교로 출발했고, 지금까지 진보교육감 지역에서 1,154개교까지 늘었는데 (2017년 3월 기준) 아직도 혁신학교를 소개할 때면 초기에 성공 사례로 소개되었던 학교들이 여전히 소개되는 것을 볼 수 있다. 이런 학교들이 대표적인 혁신성공학교이다.

하지만 혁신철학과 방법을 잘 아는 교장이나 교사들의 주도로 교사 대부분이 혁신역량을 갖추며 교사 주도형으로 바뀐다.

서울도봉초등학교 컨설팅에서 들은 어느 50대 중년 여교사의 말은 일반학교에서 교사들의 자발성과 혁신역량이 어떻게 고양되는지를 보여준다. 처음에 그분은 혁신학교가 교사들을 더욱 힘들게 할 거라는 생각에 혁신학교로 지정되는 것을 반대했다고 한다. 그런데 오히려 그동안 불필요하게 느꼈던 업무들에서 벗어나게 되었고, 그렇게 해서 생긴 여유 시간에 동료들과 함께 공부하며, 공부한 것들을 적용하면서 학생과 학부모 모두 만족해하는 모습을 보니 평생 느끼지 못했던 보람과 교사로서의 자존감을 느끼게 되었다고 했다.

학교구성원 모두가 성장하는 혁신성공학교

교장의 민주적 리더십과 업무경감 노력, 교사들의 역량 강화를 위한 교감의 헌신적인 노력으로 교사들이 혁신역량을 갖추게 되면 결국 교사 주도로 지속가능한 혁신이 가능해진다. **내부형 교장공모제**에 의해 민주적 리더십과 혁신역량을 갖춘 평교사를 교장으로 둔 서울상원초등학교도 교사와 학부모가 함께 성장하며 혁신역량을 갖추게 되어 지속가능한 혁신을 이루게 된 대표적인 사례이다. 중학교와 고등학교에서 혁신학교로 큰 성과를 낸 학교들은 거의 다 교사 주도형이다.

2012년 여름에 있은 혁신학교 리더들의 워크숍에서 나는 혁신학교 교장들의 대화 모임에 참여했다. 그런데 분위기가 살벌했다. 탁월한 혁신 성과로 전국에서 배우러 오는 학교의 교장이 다른 학교 교장들의 공격 대상이 된 것이다. 이유는 교사회의에 교장이 최종 결정자로서 참여하지 않고, 1/n의 결정권을 가지고 참여한다는 소문 때문이었다. 교장으로서의 최종 결정권을 포기했다는 것이다. 다행히 결정권을 포기한 게 아니라 교사회의를 존중한 것이며, 교사회의의 결정이 대부분 옳다는 판단하에 수용했고, 일부 잘못된 결정은 이해를 시켜서 교사들이 수용하게 했다는 지혜로운 해명으로 일단락되었다.

그때 다른 신설학교 교장이 매우 의미 있는 발언을 했다. 그분은 부임 후 교사들의 발언권이 강해서 상처도 받고 갈등이 잦았는데, 그것이 쓸데없는 권위의식 때문이었음을 깨달은 후 이를 내려놓고 순수하게 교육적 입장에서만 생각하니 교사들과 협조도 잘 되고 성과도 좋고 보람도 느끼게 되었다고 했다. 그 발언에 이어 그중 가장 젊은 교장이 이제 공허한 권위의식은 내려놓고 학교를 위해 진정 필요한 것에 대해 생각하며 교장으로서 헌신해야 한다고 하면서 그날의 대화는 바람직하게 마무리되었다.

하지만 많은 혁신학교 교장들이 학교운영의 민주화가 교장의 권위를 위협한다고 생각하는 수준에 머물러 있음을 알게 된 씁쓸한 자리였다. 한편으론 혁신 과정을 통해 교장들도 성장하고 있음을 확인한 자리이기도 했다.

4. 혁신성공학교가 보여준 성과

혁신흉내학교와 혁신기만학교들의 존재는 혁신학교를 공격과 비난의 대상이 되게 했다. 하지만 혁신학교는 일종의 파일럿 스쿨(Pilot School)로서 공교육이 지향해야 할 선도적 사례를 도출하기 위해 만들어진 만큼 혁신성공학교의 성과로 평가해야 마땅하다. 이는 위대한 화가의 초창기 습작이나 실패한 작품으로 그를 악의적으로 폄하하는 게 온당치 않은 것과 같은 이치이다.

　이제부터 대한민국 교육의 희망이 되어준 혁신성공학교들의 성과들을 통해 평가의 기준을 소개한다.

구성원들의 높은 만족도

제일 먼저 소개하고 싶은 것은 혁신성공학교구성원들의 만족도이다. 암울하기 그지없는 이 나라의 학교 상황에서 학생, 학부모, 교사들의 만족도가 90%를 넘는 거의 기적 같은 성과를 낸 것이다.[5] 혁신학교를 반대하는 보수언론들조차 혁신학교 주변의 집값이 오른다는 보도를 하고, 혁신학교 출신 학생들과 혁신학교 학부모들이 《진짜 공부》(김지수·박수빈·정소연·김준수·유동우, 맘에드

---

5. 2012년 7월 19일 프레시안이 주관한 교사, 학생, 학부모 좌담회(〈소문난 혁신학교, 강남 학부모들까지 들썩들썩〉이라는 제목으로 기사화)에서 서울상원초등학교는 교사 95%, 학부모 90%, 학생 90%가 만족한다는 설문조사 결과가 나왔다고 했고, 숭곡중학교도 교사에 대한 학부모의 만족도가 90% 이상 나왔다고 했다.

림, 2014), 《행복한 나는 혁신학교 학부모입니다》(서울형 혁신학교 학부모네트워크, 맘에드림, 2014)라는 책들을 출판하며, 학부모 네트워크를 조직해 자발적으로 지지 활동을 하는 것을 보면 혁신성 공학교가 구성원 모두를 만족시켰다는 것을 알 수 있다.

교사들의 자발적 참여와 연구

권위적인 위계조직 속에서 교사들이 교육 전문가로서의 자기효능 감을 잃고 의사결정 과정에서 소외당한 채 시키는 대로 해오던 게 일반적인 학교의 모습이었다. 그러던 교사들이 자발적으로 혁신 과업에 나서 함께 역량을 기르고 함께 협의하며 학교를 만들어가는 기적 같은 일이 일어났다.

파견교사로서 참석해본 서울강명초등학교의 교사회의는 불꽃 튀는 협의의 장이었다. 회의 내내 단 한 명의 교사도 지루해하지 않고 대부분의 교사가 적극적으로 발언했다. 그 학교에는 여러 교사학습동아리가 있었는데, 학부모들도 따로 공부모임을 만들거나 교사모임에 참여하며 구성원 모두가 배움의 공동체를 이루고 함께 성장하고 있었다. 이러한 자발적인 연구 문화와 민주적인 협의 문화야말로 성공의 큰 동력이었다.

학교 교육과정의 혁신적인 재구성

수준이 필요 이상으로 높아지고 분량 또한 과도한 국가 교육과정 과 이보다 한술 더 뜨는 입시를 겨냥한 어려운 시험 문제들 때문에 수업은 진도 나가기에 급급한 것이 현실이었다. 이런 가운데 교사들이 함께 연구하고 협의해 학생들이 즐겁게 참여하며 저절로 배움이 일어날 수 있도록 교육과정을 재구성함으로써 지루한 수업을 즐거운 수업으로 만들었다.[6]

미래역량을 기르고 삶을 풍요롭게 하는 진정한 배움 추구

혁신성공학교에서는 단순한 지식 주입이나 문제 풀이 기능 숙달이 아닌, 국가적으로나 개인적으로 정말 필요한 미래역량을 길러주고 삶을 풍요롭게 하는 문예체교육과 생활교육, 생태교육을 하고 있다. '협동', '여유 있고 깊게 생각하기', '생각 나누기', '창의력', '문제해결 능력', '자기주도적 학습' 등의 말들이 공허한 구호가 아니라 진짜 살아 움직이는 수업을 하는 것이다. 그리고 전문 강사를 모시는 등 문예체교육에 심혈을 기울여 건강하고 즐거운 삶이 되게 하고, 생활교육도 열심히 한다.

주체적인 참여가 활발한 민주시민 교육

우선 교사들부터 권위적 위계구조를 타파하고 민주적인 협의 문화를 만들었다. 그리고 이제까지 미숙한 피교육자라는 이유로 철

---

6. 주제통합형 교육과정 재구성, 교과통합 팀티칭, 프로젝트 수업, 연극 수업, 블록타임 수업, 지역참여 협력 수업, 토론 수업, 협동학습, 학생 논문 발표 등 많은 혁신적인 교육방법들이 혁신성공학교에서 창안되고 계속 개발되고 있다. 그뿐만 아니라 4학기 4계절 방학, 30분 놀이 시간 등 기존의 고정관념을 깨고 학사 운영과 시간표 운영도 혁신해 만족도를 크게 높였다.

저하게 무시해온 학생들의 인권을 존중하고, 지시를 일삼고 일방적으로 규정을 만들어 시행했던 훈육지도 방식도 '3주체 협약' 등을 창안해 자발적인 참여와 주체로서의 책임감을 길러주는 민주시민교육으로 바꾸었다.

그리고 학생들의 자치활동과 다양한 동아리활동들이 활발하게 펼쳐진다. 고3 때조차 혁신성공학교의 학생들은 동아리활동을 열심히 하면서도 원하는 대학교에 들어갔다고 《진짜 공부》를 공동 저술한 학생들은 생생하게 증언했다. 예전에는 전적으로 교사들이 계획하고 추진했던 학교행사들도 학생들 스스로 하도록 지원만 한다.

배려와 협동 속에 모두가 행복하게 성장하는 학교

학교폭력이 눈에 띄게 잠잠해졌다. 학교생활이 즐거우니 스트레스도 줄고, 스트레스가 폭발할 일도 없다. 혁신성공학교로 전학 와서 틱 장애가 없어졌다는 보도도 있었다. 조금 느린 아이, 부족한 점이 있는 아이들은 교사들이 더욱 관심을 기울였고, 교사들이 어려우면 상담사, 복지사 등 전문가를 활용했다. 또 친구끼리 약한 동료를 돕는 '배려', '협력'이라는 가치가 학교의 잠재적 교육과정으로 자리 잡았다.

교권도 회복되었다. 학교생활이 즐거운 아이들은 즐거운 배움으로 이끌어주는 교사들을 좋아했고, 학부모들은 행복한 자녀들을 보며 교사에게 감사한 마음을 갖게 되고 학교를 신뢰했다. 교권 침해 사건이라도 발생하면 학부모들이 나서서 교사와 학교를 도왔다. 교사들은 이런 변화 속에 보람과 자기효능감을 느끼며 더 열심히 교육활동에 전념하는 선순환이 일어났다.

지역과의 능동적인 교육협력

혁신역량이 잘 갖춰진 혁신성공학교는 학부모나 지역과의 소통에도 적극적이 되어 학부모의 자발적인 참여와 성장이 일어나고, 지역과의 교육협력에도 능동적으로 임하게 된다. 그래서 어떤 학교에서는 지역과의 네트워크 강화로 문예체교육, 진로체험교육이 잘 이루어질 뿐만 아니라 매점 운영, 수학여행 추진 등이 협동조합 형태로 운영되기도 한다. 최근에는 지자체도 참여해 방과후학교를 협동조합 형태로 운영하는 방식이 개발 중에 있기도 하다.

이 모든 것들이 하나같이 참으로 기적 같은 성과들이다. '기적'이라는 표현을 아무리 많이 써도 지나침이 없다는 생각이다. 왜냐하면 과거의 교육철학과 교육방법론 속에서는 도무지 불가능했던 진짜 기적 같은 성과들이기 때문이다.

만약 나의 학생 시절에 이런 학교가 존재했다면 나는 결코 불행한 학생 시절을 보내지 않았을 것이다. 내 딸의 학생 시절에 이런 학교가 존재했다면 굳이 홈스쿨링을 고민하지 않았을 것이다. 내가 교직에 들어오면서부터 이런 학교가 있었다면 교장과 대치하며 스트레스를 받는 일 따윈 없었을 것이다.

이런 성공적인 학교를 맛본 나는 행복하다. 그리고 희망에 넘친다. 이제 모든 학교가 이렇게 변화하도록 학교 혁신정책에 박차를 가해야 할 때이다.

5. 학교 혁신정책을 통해 혁신학교 성과를 일반화하라

이제부터 혁신학교로 성공한 학교들이 그 성과를 계속 유지·발전시키고, 다른 모든 일반학교들이 혁신성공학교처럼 학교구성원들이 모두 행복한 가운데 풍요한 삶과 미래역량을 갖춘 학교로 탈바꿈하기 위해서는 어떤 정책들을 펼쳐야 할지 살펴보자.

이제는 학교 혁신정책이다

나는 혁신학교를 더 이상 확대할 필요는 없다고 생각한다. 왜냐하면 모든 학교가 지향해야 할 파일럿 스쿨로서의 역할을 혁신학교가 충분하게 해주었다고 보기 때문이다. 이제는 대표적인 혁신성공학교들만 남기고 '미래교육 선도학교'(가칭)로 개칭 후 그 학교들은 그간의 성과를 유지하고 더 발전시키면서 나머지 모든 일반학교들이 '미래교육 선도학교'처럼 되도록 '학교 혁신' 정책을 펼쳐야 한다. 즉 모든 학교가 '미래교육 선도학교'처럼 될 수 있게 학교 혁신정책으로 진화해야 한다는 뜻이다.

혁신성공학교가 전대미문의 기적 같은 성과를 이뤄낸 동력은 무엇일까? 그 동력을 파악해 모든 학교에 엔진으로 달아주고 액셀을 밟게 하면 모두 그러한 성과를 낼 수 있지 않을까?

모든 학교에 혁신성공학교의 동력(엔진)을 달아주는 것이 바로 **학교 혁신정책**이다.

혁신여건의 조성과 혁신역량의 강화

혁신성공학교들은 초등, 중등을 막론하고 혁신 초기에 공통적으로 보여주는 **혁신여건 조성** 과정과 **혁신역량 강화** 과정이 있다. 이두 가지 과정은 매우 긴밀한 연관성을 갖는데 혁신여건이 조성되어야 비로소 혁신역량을 강화할 수 있고, 혁신역량을 갖춘 혁신의 촉발자 역할을 할 출중한 교사들(또는 교장)이 있어야 혁신여건 조성이 가능하다.

혁신성공학교들은 혁신여건 조성을 위해 우선 교사들이 교육활동에만 전념할 수 있도록 불필요한 잡무들을 없앴다. 그런 잡무는 교육청으로부터 오는 일이라고 해도 하지 않았을 때 처벌을 받는 등의 불가피한 경우가 아니면 정리했다. 정리 후에도 남은 일들은 혁신학교 지원금으로 채용한 교무행정지원사 한 명을 포함시켜 새로 조직한 교무행정업무전담팀에서 담당했다.

학교 혁신정책의 가장 중요한 과업은 교사가 교육활동에만 전념할 수 있는 여건을 조성해주는 것으로서, 이 목표를 실현하기위한 정책이 바로 교원업무정상화와 교육정책사업 정비이다. 이를 통해 여건이 조성되어야만 교사들이 교육활동에 전념할 수 있는 것이다. 여기엔 수업 준비, 수업 실행, 평가 등 교육과정 운영에 대한 집중은 물론, 연구와 협의활동도 포함된다.

하지만 기존 학교 풍토를 보면 연구나 협의는 고사하고 의욕도 없는 상태이다. 따라서 이는 교육청이 해결해주지 않으면 불씨조차 없는 일반학교에서 자발성을 기대할 수 없다. 그래서 단위학교마다 교사연구모임을 활성화시켜야 하고, 교사회의에서 협의가 활발하게 이루어지도록 하는 정책이 중요한 것이다.

학교 혁신정책들이 성공적으로 추진되면 학교마다 함께 연구하는 풍토가 조성될 것이다. 그리고 이러한 연구를 통해 학교마다 실정에 맞는 혁신 방법들이 창출되고 적용됨으로써 모든 학교가 혁신의 열매를 맺을 것이다.

학교 혁신 지원 전략

2016년 학교업무정상화TF 위원장을 할 때에 TF에서 만들어 모든 학교에 배포한 《학교업무정상화 운영 매뉴얼》에 그림 5-1과 같은 도식을 실었는데, 여기에는 학교 혁신정책들이 어떻게 연결되고, 어떤 성과를 내는지 잘 나타나 있어서 소개한다. 물론 학교 혁신정책이 이 도식처럼 순차적으로 추진되는 것은 아니다. 이 모든 정책이 함께 추진될 때 학교의 상황에 따라 복합적으로 작용해 성과를 내게 될 것이기 때문이다.

또한 학교 혁신정책은 이것만이 아니다. 이러한 정책들과 함께

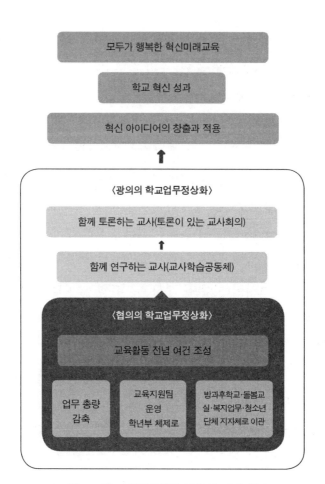

그림 5-1 학교 혁신정책의 추진 및 기대 성과

추진될 때 상승효과를 가져올 수 있는 정책들도 있다. 나는 2014
년 6월 조희연 서울시교육감 당선인 인수위에서 교육행정 혁신기
획팀장으로 일할 당시 다음과 같은 혁신정책들을 제안했다.

첫 번째, 교육청의 혁신이다. 간섭기관이 아닌 지원기관으로 개편하고, 교육정책사업의 80%를 감축하라는 제안이었다.

두 번째, 교원업무정상화이다. 교무행정전담팀의 정상적 작동을 위한 정밀 확인 지원행정을 통해 교사들이 본업에 전념할 수 있게 해야 한다는 제안이었다.

세 번째, 연구하고 협력하는 학교문화 정착을 위한 지원이다. 교사혁신동아리의 실효성 있는 지원과 교사 주도의 맞춤형 연수 확대, 학부모연구모임의 지원 등을 제안했다.

네 번째, 학교의 민주화이다. 교장(교감)의 혁신역량 강화를 위한 연수 확대 및 연구모임을 지원하고, 학교 평가지표에 학교의 민주화 정도를 반영하게 하며, 내부형 교장공모제의 확대를 제안했다.

다섯 번째, 혁신학교 네트워크의 구성과 확산이다. 혁신학교 네트워크와 학부모들의 혁신 네트워크를 구성해 혁신 사례들을 공유함으로써 혁신의 성공 가능성을 높이고 강력한 혁신 지지세력을 구축하도록 제안했다.

끝으로 혁신교육지구와 혁신클러스터 확산이다. 교육여건이 낙후된 지역의 자치구와 서울시가 협력해서 혁신교육지구를 지정, 운영(학급당 학생 수 25명 이하, 협력교사, 전문상담사, 복지사 투입 지원과 방과후학교, 돌봄교실, 복지업무 등을 지자체로 업무 이관 등)하고, 혁신교육지구에서는 같은 지역의 초·중·고가 혁신성공 학교가 될 수 있도록 지원을 강화하도록 제안했다.

과감한 정책 전환과 기대되는 정책 효과

이제는 혁신성공학교의 성과만 나열하며 혁신학교의 확산 정책만 유지하려고 하지 말고, 과감하게 정책을 전환할 시점이 되었다. 모든 일반학교가 혁신성공학교처럼 되도록 학교 혁신정책에 교육청의 역량을 집중해야 한다. 그 결과 다음과 같은 효과를 기대할 수 있다.

- 혁신학교상이 분명해져 혁신학교에 대한 오해를 걷어내고 혁신학교 이미지와 그에 따른 국민적 지지율 상승효과를 볼 수 있다.
- 모든 학교에 혁신 성과를 일반화하겠다는 학교 혁신정책의 의지를 모든 국민에게 분명히 보여줌으로써 공교육에 구체적인 희망을 갖게 할 수 있다.
- 일반학교들이 지향해야 할 학교운영의 철학과 방법들이 명확해진다. 교사를 비롯한 학교구성원 모두가 배움을 통해 성장하며 민주적으로 참여하고 협력하는 학교문화를 조성하는 것이다.
- 교육청에서 성과가 아닌 혁신역량과 가능성을 갖춰가는 과정을 주안점으로 평가하고 연수도 한다면 섣불리 혁신 성과를 흉내 내려는 조급한 시도는 사라질 것이다.

이렇게 학교 혁신정책이 잘 추진되면 모든 학교에 혁신성공학교들의 성공 DNA가 잘 이식될 것이다. 그 결과 대한민국 모든 학교의 학생, 교사, 학부모들이 현재는 물론 행복한 미래를 마음껏 꿈꿀 수 있게 될 것이다.

Chapter 06

학교 혁신의 동력인
교사의 혁신역량을 강화하라

핀란드의 교사상은 '연구하는 교사'이다. 그만큼 교사들이 더 나은 교육활동을 위해 부단히 연구하고 행정당국은 이를 적극 지원하고 있다. 그 결과가 세계 최고 수준의 교육이다. 우리나라도 탁월한 교육적 성과를 거둔 혁신성공학교를 보면 교사들이 현재 학교교육의 문제점과 이것을 극복할 방법들에 대해 함께 모여 치열하게 연구하고 적용한 결과임을 알 수 있다.

대한민국에서 학생으로, 학부모로, 또 교사로 교육을 경험한 나는 수많은 좌절과 고통을 맛보았다. 다행스러운 일은 그나마 교육현장에 개혁의 물꼬가 트이고 있다는 점이다.

학벌사회, 입시 위주 교육, 중앙집권적인 교육행정이 아직까지도 존재하는 와중에 진보교육감 등장 이후 혁신성공학교가 이런 문제들을 해결하고 학생, 학부모, 교사 모두에게 행복감과 희망을 줌과 동시에 앞으로 우리 교육이 지향해야 할 방향과 방법들을 보여주고 있다.

1. 교사들이야말로 학교 혁신의 원동력

혁신성공학교들의 성과는 **혁신역량**을 갖춘 교사들이 있었기에 가능했다. 이런 교사들 없이 또는 교사들의 혁신역량을 기르려는 노력 없이 교장만의 생각으로 이끄는 학교들은 혁신 무늬만 갖추고 여러 가지 문제점을 일으키거나 지속성이 없이 좌초하고 말았다.

앞서 살펴본 혁신성공학교가 미래교육의 비전이 되고 모든 학교에 일반화해야 할 방향이라면, 이제부터는 그렇게 성과를 내게 한 중요한 요인인 모든 교사들이 혁신역량을 갖추도록 하는 정책을 펼쳐야 한다.

그렇다면 교사들이 갖춰야 할 혁신역량이라는 것이 무엇이고, 과거 수십 년간 수많은 연수를 시도해왔지만 왜 혁신역량은 갖춰지지 않았는지, 혁신성공학교들에서는 어떻게 그것이 가능했는지 그리고 이런 학교의 모습이 일반화되도록 하려면 교육청은 어떤 정책을 펼쳐야 하는지를 탐색해볼 필요가 있다.

교사들이 갖춰야 할 혁신역량은 무엇인가?

OECD의 국제학업성취도평가 프로그램인 PISA(Program for International Student Assessment)는 미래교육의 방향을 재정립하는 DeSeCo(Definition and Selection of Key Competences) 프로젝트를 통해 미래핵심역량으로 도구의 지적 활용(Use tools interactively), 사회적 상호작용(Interact in heterogeneous groups), 자율적 행동(Act autonomously)을 제시했다.

MS사도 미래사회를 대비한 미래핵심역량으로 글로벌의식, 협업, 지식 구성, 소통, 문제해결과 창의성, 자기조절과 책임감을 제시했다. 또한 4Cs로 불리는 미래핵심역량에는 소통(communication), 협업(collaboration), 창의성(creativity) 외에 비판적 사고(critical thinking)가 첨가되었다.

우리나라에서도 DeSeCo의 영향에 의해 2015 개정 교육과정에 미래핵심역량을 어떻게 체계적으로 반영시킬 것인가를 목표로 한국교육과정평가원(KICE)을 중심으로 2007년부터 활발하게 연구해왔다. 연구진은 핵심역량(core competence/key competence)을 '다양한 현상이나 문제를 효율적 혹은 합리적으로 해결하기 위해 학습자에게 요구되는 지식, 기능, 태도의 총체'로 '개개 학습자가 보유하고 있는 차별화되고 독특한 능력이라기보다는, 초·중등학교 교육을 통해 누구나가 길러야 할 기본적이고 보편적이며 공통적인 능력의 성격'으로 정의했다. 그리고 그 정의에 따라 미래인재를 키우는 초·중등교육에서 강조해야 할 핵심역량으로 창의력, 문제해결 능력, 의사소통 능력, 정보처리 능력, 대인관계 능력, 자기관리 능력, 기초학습 능력, 시민의식, 국제감각 이해 능력, 진로개발 능력의 10가지를 선정해 제시했다. **미래핵심역량**은 다가올 미래사회에 대한 예측과 검토 후 이에 대비하기 위해 길러야 할 역량이 무엇인지를 밝힌 것이다.

우리나라 학교교육의 목표도 미래핵심역량을 기르는 데 두어야 한다. 이를 위해서는 먼저 교사의 수준을 점검하고 교사들부터 이 역량을 갖춰야 한다. 교육의 질은 결코 교사의 수준을 넘을 수 없기 때문이다.

하지만 안타깝게도 지금 현재 우리 교사들의 수준은 미래핵심역량과는 거리가 멀다. 너무나 오랜 기간 권위적인 정권 아래서 일일이 지시받고 따르도록 한 결과 교사들은 소통, 문제해결력, 자율적 행동, 자기조절과 책임감, 비판적 사고, 창의성을 갖추지 못했고, 경쟁을 시켜 교육력을 향상시키겠다는 발상은 협업과 사회적 상호작용 능력을 떨어뜨렸다.

하지만 이 문제도 혁신성공학교를 통해 해결의 실마리를 찾게 되었다. 앞서 소개한 혁신성공학교의 성과들을 보면 교사들의 소통, 협업, 사회적 상호작용, 자기조절과 책임감, 자율적 행동, 비판적 사고 등이 매우 만족스러운 수준으로 내재되어 있다. 이렇듯 혁신성공학교 교사들이 미래핵심역량을 충분히 가지고 있다는 전제하에 그들의 역량을 분석하고 정의하는 것은 매우 유용하고 의미 있는 작업이 될 것이다.

그렇다면 혁신성공학교 교사들은 어떤 혁신역량을 갖추고 있었는가? 이것을 앞으로 우리나라의 모든 교사들이 갖춰야 할 역량으로 보고 다음과 같이 정리해보았다.

- 교육의 본질을 이해하고 구현하려는 통찰력, 추진력, 열정(자율적 행동, 비판적 사고)
- 학교를 바꾸기 위해 함께 연구하고 협의하며 힘을 합치는 연구정신, 협업정신, 연대정신(문제해결력, 소통, 협업, 사회적 상호작용, 자기조절과 책임감)
- 학교의 문제를 파악하고 해결하려는 문제해결력, 창의력
- 권위주의적인 교육 체제와 학교 체제를 극복하기 위한 민주시민의식, 용기, 갈등 조정 능력(자율적 행동, 비판적 사고, 자기조절과 책임감, 글로벌의식)
- 마을, 지자체 등 외연을 확대하며 교육의 질을 도모하려는 개방성, 열정, 화합력, 협상력(소통, 협업, 사회적 상호작용, 문제해결력, 창의력, 글로벌의식)

2. 초기 혁신성공학교 교사들의
   혁신역량 강화 전략

2011년 상반기에 지정된 서울형 혁신학교 중 신설학교(서울강명초, 서울은빛초, 숭곡중, 삼각산고, 선사고)는 예외 없이 괄목할 만한 성과를 내면서 혁신학교를 이끌었다. 신설학교들의 성공은 학교로 전보된 교사들이 이미 혁신역량이 출중한 교사들이었기 때문에 가능했다. 신설학교는 개교 요원들을 100% 지원받아야 한다. 그러나 학교를 처음 만들어가는 게 워낙 어렵기 때문에 보통 교사들은 신설학교에는 잘 지원하지 않는다. 따라서 신설학교에 지원한 것만으로도 교사의 뜨거운 열정을 짐작할 수 있다.

이 학교에 지원한 교사들은 학교가 신설된다는 것을 미리 알고 함께 모여서 '새로운 학교 만들기'를 수개월 전부터 준비했다. 또한 초임교사 시절부터 참교육의 기치를 내걸고 꾸준히 함께 공부해왔기 때문에 공동이나 개인 작업을 통해 학교교육에 관한 책도 여러 권을 출판할 만큼 내공이 깊은 교사들도 있었다.

《교사, 어떻게 살아야 하는가》라는 책을 출판한 경기도 교사 다섯 분의 '고군분투 교사 성장기'(이 책의 부제이다)를 보면 이런 교사들이 어떻게 혁신역량을 길러왔는지 잘 나타나 있다. 이 책 3장의 '1. 힘들지? 주위를 둘러봐. 학습공동체가 의외로 많아'를 보면 초임교사 시절부터 학교현장의 비정상적인 수많은 문제점 때문에 힘들어하고 갈등하고 고민하다가 함께 연구하고 문제해결

방안을 강구하는 교사들의 모임을 만들거나 발견하고 참여했다는 것을 알 수 있다.

그리고 이 책은 그런 모임에서 무엇을 공부하며 성장해가는지 'NIE·토론·나눔·독서 활용 수업, 프로젝트 학습, 배움 중심 수업' 등을 예시로 들고 있다. 그뿐만 아니라 함께 고민하고 공부하는 것이 수업 방법 개선에 머물지 않고 교육과 학교를 바꿀 수 있다는 것도 알려준다. 이렇게 성장하며 혁신역량을 갖춘 교사들이 신설학교에 개교 요원으로 모여서 학교를 바꾼 것이다.[1]

교사들이 함께 공부하는 모임의 활성화

교사들이 혁신을 이끌어가고 성과를 낸 역량은 어떻게 길러졌는가? 한마디로 말하면 학교교육을 바꿔야 한다는 필요성을 절실하게 느낀 교사들이 함께 모여서 열정적으로 공부하며 성장한 결과이다.

그렇다면 교육청이 해야 할 일은 바로 나온다. 모든 학교에 **함께 공부하는 모임을 만들어 활성화**시켜야 한다.

2011년 상반기에 지정된 서울형 혁신학교 중에서 훌륭한 성과를 낸 학교가 신설학교만 있는 것은 아니다. 기존학교 중에도 혁신성공학교들이 있다. 이 학교들의 공통점은 교장이나 교감이 교

---

1. 《교사, 어떻게 살아야 하는가》(김성천·서용선·오재길·이규철·홍섭근, 맘에드림, 2015)의 저자들은 대부분 경기도교육청에 진출해 첫 번째 진보교육감의 혁신정책들을 이끌어나가는 브레인들로 활약했고, 이제는 교육부까지 진출해 대한민국 교육을 바꾸는 데 큰 역할을 담당하고 있다.

사 시절 이런 식으로 열심히 공부를 했고, 그 중요성을 잘 알아 교사들이 함께 모여 연구할 수 있도록 여건을 마련해줬다는 것이다. 따라서 교육청은 모든 학교에 함께 공부하는 모임을 만들게 하고 적절한 지원책을 마련해 활성화시켜야 한다. 이것이 교사들의 혁신역량을 길러 학교 혁신정책이 성공에 이르게 하는 최선의 방법이다.

3. 현행 연수제도의 문제점

교사들의 혁신역량을 기르기 위한 정책을 펼치기에 앞서 살펴볼 게 있다. 그것은 바로 수십 년간 교육청의 막대한 예산과 인력이 동원된 교사 연수가 왜 참담하게 실패했는지에 관해서다. 내가 2015년 3월에 조희연 교육감에게 제출한 〈연수 혁신을 위한 제안서〉에도 밝혔지만, 우리나라 교사 연수의 문제점은 한두 가지가 아니다.

본청이나 직속기관의 직무연수는 대부분 지루한 강의식으로 진행되고, 또 출장을 가야 해서 지원자가 거의 없다 보니 강제로 차출해야 한다. 더 큰 문제는 연수 후 새롭게 깨달은 것을 공유하려는 연수생이 거의 없다는 점이다.

또한 연간 60시간 채우기(대부분 원격 연수)에 대해서는 성과급과 연결되다 보니 기본적으로 이수는 하지만, 대부분 교육력의 제고와 무관한 자기계발 연수이다. 게다가 제대로 이수하기보다 기계적으로 클릭만 해서 이수증만 받고 끝내는 경우도 상당수이다. 그리고 연수 후에 수업연구에 반영되는 경우도 거의 전무하다. 그 밖에도 승진 점수를 받기 위한 연구로 대학원에서 학위를 받기 위한 연구, 여러 연구 대회에서의 입상을 위한 연구 등이 있는데 이 역시 점수를 받는 것으로 끝나고 그런 연구들이 학교의 교육력 제고에 공헌하는 바는 거의 없다.

기타 연수로 영어교사 연수, 교(원)대 파견 연수처럼 며칠, 몇 달, 몇 년 동안 기숙생활을 하거나 출퇴근하면서 받는 연수가 있는데, 이 또한 연수를 받고 학교 혁신을 위해 의욕적으로 나서는 경우는 거의 없다. 따라서 학교 혁신에 특별한 효과는 없다고 봐야 한다.

혹자는 현행 연수제도에 대해 내가 너무 심하게 비판적 시각을 취하고 있다고 할지 모른다. 하지만 교사들 대부분은 분명 이러한 비판에 동의하리라고 생각한다. 이러한 연구나 연수들이 효과가 없는 이유는 자명하다. 연구를 하거나 연수를 받는 목적 자체가 학교의 교육력을 개선하고자 하는 열망이 아닌 지극히 개인적인 필요에 기인하기 때문이다.

예컨대 연구를 하는 교사는 승진 점수를 받기 위해서 연구한다. 그러니 승진 점수를 받으면 그것으로 끝이다. '승진'이라는 목적을 달성했으니 굳이 다른 교사들과 공유하고 설득하고, 나아가 학교교육을 개선하려는 피곤한 노력을 할 필요가 없는 것이다.

때때로 연수 내용이 너무 좋아서 새롭게 깨달은 바가 있어도 이를 다른 교사들과 공유하고 학교교육에 반영하려는 피곤한 노력을 하는 교사는 거의 없다. 왜냐하면 그러한 노력 자체도 피곤하지만, 그렇게 해보았자 현실에 반영되는 경우는 거의 없기 때문이다.

4. 어떤 정책을 펼쳐야 하는가?

현실 적용도 할 수 없는 현재의 연수와 연구제도는 마땅히 혁파되어야 한다. 학교 교육력을 실제로 높일 수 있는 연수와 연구제도로 개선되어야 하는 것이다.

교사연구동아리 지원

그러면 그러한 연수제도가 있을까? 물론 있다! 그것은 바로 2011년부터 곽노현 전 교육감이 시작한 '교사연구동아리 지원'이라는 연수제도이다. 이것은 같은 학교의 교사들이 모여 연구활동을 하도록 지원하는 것이므로, 교육청과 교장이 여건만 잘 조성해주면 자발적인 구성과 운영이 가능하고, 바로 그 학교의 문제를 해결하는 교사연대로도 기능해 학교 혁신의 모판이 될 수 있다.

이 생각은 관념적인 게 아니라 실제 혁신성공학교의 모습이기도 하다. 그래서 2015년 3월에 현행 연수제도의 문제점 지적과 함께 모든 학교에서 교사연구동아리를 만들도록 지원하는 방안을 교육감에게 제안했다. 바로 **교사연구동아리 1300프로젝트**이다.

괄목할 만한 혁신 성과를 낸 혁신성공학교의 경우 교사연구동아리가 두 개 이상 조직되어 교사들끼리 연구하는 풍토가 조성되어 있다. 이들 학교의 성공 사례를 바탕으로 교사연구동아리를 지원함으로써 교사의 혁신역량을 강화함은 물론, 학교의 교육력을 제고하기 위함이었다. 2015년에 1,000개, 2016년에 2,000개, 2017년에 3,000개를 목표로 서울의 초·중·고, 공·사립 모든 학교에서 한 개 이상의 교사연구동아리를 운영하고, 이를 통해 교원업무정상화와 교무회의도 활성화시키는 한편 학교 혁신 성과를 일반화하려 한 것이다. 그 지원 내용과 선정 기준 등은 다음과 같다.

교사연구동아리 1300프로젝트

〈교사연구동아리 지원〉

★ 운영비 지원
- 연수 참여 교사 수로 300만 원까지 차등 지원(1인당 20만 원)
- 선정 직후에 2/3를 지급하고 8월 중 중간평가를 통과하면 나머지 1/3을 지원함

★ 연수 학점 인정
- 연구동아리가 소속된 학교를 특수분야 직무연수기관 지정
- 중간평가 전에는 2학점(30시간)까지, 중간평가를 통과하고 최종평가까지 통과하면 4학점(60시간)까지 인정할 수 있음
- 출석률이 80% 미만인 교사는 학점 불인정

★ 연수원과 지역청 및 관련 부서는 우수 사례를 발굴하여 전파하고 교사연구동아리 활성화를 위한 제반 지원 방안을 마련함

★ 학교장은 교사연구동아리가 근무 시간 내에 활동할 수 있도록 시간과 장소를 적극적으로 지원

〈선정 기준〉
★ 학교운영(필수), 교육과정 운영, 수업, 평가, 생활교육, 학습복지, 민주시민교육의 국내외 혁신 사례에 대한 연구가 3영역 이상 연간 연구 계획에 포함되어야 함
★ 동아리 인원은 5명 이상. 그중 1/2 이상은 평교사여야 함

〈선정 심사〉
★ 지역청 초등교육과에서 600/11=55개 내외
★ 지역청 중등교육과에서 400/11=35개 내외
★ 본청 중등교육과(고교)에서 300/11=25개 내외
★ 초등학교 약 605개, 중학교 약 385개, 고등학교 약 275개. 총 약 1,265개
〈관리·감독: 관리운영팀(TF) 운영〉
★ 연수원, 선정한 과, 교육혁신과 합동 관리·감독
★ 기본 계획 수립 및 안내(3~4월), 지원 동아리 선정(5월), 중간평가(8월), 우수 사례 발표(9월), 최종평가(12월), 우수 사례 발표(2월)

〈예산〉
1,265개×300만 원=37억 9,500만 원
★ 2015년: 교육복지특별지원학교 운영비 284억 원 중 14% 축소하면 약 40억 원 절감
  • 교복특 예산은 학습부진학생 지원 등 중복지원이 되어 현장에 혼선을 일으키므로 오히려 줄여달라는 요청이 있어서 조사해본 결과 이 요청이 타당했음

★ 2016년: 교육정책사업 감축 후 절감 예산 사용

〈활성화 방안〉
★ 연수 학점 인정
★ 학교평가에 반영
  • 교원 직무연수 실적(5점에서 3점으로 하향 조정: 모든 교사가 직무연수 시간을 채우고 있으므로 학교별로 유의미한 차이가 없음)
  • 연구활동 참여 비율 중 연구팀 참여 교원 수에 반영하고 배점을 3점에서 5점으로 상향 조정

그 후 개인적인 사정으로 2015년 9월에 교육청에서 맡은 모든 일을 사퇴했다가 2016년 4월에 복귀해보니 모든 학교에 교사학습공동체를 필수적으로 구성·운영하게 되어 있었다. 매우 반갑기는

했지만, 현장에서는 강제로 조직하게 한 것에 대한 불만이 컸다. 자발성을 이끌어내기 위해 어차피 이수해야 할 연수 학점을 60점까지 부여하는 방안도 있었지만, 아쉽게도 서울시교육청의 '2016 학교단위 교사학습공동체와 직무연수 연계' 계획을 보면 강사 초청 강좌로만 운영되는 기존의 '특수분야 직무연수기관' 운영을 동아리 운영이라고 한 것에 불과해 자율적으로 모여서 공부하고 토론하는 동아리가 연수 학점을 받는 것은 아니었다.

내가 제안했던 교사연구동아리 계획은 놀랍게도(서로 정보를 공유한 바 없지만) 경기도교육청에서 바로 그해부터 실현되었다.

경기도교육청의 학점화 정책

경기도교육청은 2017년 4월에 "학교 안 전문적 학습공동체는 2015년부터 학점화 정책을 전면 도입하여 학년, 교과 단위로 학습공동체 활동을 전개하고 있으며, 교육과정과 수업 개선, 학교생활, 진로교육, 학교 혁신 등 현장의 문제해결을 위한 실행 과제를 공동 연구하고 공동 실천하면서 교육활동 중심의 학교 조직 및 학교문화 개선을 선도하고 있다"라고 그간의 성과를 밝혔다. 2017년 4월 현재 경기도 내 초·중·고교 중 96.7%인 2,288교가 '전문적 학습공동체'를 운영하고 있다고 한다.

아직은 강제적이라는 비난을 받고 있기는 하지만, 서울시교육청도 2016년부터 모든 학교에 교사학습공동체를 구성하도록 하고 지원 의지를 밝힌 것은 큰 의미가 있다. 앞으로 학교에 교사들이 연구·협의하는 문화를 조성하겠다는 강력한 방향 제시이기 때문이다. 미흡한 점은 꾸준히 수정·보완해가면 될 것이다. 이를 위해 서울시교육청에 교사학습공동체가 연수 학점을 쉽게 받을 수 있도록 계획의 수정·보완을 요청했고, 교육부에는 「교원 등의 연수에 관한 규정」과 「교원 등의 연수에 관한 규정 시행규칙」을 교사들의 자발적인 연구모임들이 연수 학점을 받기 쉽도록 개정할 것을 요청했다.

자발적인 교사 연수가 학교를 바꾼다

교사들의 자발적인 공부모임이야말로 얼마나 멋진 연수인가! 이런 연수는 강요나 명령에 의한 게 아니라 말 그대로 교사들의 자발성에 근거한다. 같은 학교 동료 교사들이 모여서 공부하는 것이기 때문에 동아리 교사들이 뭉치면 자기 학급뿐 아니라 학년과 학교 전체에도 얼마든지 반영할 수 있다.

기존 연수에서는 교사 혼자 따로 참가해 아무리 뭔가를 깨달아 보았자 혼자만의 힘으로 학교 전체를 바꾸기란 어림없는 일이었다. 하지만 함께 공부한 동료들이 힘을 합하면 얼마든지 학교를 바꿔나갈 수 있다.

교육청은 학교를 바꾸지도 못하는 연수에 낭비해온 예산으로 교사들이 함께 모여 공부하는 연수를 지원해야 한다. 또한 학교를 바꿀 수 없는 무용지물 연수에 주던 학점을 이런 연수에 부여해야 한다. 근무 시간 중에 공부할 시간이 없던 교사들에게 시간

여유를 주어 함께 모여 공부할 수 있는 여건을 조성해주어야 한다. 이런 연수가 활성화되면 연수를 통해 깨달은 수업 혁신, 생활교육 혁신, 교육과정 혁신, 학교운영 혁신 방법들을 적극 협의하고, 협의 결과를 학교교육에 적용해 결국 학교 혁신이 일어나게 될 것이다. 교육청에서 교원업무정상화를 추진하고 교육정책사업을 정비하는 것도 바로 이런 연수가 모든 학교에서 가능하도록 하기 위함이다.

Chapter 07

교원의 업무를 정상화하라

교사 본연의 업무는 가르치는 일이다. 그럼에도 불구하고 현재 우리나라 교사들

대부분은 가르치는 일보다 상부에서 내려온 온갖 종류의 행정업무에 과도한 시간

을 쏟아붓고 있다. 이것은 도무지 정상이 아니다. 나아가 학교붕괴의 주요 원인이

다. 따라서 교원업무정상화의 핵심은 교사가 교사 본연의 업무에 충실할 수 있도

록 고민해 실현 가능한 방안을 마련하는 데 있다.

의사가 환자를 치료하는 일보다 보건복지부나 보건소에서 보내는 행정업무를 더 중요시하고 그 일에 많은 시간을 쓴다면 어떤 일이 벌어질까? 당장 '의료의 부실', '병실 붕괴'라는 신조어가 생기고 고통받는 환자들로 넘쳐날 것이다. 이런 상황은 도무지 상상조차 할 수 없는 비정상 상황이다.

그렇다면 교사가 학생들을 가르치는 일보다 교육부나 교육청에서 보내는 행정업무를 더 중요시하고 그 일에 많은 시간을 쓰고 있는 현실은 과연 정상인가?

1. '교원업무경감'이 아니라 '교원업무정상화'이다

2011년 초 서울시교육청에서는 Daum의 토론방 '아고라'에 교사들의 업무경감에 대한 의견을 물었다가 황급히 삭제했던 일이 있다. 거의 모든 답변이 분노와 욕설이었기 때문이다. 즉 대부분의 직장인들은 야근을 밥 먹듯이 하는데 상대적으로 일찍 퇴근하고 긴 방학까지 있는 교사들이 무슨 업무경감 타령이냐는 비난이었다. 근무 시간 중에 일을 다 못하면 다른 직장인들처럼 초과근무를 하라고 했다. 공교육 부실을 초래한 장본인이며, 세금이나 축내는 철밥통이라는 야유까지 쏟아졌다.

교사들의 업무를 줄이려는 목적이 아니다

교사들이 누리는 '8시간 근무'는 노동자들이 피를 흘리며 투쟁해 쟁취한 '인간다운 삶' 유지의 기본이다. 우리 사회에 만연한 초과근무 개선을 정부와 기업인들에게 요구해야 마땅하지, 오히려 교사들에게 초과근무를 하라는 건 노동자들의 자기부정이 아닌가? 현재 나라다운 나라로 만들기 위해 애쓰고 있는 정부가 과로사회의 문제를 해결하려는 정책 방향을 제시하고 있는 것은 이 시점에서 매우 반가운 일이다.

> 단순히 노동 시간만을 가지고 비교하지 말고 노동의 강도도 고려해야한다. 예절과 질서, 웃어른 공경을 엄격하게 가르치던 시대와는 한참다른 요즈음 세상에서 자녀 1~2명을 기르기도 쉽지 않을 것이다. 그런데 달성해야 할 교육목표를 가지고 그런 아이들을 20~30명씩 5~7시간(고등학교는 10) 동안 줄곧 상대하는 게 얼마나 힘든지 교사들과 똑같이 5~7시간이나 최소한 1~2시간이라도 경험해보라. 특전사 여단장이 6학년 대상으로 1시간 강의를 마친 후 이마에 흐르는 땀을 씻고 강의 효과 제로임을 의식하며 교사들의 노고에 대하여 경의를 표하는 것을 본 적이 있다. 초과근무를 하고 방학도 없으면 대부분의 교사들은스트레스와 과로로 병들게 될 것이며 학교는 교사를 구하기 어렵게 될것이다.

당시 나는 위와 같이 「근로기준법」의 8시간 근무 규정과 교사의 노동 강도를 설명하고 이해를 구하고 싶었으나 엄청난 분노의

쓰나미에 밀려 지레 포기하고 말았다. 그런데 돌이켜보면 그 당시 일반 시민들의 비난과 그에 대한 내 반론은 뭔가 초점이 빗나가 있었다. 교육청이 의도하는 바는 단순히 '업무량의 경감'이 아니라 '교사들이 그들의 본연의 업무인 교육활동에 전념할 수 있게 하기 위한 것'이었는데, 오직 '업무량의 경감'만을 가지고 공격도 하고 방어 논리도 생각했기 때문이다.

안타깝게도 교육청 직원들과 교사를 포함한 학교 직원들에게도 이러한 오해가 일반화되어 있어서 교사들은 이 정책을 통해 업무량이 조금은 덜어지리라 기대했고, 교사 외의 직원들은 "왜 교사만 업무량을 줄여주느냐? 왜 지금까지 교사가 하던 일을 우리에게 넘기려고 하느냐?"라면서 교사와 일반 직원 간에 갈등까지 야기되었다.

과거 교육부 관료들도 정책의 목표를 '교사들이 교육활동에만 전념할 수 있는 여건을 만들어주는 것'에 두지 않고, 단지 '업무량을 줄이는 것'에 두면서 30여 년 동안 추진해왔지만 번번이 실패했고, 오히려 중앙정부나 지자체가 해야 할 업무들까지 학교에 떠넘기다 보니 업무량이 줄기는커녕 폭증하게 되었다.[1]

나는 2011년부터 서울시교육청에서 이 정책의 입안과 추진에 참여하며 이러한 실패와 갈등의 원인은 잘못된 인식에 근거한 잘못된 정책 목표와 정책 명칭에도 있다고 보았다. 교사들이 교육

---

1. '방과후학교, 돌봄교실, 복지업무' 들은 명백히 학교가 아니라 정부와 지자체가 해야 할 일이다.

력을 발휘하지 못하는 원인은 업무량 때문이라는 인식부터 잘못되었다. 그게 아니라 본연의 업무인 교육활동이 위축되고 방해를 받을 만큼 행정업무 같은 교육활동 외의 업무가 지나치게 많기 때문이다. 교사들이 교육활동을 제대로 못하니 공교육이 부실해지는 것은 당연지사이다. 따라서 정책의 목표는 교육활동에만 전념할 수 있게 하는 것이지, 교사들의 업무량 줄이기가 아니다. 그러니 명칭도 교원업무'경감'이라고 표현하면 안 된다.

단지 교육활동에 전념하게 해달라는 것이다

이러한 명칭을 쓰면 안 되는 이유가 또 있다. 교사들이 본연의 업무인 교육활동만을 하게 된다면 업무가 줄어들까? 내 생각에 아마 대부분의 교사들은 오히려 늘어날 가능성이 더 높다. 혁신성공학교가 그랬다. 교육활동에만 전념할 수 있는 분위기가 형성되면서 더 나은 교육활동 실현을 위한 교사들의 자발적 연구와 협의가 활발해졌다. 아울러 새로운 학사 운영, 교육과정의 새로운 재구성과 운영, 새로운 교육방법 창출, 교육활동을 위한 준비와 사후 활동 등의 교육활동이 새롭게 전개되어 교사의 업무가 이전보다 훨씬 더 늘어나게 된 것이다. 하지만 혁신성공학교의 교사들은 늘어난 업무량에 대해 불평하지 않았다. 오히려 전문직으로서의 자기효능감이 커져서 보람과 자긍심을 느낀 것이다.

진보교육감들이 추진하는 '교원업무경감'정책은 교사들이 교육활동에 전념할 수 있는 여건을 조성하는 데 초점을 맞춘 만큼 지금까지의 정책과는 그 목표가 다르다. 심지어 그 정책의 추진 결과 성공적인 교육력 향상이 이루어진 학교에서는 오히려 교사들의 업무량이 늘어났다. 그런데도 여전히 정책의 명칭을 '교원업무경감'이라고 부르는 것은 타당하지 않다.

그렇다면 어떤 명칭으로 개칭해야 할까? 정책 목표를 올바로 추스르고 목표 달성을 위한 적합한 정책 명칭을 찾아야 했다. 그런 고민을 하면서 교사들이 해야 할 본연의 직무는 교육활동임을 직시했고, 바람직한 교육 성과를 거두고 있는 교육 선진국의 교사들은 교육활동만을 하고 있음에 주목했다. 그래서 나온 것이 바로 '교원업무정상화'인 것이다.

교사는 행정 전문가가 아니라 교육 전문가

2011년 7월 22일에 '교원의 교육활동 전념을 위한 업무 구조조정'이라는 주제로 개최된 제1회 서울교육 정책포럼에서 나와 공동 발제를 한 권재원 선생이 발제의 제목을 '교사의 교육 전념을 위한 교원업무정상화'라고 한 사실을 기억하고, '교원업무경감'이라는 정책 명칭을 '**교원업무정상화**'로 개칭하자고 권재원 선생, 이기정 선생과 함께 참여한 학교혁신과 회의에서 제안했다. 그리고 그 제안이 받아들여져 서울시교육청이 처음으로 이 명칭을 사용

---

2. 그 후 지금은 7개 시·도교육청에서 이 명칭으로 개칭해 사용 중이다. 하지만 교육부는 여전히 '교원업무경감'이라는 명칭을 사용하는데, 나는 이 명칭부터 바꿔야 한다고 생각한다.

하게 되었다.[2]

명칭을 바꾸고 그 의미를 제대로 이해하면 정책의 목표와 그 성과도 자연스레 바뀐다. 기존의 '경감'정책은 행정업무도 교사들의 당연한 업무이지만 너무 많으니 줄여주겠다는 잘못된 인식이 깔려 있는 셈이다. 따라서 행정업무는 존속하게 되며, 때로는 지금까지 경험해왔듯이 오히려 증폭될 수도 있다. 중앙정부(지자체)나 교육청이 자기들이 해야 할 행정업무를 학교(결국 교사)에 전가하려는 유혹은 계속 존재할 것이고 힘으로 밀어붙일 가능성이 매우 높기 때문이다.

하지만 '정상화'정책이라면 행정업무는 당연히 배제되어야 하는 것으로 인식된다. 이에 따라 학교가 행정기관처럼 되고 교사가 말단 행정공무원처럼 된 비정상적 상태에서 벗어나 학교는 교육기관으로, 교사는 교육 전문가로 거듭날 수 있다. 그리고 중앙정부(지자체)나 교육청은 더 이상 학교(교사)에게 행정업무를 전가하거나 그런 시도를 할 수 없게 될 것이다.

갈등 유발의 여지도 사라진다. 교육활동에만 전념하게 해준다는 것이 정책 목표가 되면 오히려 교사들의 업무량이 더 늘어날 가능성이 높은데 어느 누가 시비를 걸겠는가?[3]

---

3. 그렇다고 업무량이 반드시 증가되는 것도 아니다. 업무량 증가의 문제는 교육청에 협조적인 정권이 들어선 만큼 중앙정부에서부터 획기적인 정책사업의 정비, 업무 간소화, 업무 합리화, 업무의 합리적인 재배치, 기관 간의 협조 등의 작업을 통해 해결할 수 있다. 이렇게 작업을 하면 교사들의 업무뿐 아니라 학교구성원 모두의 업무를 줄일 수도 있다.

교원업무'정상화'정책은 설령 모두의 업무가 늘어나더라도 무너진 공교육을 살려서 우리 자녀들을 행복하게 해주고, 나아가 국가의 미래에도 밝은 희망을 주자는 시도이니 모두가 함께 힘을 모아 동참하지 않겠는가?

학교가 말단 행정기관처럼 운영되는 비정상적 상태에서 명실상부한 교육기관으로 거듭나게 되면 모든 학교구성원들의 업무도 '정상화'될 것이다. 그래서 이러한 목표를 가지고 서울시교육청은 2014년 조희연 교육감이 취임하던 해에 '교원업무정상화'를 '학교업무정상화'로 개칭했다.[4] 정책 명칭은 바꾸었지만 안타깝게도 여전히 교원업무'경감'으로 오해하는 사람들이 많다. 이 오해를 해소하고 모두가 기꺼운 마음으로 교원업무정상화 정책에 동참하도록 하는 것은 앞으로의 큰 과제이다.

2. 교육 혁신의 황금열쇠, 교원업무정상화

곽노현 전 서울시교육감은 '교육을 바꾸는 사람들' 홈페이지에 〈교원업무정상화, 교육 혁신의 황금열쇠〉라는 칼럼을 올렸다(2015년

---

4. 그러나 명칭 자체의 혼란을 피하기 위하여 '학교업무정상화'보다 아직은 더 많이 사용되고 있는 '교원업무정상화'를 사용하겠다. 따라서 앞으로 사용하게 될 '교원업무정상화'라는 명칭에는 학교의 모든 구성원의 업무도 정상화하겠다는 목표도 내포하고 있다고 생각해주기를 바란다.

2월 16일). 다음은 그중 교원업무정상화의 중요성을 강조한 부분을 발췌한 것이다.

교사가 교무행정과 공문 처리에서 해방되어 가르치는 일에만 전념하게 함으로써 학교는 교육과정과 교육활동을 중심으로 돌아가도록 교원업무 시스템을 바꿔야 한다. 학교 혁신을 하려면 교원업무정상화가 최우선적으로 추진되어야 한다는 뜻이다. 의사가 원무행정을 하지 않듯이 교사도 교무행정에서 벗어나야 한다. 배우가 연기에만 몰두하듯이 교사도 교육에만 전념할 수 있어야 한다. 이럴 때만 교사들 스스로 수업 혁신이나 생활교육 혁신을 진정성 있게 시도하는 것이 가능하다. 교원업무정상화를 학교 혁신의 선순환을 여는 황금열쇠라 하는 이유이다. 한마디로 진보교육감의 성공 가능성은 교원업무정상화의 착근 수준에 정비례한다.

교원업무정상화 없이는 교육 혁신도 없다

진보교육감은 교육복지 개선, 교육격차 해소, 교육행정의 민주화, 학생인권 신장, 지자체와의 교육협력 증진 등 이전과 차별되는 많은 일들을 했지만, 교육감의 가장 중요한 임무는 무엇보다도 무너진 학교교육을 바로 세우는 일이다. 그래서 "진보교육감의 성공 가능성은 교원업무정상화의 착근 수준에 정비례한다"는 곽노현 전 서울시교육감의 언급은 교원업무정상화가 얼마나 중요한지를 단적으로 나타내준다.

대부분의 교사들이 학생 시절에 공부를 무척 잘했던 사람들이라는 건 모두 다 인정하는 사실이다. 수능 성적으로만 봐도 5% 내에 들어야 교대, 사대에 들어갈 수 있다. 따라서 고교 성적 상위 10% 내의 학생들이 교사가 된다는 핀란드보다 훨씬 공부를 잘한 사람들(물론 이것이 교사로서의 우수함을 보증하는 것은 아니지만 말이다)이다. 그리고 이게 끝이 아니다. 아무리 뛰어난 교대, 사대 출신이라도 합격하려면 재수, 삼수도 불사해야 하는 교사임용시험을 통과해야만 공립학교의 정교사가 된다. 이런 좁은 문을 뚫은 인재들이 학교에 포진해 있는데, 대한민국의 공교육은 왜 이토록 부실한 것인지 생각해본다면, 답은 금세 나온다.

공교육 부실 원인은 교사들이 교육활동에 전념할 수 없는 현실

그 답은 이미 여러분도 눈치챘을 것이다. 바로 대한민국 교사들이 교육활동에만 전념할 수 없기 때문이다. 핀란드를 비롯한 교육 선진국들은 교사들이 교육활동에만 전념할 수 있다. 그들은 교사의 업무를 수업, 평가, 수업 준비와 추수지도, 더 나은 교육활동을 수행하기 위한 연구와 협의로 명확하게 한정하고 고유의 업무에 전념한다.

그래서 교육 선진국의 교사들은 공문 처리나 다른 (교육)행정기관에서 지시하거나 협조를 요구하는 일은 해본 적도 없고, 그런 것이 있는지조차 전혀 알지 못한다. 조희연 서울시교육감의 페북 (2016. 9. 29)에 '2016 제주 교육 국제포럼'에서 있었던 흥미로운 에피소드가 소개되어 있었는데 내용은 다음과 같다.

여러 흥미로운 내용이 많았는데, 인상이 남는 것은 질의응답 시간이었다. 한 제주도 교사가 "한국의 교사들은 가르치는 일보다도, 행정적인 일을 하느라고 너무 바쁘다. 핀란드에서는 어떻게 처리하는가?"라고 물었다. 이에 대해 앤 라사카는 "교사들은 예컨대 한 시간분의 월급을 받으면 나머지 1/2시간의 평가와 준비 시간의 월급을 받는다…"는 취지로 대답을 하였다. 동문서답식의 대답에, 질문을 한 교사가 다시 일어나서는 "한국에서는 교사들이 행정적인 일로 고통받는데, 핀란드에서는 어떻게 하느냐?"는 취지로 다시 물었다. 그때 앤 라사카는 "핀란드에서는 페이퍼워크(paperwork)가 주로 학생들의 평가와 관련되어 있다. 문서화된 평가를 하는데, 이는 교사의 수업의 일환이며, 평가 자체도 사실은 배우는 과정이다(learning assessment). 페이퍼워크라는 것이 학생들의 학습 과정을 돕고 긍정적 피드백을 해주는 과정이다"라고 다시 대답했다. (중략) 여러 행정적인 잡무로 고통받으면서, 아이들을 가르치는 일에만 집중하게 해달라는 '한국'의 교사와, 그런 행정적인 일을 고민할 필요가 없이 주로 학생들의 평가와 관련된 문서 작업 정도로 이해하는 핀란드 교육자 간의 동문서답식 질의응답이 대비되는 두 현실을 보여주는 것 같았다.

'교육활동+행정업무+(교육)기관으로부터 요구받는 일' 들을 하는 것이 정상인가? 아니면 '**교육활동+연구·협의활동**'만 하는 것이 정상인가? 질문을 바꿔보겠다. 의사들이 '치료+행정업무+(보건)기관으로부터 요구 업무'까지 하는 것이 정상인가? 아니면 '치료활동+연구·협의활동'만 하는 게 정상인가?

만일 의사들이 치료에 행정업무, (보건)기관으로부터 요구받는 일까지 하느라고 정작 본업인 치료활동에 소홀해진다면 어떻게 될까? 아마도 우리 국민들은 '의료 부실'을 맹렬히 비난하고, 의료인들은 '의료 불가능'을 호소할 것이다. 그런데 교사들에게는 어떤가? 행정업무와 (교육)기관으로부터 요구받는 일들을 하는 게 지극히 정상인 것처럼 강요한다. 그러면서 연일 '공교육 부실'을 비난하고 있고, 교사들을 비난하고 있다.

교사도 교육에만 전념해야 한다

의사와 마찬가지로 교사도 전문직이다. 「헌법」 제31조에도 엄연히 '**교육의 전문성**'을 보장하도록 규정되어 있다. 그럼에도 우리나라 교사들은 마치 말단 행정공무원 같은 취급을 받으며 반헌법적 상황에 놓여 있다.

핀란드 교사들은 오로지 교육과 연구·협의활동에만 전념함으로써 세계 최고의 교육력을 과시하고 있다는 점을 잊지 말자. 우리나라 의사들도 오로지 치료활동과 연구·협의활동에 전념함으로써 세계적으로 인정받고 있다.

우리 교사들도 대부분은 뛰어난 잠재력을 소유한 인재들이다. 그들이 교육과 연구·협의활동에만 전념할 수 있게 해보라. 이미 혁신성공학교에서 입증되었듯이 세계 최고 수준의 교육력을 발휘할 것이다.

성공적인 교육 혁신으로 행복과 희망의 밝은 빛이 충만한 방으

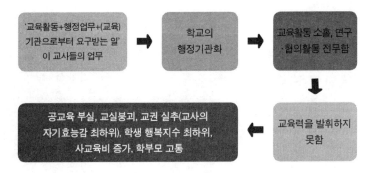

그림 7-1 현재의 비정상적인 상황

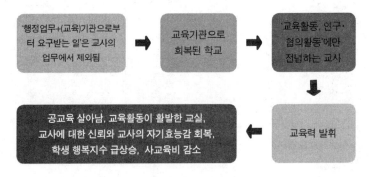

그림 7-2 교원업무정상화에 성공한 학교

로 들어가고 싶은가? '교원업무정상화'라는 황금열쇠가 그 방으로 인도해줄 것이다. 다음 페이지의 그림 7-3은 서울시교육청의 학교업무정상화TF 위원장을 맡으면서(2015년 집안일로 중도 사퇴, 2016년 다시 맡음) 이 정책이 학교 혁신의 성공 여부를 판가름하는 핵심정책임을 알리기 위해 작성한 교육 혁신 연계도이다.

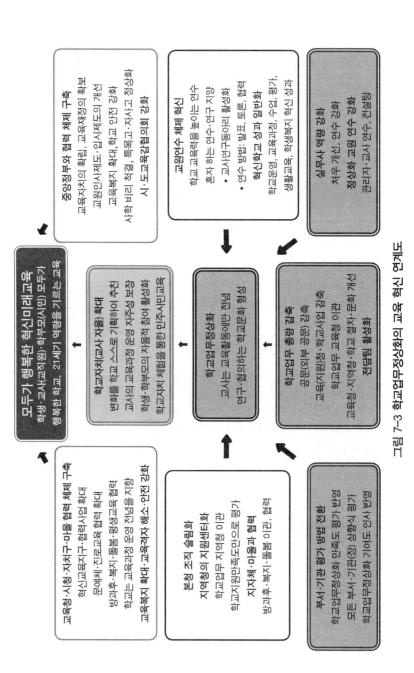

그림 7-3 학교업무정상화의 교육 혁신 연계도

3. 교원업무정상화를 위한 정책의 골격

앞으로 교육 선진국처럼 학교자치가 온전히 이루어져 학교에 대한 간섭이 사라지고, 정부와 지자체가 학교에 떠맡긴 업무들을 제자리로 돌리기를 바란다. 하지만 그렇게 되려면 오랜 시간이 필요하다. 그런 의미에서 교무행정전담팀은 현 상황에서의 과도기적 조치이다.

정부의 진정성 없는 대책 마련과 실패

인터넷에서 '교원잡무경감', '교원업무경감'으로 검색해보면 30년 이상이나 정부와 교육청은 교사들의 업무를 줄여주겠다고 대책을 세우고 실행해왔음을 알 수 있다. 놀랍게도 이런 기사도 볼 수 있었다.

> 정부차원의 교원잡무경감 대책은 1981년 11월 28일 전두환 대통령이 교원이 가르치는 본연의 업무에 충실할 수 있도록 잡무의 대폭 경감 대책을 내각에 지시한 첫 조치에 이어 일곱 차례에 걸쳐 강조되었다. [5]

이 기사를 보고 놀란 이유는 매우 오래전 일이라는 것과, 대통령이 직접 내각에 지시했다는 점, 그때도 교원의 본연의 업무는 가르치는 일이라는 인식이 있었다는 점이다. 실소를 금할 수 없는

---

5. http://www.edukim.com/102

것은 동일한 사이트에서 본 다음과 같은 기사였다.

> 이날(1984년 3월 14일) 문교부는 학교교육 정상화를 위한 교원의 잡무
> 경감에 관한 지시를 재강조하고 각종 행사에 학생 동원을 금지하면서
> 국무총리 지시로 이미 시달한 잡무경감 실태 조사에 착수했다.

이 기사를 보면 이미 학교가 비정상적인 상태임을 인식하고 '정상
화'라는 표현을 썼다는 사실이다. 교사들이 본연의 업무보다 잡무
에 시달리는 학교 현실이 비정상 상태라는 것을 알고 교원이 본업
에 충실할 수 있도록 이렇게까지 오랜 동안 대통령과 국무총리까
지 나서서 대책을 세우도록 하고 추진했건만 오히려 잡무만 엄청
나게 증가하다니.

그 이유는 정치권력이 겉으로는 교원이 본연의 업무에 충실할
수 있게 해주겠다고 외치면서도 교육(학교, 교사)을 권력의 유지·
강화를 위해 이용하려고 하고, 관료들은 학교(교사)를 지시와 통
제·감독하에 두고 말단 행정기관처럼 부리려는 속마음을 가지고
진정성이 없이 정책을 추진했기 때문이다.

게다가 예산을 투입해 인력 지원을 할 생각 없이, 공문서 감축
작업이나 행정업무 간소화·효율화 작업을 하라고 또 다른 작업을
지시해 서류상의 계획으로 실적을 보고받고 교묘하게 조작한 현
장 만족도를 보도함으로써 마무리하는 꼼수들을 부려왔으니, 처
음부터 목표는 그저 서류와 통계상으로만 달성되고 실제로는 달

성되지 않는 행태를 되풀이해왔던 것이다.

교무행정지원사와 교무행정업무전담팀의 등장

하지만 2009년부터 진정성 있는 정책들이 펼쳐지기 시작했고, 놀랍게도 정상화가 실현된 학교들이 속속 나타나기 시작했다. 30년이 넘게 대통령, 국무총리까지 나서며 나팔을 불어도 그렇게 된 학교가 없었는데 참으로 놀라운 변화였다. **교무행정지원사**라는 직종을 새로 만들어 배치해주고 **교무행정업무전담팀**을 구성하여 운영하게 한 결과이다.[6]

서울의 경우 비정규직 양산과 부족한 처우 등 여러 가지 문제가 있음에도 불구하고 2012년에 교무행정지원사를 전면적으로 배치한 것은 대법원 판결을 앞둔 당시 곽노현 교육감의 위치가 매우 불안하다는 면에서 잘한 결정이었다. 곽 전 교육감은 그의 저서 《징검다리 교육감》(메디치미디어, 2014)의 192쪽에서 다음과 같이 술회하고 있다.

> 교무행정지원사는 이후에도 그대로 배치되었으며 이제는 되돌릴 수 없는 일이 되었다. 교무행정지원사의 존재 자체로도 교원업무정상화의 목표는 살아 있는 것이며 시간이 걸릴지라도 교사가 교육활동에만 전념하게 될 날이 오게 될 것이다. (중략) 다만 아쉬운 것은 일거에 전면적

---

6. 이를 위해 2012년만 해도 경기도교육청은 598억 원, 전남교육청은 203억 원 등 여러 교육청이 많은 예산을 투입했고, 서울시교육청도 2011년 12월 6일 발표한 '교원의 교육활동 전념을 위한 교원업무정상화 추진 계획'이 처음 시행되는 2012년에 115억을 투입했다.

인 조치를 취하면서 교무행정지원사들이 불안정한 비정규직 양산의 대상이 되는 것을 충분히 제어하지 못한 점이다. 고용의 안정화에 비례해서 노동의 질이 높아지고, 교원업무정상화를 위한 안정적인 시스템 구축이 가능하다는 것을 생각하면 또 다른 숙제를 하나 만든 셈이다.

이렇게 하여 학교에는 일부 교사, 교무행정지원사, 일부 교육공무직원으로 구성된 교무행정업무전담팀이라는 새로운 팀이 만들어졌다.

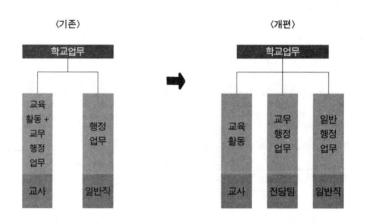

그림 7-4 교무행정업무전담팀 운영을 통한 조직 개편

교무행정업무전담팀 운영의 시행착오와 교훈

시행 첫해에는 많은 혼란이 있었다. 교사들과 교육공무직원들이 전담팀을 기피했던 것이다. 담임교사들은 학급 담임 업무가 있으니 비담임교사를 팀원으로 해야 하는데, 건강이나 특별한 사정이 있어서 비담임을 신청한 교사들에게 전담팀을 맡기기 어려워서 교장, 교감은 행정업무를 잘할 수 있는 교사들에게 비담임으로 전담팀을 맡아달라고 부탁할 수밖에 없었다.

그러다 보니 대부분 승진을 앞둔 부장교사들에게 부탁해야 했고, 그래도 부족하면 억지로 맡겨야 했다. 교육공무직원들도 자기들의 고유 업무가 있는데 왜 다른 업무를 보태냐며 반발했다. 참으로 난감한 문제였다.

억지로 비담임으로 전담팀에 배치된 교사는 일은 일대로 하면서 연간 156만 원이라는 담임 수당을 받지 못하게 되었다. 어떤 분은 담임을 해야 받기 유리한 승진 가산점도 받지 못하게 되었다며 불평했다. 그렇다고 교육청이 그들에게 전담팀 수당을 줄 수도 없는 노릇이고(수당 규정은 교육부 소관 사항), 전담팀 교사에 대한 수업시수 감축을 권고해도(학교마다 여건이 천차만별) 여의치 않으니 전담팀의 불만은 그야말로 하늘을 찔렀다. 현장 실태를 파악하려고 학교에 나갈 때마다 나는 전담팀원들에게 너무나 죄송해 쥐구멍이라도 찾고 싶었다.

사정이 이러하자 많은 학교가 전담팀은 형식적으로 구성하고 기존의 업무 분장 체제를 그대로 유지했다. 추진 계획에 교무행정지원사의 업무 가이드라인을 주었지만 제대로 지켜지지 않고 교무실의 제2 교무보조(과거 명칭)가 되는 경우가 많았고, 체계화되지 않은 상황에서 교사들도 그들에게 행정업무를 부탁하는 것을 미안해하거나 번거롭게 여겨 부탁하지 않았다.

교원업무정상화TF 위원으로 참여해 이런 난맥상의 갈피를 잡으려고 애썼지만 곽노현 교육감 이후, 교원업무정상화를 중요하게 여기지 않는 문용린 교육감 체제가 들어섰다. 그러다 조희연 교육감 취임과 함께 다시 돌아와 보니 현장은 거의 와해된 상태였다.[7] 교무행정지원사 한 명을 배치해주기만 하고, 전담팀 구성하기조차 어려운 현장의 어려움을 해소해줄 만한 지원은 전혀 없이, 전담팀을 구성하고 담임교사에게는 업무를 주지 말라는 이 정책은 불신과 불만으로 엄청난 저항에 직면해 있었다.

전담팀을 폐지하라는 목소리도 높아졌다. 그동안 너무나 힘들었을 그들의 고충이 충분히 이해가 되었고, 선전만 요란했지 전혀 효과를 느끼지 못하고 오히려 혼란만 야기하는 정책에 대한 교사들의 불만도 충분히 공감이 되었다.

교무행정업무전담팀에 대한 지원 계획

현장에서의 불만과 저항이 있다고 해도 다시 원점으로 되돌릴 순 없는 일이다. 이런 상황을 추스르며 2011년에 발표한 첫 번째 추진 계획을 복원하는 것이 2015년 담당팀과 TF의 몫이었는데, 어려운 상황 속에서 '2016년 학교업무정상화 종합 계획'을 잘 마련해주었다. 그리고 2016년에는 현장 지원에 중점을 두고 다음 표와 같이 본격적으로 지원 방안을 마련했다.

---

7. http://blog.naver.com/PostView.nhn?blogId=kjmskjms&logNo=40186572429 참조

표 7-1 2016년 학교업무정상화 종합 계획

결정 사항		
교육지원팀 구성	순환 근무	단위학교 인사자문위 규정에 '교육지원팀 순환 근무'를 반영하도록 권장
	전문직 응시 자격	교육지원팀 근무 기간을 전문직 응시 자격에 추가 포함함. 부장 경력과 함께 교육지원팀 근무 기간 표시함
교육지원팀 지원	수업시수 경감	초등은 가능하나 학교 규모별로 상황이 다르며, 중등은 교과 협의가 이루어지지 않으면 불가함. 공립 중·고교 381개교 교육지원팀 보직교사(1명) 수업시수 경감 강사비 지원
	성과금	성과급에서 교육지원팀이 불이익을 받지 않도록 성과급 판정 기준에 수업, 생활지도, 학습지도, 업무 곤란도 항목 외에 교육지원팀 항목을 추가함
	수당 신설	교육지원팀 보직교사 수당 인상을 정부에 촉구함(교육청이 단독으로 할 수 없음)
	승진 가산점 부여	학교 교육력 제고 항목에 학교업무정상화를 추가해 가산점 부여(일괄 부여가 아니라 교육활동에 전념할 수 있는 여건 마련 성과를 평가하여 부여)
	교육공무직 처우 개선과 연수 강화 제안	- 상시 근무로 전환 - NEIS 권한 부여 - 직무 능력 향상 연수 강화
	인력 추가 제안	- 초등: 학교업무정상화를 위해서 공무직 중 단위학교 사정에 따라 최소 한 명은 365근무가 가능하도록 예산 지원이 이루어져야 함(중등의 경우 학교 자체 예산으로 한 명은 365근무가 가능하도록 예산 편성함. 그러나 초등은 학교 자체 예산으로 편성 불가능함. 따라서 교육청 차원의 예산 지원 대책, 예산 편성 지침이 마련되어야 함) - 인력 추가 배치 계획은 취소함(처우 개선 우선)
	업무 분장 지침	단위학교 업무 분장 시 구성원의 갈등 해결에 도움을 줄 수 있는 분장안 제시 필요함. TF 따로 운영
	'업무 길라잡이' 제작, 배포	TF를 별도로 운영하여 제작하여 배포함

우수 사례 발굴 및 보급 방법	동영상 CD 제작	- 서울교육 소식 탑재 동영상 제작 - 동영상에 참가할 학교 섭외 및 콘티 작성 후 전문 영상 제작 업체에 맡김(꼭 하고 싶었으나 못함)
중등 학년부 체제 지원 및 2017년 학교업무 정상화 추진을 위한 매뉴얼 공급	중등 학년부 구성	중등은 학년부 구성과 관련해서 학년부실 마련 및 환경 조성 관련 사업비 지원 제안
	매뉴얼 제작, 보급	2017년 학교업무정상화를 위해 2016년 하반기 단위학교에서 어떤 절차로, 어떤 준비를 해야 하는지 좀 더 세밀하게 안내함. 연수를 위한 TTP 자료 제작, 배포
단위학교 자체 노력	학교 자체 노력 내용	- 학교업무 다이어트: 전시성, 일회성, 소수 대상, 사업 효과 등을 고려해서 정규 교육과정 외 프로그램 축소 등 기존 사업 정비가 필요함 - 결재 절차 간소화, 위임전결, 위원회, 각종 장부 축소 등 업무 처리 과정, 업무 방식 간소화 방안 마련
	학교업무 자율 정비 계획(안)	- 단위학교 학교업무 자율 정비 계획안 - 단위학교 학교업무 자율 정비 후 학교업무정상화를 실행한 사례 제공
	내부 결재 축소 및 간소화 방안	- 학교업무정상화 계획에 근거한 교육 계획서 작성 - 학교업무정상화와 교육 계획서 작성 관련 교직원 연수
교육청의 노력	정책사업 정비	- 공모사업 학교 선택제 운영: 교육청 각 과별로 진행되던 각종 공모 사업(138개)을 없애고, 공모사업 중 필수사업과 선택사업으로 목록 제시한 후 단위학교는 자율적으로 필요한 사업 선택하게 함 - 정책 및 업무 일괄 안내 - 연구 및 시범학교 감축
	공문 감축	- 공문 감축, 불편한 공문서 신고제 운영 - 공문서 감축 모니터단 구성 운영

교육청의 노력	감사팀과의 협의	장부 간소화, 내부 결재 축소 등의 학교 자체 노력을 저해하는 감사 방식 개선 및 감사 자료 목록에 대한 감사팀과의 협의 → 교원업무경감을 위한 학사 분야 감사 개선 계획(2017. 5) 참조
	교육행정 지원 시스템	- 각종 교육활동 및 교육지원업무 관련 학사 및 행정 업무 처리 절차 안내 시스템 구축 제안 - 업무 포털 교육행정 지원 시스템 학사업무 지원 방 안 마련 및 담당 인력 배치 제안
	지원청 역할	학교에서 하고 있는 업무 중 지원청으로 이관할 수 있는 것(예: 복지업무)은 이관하자 제안
	지자체, 마을로 이관	- 학교에서 하고 있는 업무를 지자체와 마을로 이관 할 수 있는 것은 이관하자. 중장기 과제 - 복지업무, 방과후학교, 돌봄교실, 청소년단체 등의 이관이 시급함

교육청 입장에선 지원 방안 마련에 최선을 다했지만, 아마도 현장에서는 그리 흡족하지 않았을 것이다. 가장 큰 장애 요인이 학교(전담팀)에 부과되는 업무량인데 그중 과반수의 업무 발생지가 교육청 위에 있고, 효과적인 지원책은 중앙정부의 손에 달려 있는 상황이었다. 그럼에도 교육청 나름대로는 안간힘을 쓴 지원 방안이다.

사실 교원업무정상화는 단기간에 실현될 순 없다. 하지만 중앙정부의 정책사업들을 없애고 현실적으로 필요한 지원을 크게 확대해준다면 전담팀이 활성화되어 **교원업무정상화**는 반드시 이루어질 것이다. 더 나아가 학교에 쏟아지는 정책사업과 공문들이 완전히 없어지고, 중앙정부와 지자체가 담당해야 할 업무들이 이관

되어 학교에는 교육과정 운영을 위한 교육활동만 남게 되면 전담팀의 존재도 필요 없어질 것이다.

4. 교원업무정상화의 활성화를 위한 구체적 방안

교원업무정상화를 활성화시키기 위한 방안을 제안하면 다음과 같다.

업무를 재정비해야 한다

먼저 교육정책사업과 학교 자체 업무를 정비해야 한다. 교육정책사업은 학교 밖에서 오는 사업이므로 전담팀이 제대로 운영이 된다면 그것은 전담팀의 업무가 되고 일반 담임교사에게는 업무로 배정되지 않는다. 또 학교에서 관행적으로 해오던 업무 중에도 불필요하거나 중복되는 등 없애고 축소할 수 있는 것들이 있다. 이런 것들을 정비하면 그것만으로도 모든 교사가 체감할 만큼 업무량을 줄일 수 있다(교육정책사업 정비에 관해서는 8장 참조).

또한 학교 자체적으로 학교업무 자율 정비 TF를 구성해 교사들의 의견을 수렴하고, 필요하면 학부모들의 의견도 수렴해 추진하면 좋을 것이다. 물론 학교마다 사정이 다를 테니 충분한 설득과 협의를 거쳐야 한다. 또한 전담팀을 기피하지 않도록 지원 방안을 마련해야 한다.

교무행정의 간소화, 합리화, 효율화를 꾀한다

2012년 서울시교육청은 교원업무정상화TF 안에 교육정책사업 재정비, 교무행정업무전담팀 운영, 절차 간소화 추진, 학교자율화 지원을 위한 4개 분과를 두고 정상화 추진의 첫발을 내딛었다. 이 중 교육정책사업 재정비와 절차 간소화 추진은 교육감실과 교육정책국장의 큰 관심과 지원 속에서 비교적 만족할 만한 성과를 도출했다.[8]

절차 간소화 TF에서는 먼저 절차 간소화가 필요한 업무를 현장 설문조사를 통해 추출했는데, 그 결과 간소화가 필요하고 또 가능한 업무들로 수학여행(소규모 테마형) 운영, 기간제 및 시간강사 채용 절차, 원클릭 시스템 운영, 방과후학교 운영, 영어교육(원어민 및 영어회화 전문강사 활용)을 선정했다. 다만 설문조사에서 간소화 필요성이 제기된 에듀파인 절차 간소화, 나이스 입력 업무의 간소화, 학생부와 학적 관리 업무의 간소화 등은 교육청 차원에서 해결하기 어렵기 때문에 제외되었다.

선정된 간소화 대상 업무 중 위원들이 한두 가지 영역을 맡아 현재의 업무 추진 절차를 법적 근거와 교육청 지침, 운영 계획서, 운영 매뉴얼, 길라잡이 등을 참조해 엄밀히 분석하고 문제점을 검토한 후 해결 방안을 매뉴얼 형식으로 작성해 TF회의에서 각 위원들이 작성한 해결 방안의 문제점과 현실화 가능성을 협의 및 조

---

8. 하지만 안타깝게도 곽노현 교육감의 조기퇴진으로 인해 그대로 실현되지는 못했다.

정했다. 이렇게 마련한 TF안을 담당과에서 검토하고, 끝으로 TF와 각 과 관련 업무 담당자들과의 연석회의를 교육정책국장이 직접 주재해 최종안을 만들고 공지했다.

그 밖에도 교무행정의 간소화 방안으로 학교 자체적으로 해야 할 위임전결 규정, 공문 처리 절차, 각종 위원회 통폐합, 장부의 정비 등이 있는데 이에 대한 가이드라인을 정리하면 다음과 같다.

- 학교장은 중요 사항, 교감은 일반 사항, 보직(담당)교사는 기타 경미한 사항을 각각 구분해 분담 결재하도록 위임전결 규정을 정비한다. 위임전결 비율은 교장 30% 이하, 교감 30% 이하, 보직(담당)교사 40% 이상으로 권장한다.
- 교육 전문성과 무관한 공문은 교무행정전담팀이 작성해 결재받고, 교육 전문성이 요구되는 공문은 전담팀 내의 부장교사가 작성해 결재받는다. 결재 단계를 가급적 3단계 이내로 하며, 결재 문서 수를 최소화한다.
- 법령에 근거한 위원회는 별도 설치 운영하되, 기능이나 역할이 유사한 위원회 등은 통합 운영한다. 위원회 운영 절차 및 회의록 작성 방법 등을 간소화한다.
- 법정 장부 이외의 학교장 장부는 가급적 최소한으로 유지하고, NEIS로 상신하도록 되어 있는 문서는 전자 결재만 실시한다. 출력물 결재 및 비치 금지(법령상 종이 형태 보존 의무 문서는 제외)를 권장하고, 감사 시에 문서를 요구하는 경우가 많으니 감사팀에 협조를 요청한다.

지금까지 학교 차원의 교무행정 간소화에 관한 정책적 지원 노력을 소개했는데, 교육청 차원의 교육행정 합리화, 간소화에 대한 노력도 꾸준히 모색 중이다. 교육청 조직문화를 협업적으로 개선하는 방안, 교육청이 운영하는 각종 센터의 통폐합 방안, 학교 요구 자료 제로화 방안, 목적 사업비 개선 방안, 각종 인쇄 자료 축소 방안 등이 그것이다.

　하지만 이 정도 지엽적인 차원의 개선이 아니라 전면적이고 획기적인 교육청업무정상화도 교원업무정상화와 함께 이루어져야 한다. 교육정책사업이 사라지면 교육청은 슬림화되고 적정 인원의 일반직과 함께 명실상부한 전문직만 남아 연구하고 협의하며, 꼭 필요한 정책만 기획, 추진하는 온전한 정책기획기관이 될 것이다. 슬림화된 후 남아도는 교육청 인력을 교육지원청과 학교로 보내면 교육지원청의 학교 지원업무가 확대, 강화되고 학교 행정실도 인력이 보강되어 교육활동 지원은 더욱 만족스러워질 것이다.

Chapter 08

교육정책사업을 감축하라

교육 선진국으로 인정받는 나라들에서는 학교의 상부기관이라는 것도 없고, 상부기관에서 보내는 정책사업이나 공문도 없다. 그런데 우리나라의 학교에는 연간 수천 건의 공문이 쏟아져 내려오고, 수많은 정책사업들도 쏟아져 내려온다. 학교는 도무지 자율적일 수가 없고, 교육역량을 제대로 발휘할 수도 없다. 그러니 공교육은 부실해질 수밖에 없다.

핀란드는 중앙정부나 교육행정기관이 학교나 교사에게 이래라 저래라 간섭하지 않는다. 그저 필요한 지원만 해줄 뿐이다. 교사를 신뢰하고 전적인 자율권을 준다. 그 결과 전 세계가 선망하는 교육의 성공을 이루었다.

그에 반해 우리나라의 학교에는 정부와 교육행정기관 주도의 정책사업으로 넘쳐난다. 우리나라에는 교육정책사업이 왜 이렇게 많고, 정리해야 한다면 어떻게, 어느 정도 규모로 정리해야 하는가? 이 장에서는 바로 이에 관해 생각해보려 한다.

1. 교육정책사업으로 얼룩진 교육현장

우리나라는 정부와 교육행정기관이 학교를 간섭하고 지시하고 평가해 줄을 세우는 것이 일반적이다. 만약 지시를 따르지 않거나 평가 결과가 나쁘면 처벌이나 불이익을 준다. 정부 주도의 교육과정과 교육 관련 법령들을 꼼꼼하게 만들어서 지키게 하고, 수많은 교육정책사업들을 만들어서 과제로 던져준다.

만약 이런 현실에 대항해 교육 전문가로서의 자기 목소리를 내면 자칫 항명으로 비춰지다 보니 감히 생각할 수도 없다. 상황이 이렇다 보니 우리나라 교사들은 마치 로봇처럼 움직이면서 교사로서의 자기효능감은 OECD 국가 중 최하위 수준이 되고 말았다. 그리고 그 결과가 바로 교실의 붕괴, 공교육의 부실, 사교육의 범람이다.

수많은 교육정책사업

극소수의 비예산사업도 있기는 하지만, 일반적으로 행정기관이 일을 하려면 예산이 수반되어야 한다. 따라서 교육청이 하는 일 전체는 예산서를 보면 파악된다.

서울시교육청의 세출예산서를 보면 '(예산서상의)정책사업-단위사업-세부사업-세세부사업'으로 분류되어 있다. 그리고 예산서상의 가장 작은 단위인 세세부사업들이 더 세분화되어 교육청 각 직원들의 업무로 분장되는데, 이렇게 교육청 직원들이 하는 업무를 다 합하면 몇천 개가 될 것이다.

그래서 실제로 정책사업 정비를 할 때는 정비 대상 사업을 예산서에서 추출하지 않고, 각 부서(본청 과, 교육지원청, 직속기관)로부터 학교업무가 될 수 있는 사업들의 목록을 받아서 그중 교사들의 업무 부담으로 작용할 수 있는 사업들을 대상으로 정비 작업을 한다. 아래의 표를 보면 2014년에는 753개의 정책사업을 대상으로 정비 작업을 했음을 알 수 있다. 이 중 중앙정부에서 온 사업이나 법령에 의해 하는 사업은 366개로 전체 대상의 48.6%나 차지했다.

표 8-1 서울시교육청 교육정책사업 정비 결과(2014. 10)

대상 사업	존치	폐지 (폐지, 통합)	통합	축소	전체 조정사업
753	505 (67.0%)	173 (23.0%)	27 (3.6%)	48 (6.4%)	248 (32.9%)

2. 교육정책사업이 만들어지는 이유

일반적으로 교육정책사업의 대상이 되어 폐지, 축소, 통합 등으로 정비가 많이 되는 사업들은 '교수-학습활동 지원' 영역에 주로 포진해 있다. 그런데 교수-학습활동은 학교에서 교사들이 하는 것인데 이와 관련해 교육청이 벌이는 사업이 왜 이렇게 많은 걸까? 물론 지원이라는 명분으로 벌이는 사업이 많지만, 사실상 일방적인 지시이거나 평가나 승진 같은 유인책을 두고 경쟁적으로 하게 하는 경우가 대부분이다.

그러면 우리나라에서 교육정책사업이 이렇게 많이 생긴 원인은 무엇일까? 이를 살펴보면 다음과 같다.

중앙집권적인 행정 관행

우리나라의 교육행정기관은 교사들을 마치 자기들이 정한 교육정책을 시행하는 말단 행정공무원 정도로 치부하는 경향이 있다. 교사들과의 공론 과정이나 그들의 적극적인 참여 없이 정치권력이나 교육행정기관의 고위 관료의 생각을 교육정책으로 결정하고 '너희들은 가만히 시키는 대로 해!' 식으로 집행한다. 이렇게 정책이 결정되면 그에 따라 수많은 정책사업들이 우후죽순처럼 생겨난다.[1]

---

1. 정부가 주요 교육정책 과제로 삼아 학교에 일방적으로 밀어넣은 진로직업교육, 학교폭력 예방교육, 방과후학교, 돌봄교실, 정보통신교육, 창의인성교육, 영재교육 관련 교육정책사업들이 많은 것은 이 때문이다.

일례를 들어보겠다. 이명박 정부가 들어서자마자 '아뢴지 (orange)' 운운하며 별다른 공론 없이 갑자기 영어교육을 강화했다. 그러자 2011년 서울시교육청 교육정책사업 정비 목록을 살펴보니 가평영어체험교육원, 서울영어교육포털 사이트, 영어 수준별 이동수업 실시 학교 수 확대, 영어공교육 강화 선도학교 운영 등 영어교육과 관련한 정책사업들이 우후죽순처럼 생겨났다.

또 다른 예로 세월호 참사 후 여론 호도용으로 안전 문제가 부각되자 교육부는 안전에 관련된 수많은 정책사업들을 만들어 보냈다. 안전교육은 교육과정에도 있어서 이에 따라 교육이 이루어지고 있는데, 굳이 급조된 정책사업들로 인해 교육과정 운영은 왜곡되고 교사들의 부담도 가중되고 있는 것이다.

가르치는 내용의 지나친 통제

학교에서 교사들이 가르칠 내용을 교육부가 국가 교육과정으로 세세한 부분까지 정하고 그것이 교과서로 만들어지게 한 후 국가 교육과정의 운영을 지원한다는 명목으로 수많은 교육정책사업이 만들어진다. 이런 식으로 교사가 가르칠 내용을 통제하는 것은 교육 선진국에서는 이미 오래전에 폐기된 방식이다.

핀란드에서도 중앙정부가 700쪽에 이르는 매우 자세한 국가 교육과정을 만들어 학교가 준수하도록 해오다가 1990년대 중반부터는 국가교육위원회에서 교사, 연구자, 지방자치단체, 교과서 출판사, 다양한 사회단체 등의 대표자가 참여한 핵심 교육과정에서 포괄적인 교육목표와 내용만 제시하고, 지역과 학교에서 독자적 교육과정을 수립해 운영하도록 대폭 자율화했다.[2] 그런데 우리나라는 아직도 교육부가 국가 교육과정 편성권을 독점하고 다양한 참여와 심도 있는 협의를 배제한 채 방대한 양의 국가 교육과정을 만들어 학교교육의 세세한 내용까지 규제하고 간섭하며 정책사업까지 벌인다.

서울시교육청 2011년 정책사업 정비 목록 중 교과 과목과 관련된 교육정책사업의 수를 많은 순서대로 살펴보면 과학교과 관련 사업이 84개, 영어 27개, 체육(보건교육 포함, 체육대회 관련 사업은 미포함) 21개, 국어(주로 독서, 논술, 토론) 15개, 통일 12개, 수학 8개, 수학·과학 7개, 문화예술교육 4개, 교육과정 전반(중점거점학교 운영, 컨설팅과 연수, 교육방법과 평가 등) 23개 등 총 201개의 교과 과목 관련 교육정책사업이 있었다.

이 중 2011년 교육정책사업 정비를 통해 폐지한 교과교육 관련 사업은 과학교과 관련 사업이 20개, 영어 12개, 체육 5개, 국어 13개, 통일 7개, 수학 8개, 수학·과학 3개, 문화예술교육 4개, 교육과정 전반 15개 등 총 87개이다.

폐지된 사업들의 면면을 살펴보면 그냥 놔두면 학교에서 교사들이 알아서 잘 지도할 텐데, 굳이 무슨 운동이니 대회니 거점학교 운영이니 하면서 교육과정의 운영을 뒤흔들어놓고 업무만 증

---

2. 2011년 경기도교육청이 주관한 국제 혁신교육 심포지엄에서 핀란드 국가교육위원회의 레이조 라우카넨 국제관계국장의 발표

가시킨 것들이 대부분이다.

선출직 교육감의 공약 이행용 사업들

선거 후 민의를 반영하는 것은 약속을 이행하는 것이므로 당위성이 있고 매우 긍정적인 것이다. 또한 이러한 새로운 정책사업들, 예컨대 혁신학교 관련 사업들이나 그동안 등한히 해온 문예체 관련 사업들을 통해 진보교육감들은 무너진 학교를 살릴 가능성을 보여주었고, 보편적인 교육복지 증대와 교육격차 해소 그리고 학생인권 존중과 학교구성원 및 교육활동가들의 참여 확대를 이뤄가고 있다. 또한 마을과 지자체와의 소통 및 협력을 통해서 학교 안팎의 교육환경도 개선해가고 있다.

하지만 교육감이 최우선적으로 해야 할 일은 비정상적인 교육의 정상화이고, 무너진 학교를 살리는 것이다. 따라서 신규 사업들이 학교의 정상화에 지장을 초래할 우려가 있는지 면밀히 살피고 신중을 기해야 한다. 그리고 혁신성공학교가 먼저 학교업무 총량을 줄이는 작업을 하고 여유를 확보한 후에 혁신과업들을 수행했듯이 교육청의 교육정책사업을 충분히 덜어낸 후에 신규 사업들을 추진해야 한다. 그런 과정 없이 기존의 수많은 사업들이 그대로 진행되거나 크게 감축되지도 않은 가운데 추가로 많은 신규 사업들이 도입된다면 학교는 혁신에 대한 피로감을 느끼게 되고 혁신이 지체될 수도 있기 때문이다.

학교는 교육정책사업보다는 정규 교육과정 운영에만 몰두해야 한다. 학교가 본연의 기능을 회복하면 공교육의 질은 자연스럽게 높아지게 될 것이다.

3. 교육정책사업의 폐해

공교육 부실로 사교육 부담이 늘어났다고 한다. 또한 학교폭력이 심각하다는 우려의 목소리가 높다. 심지어 '교실붕괴'라는 말과 '교육 불가능의 시대'라는 말까지 등장했다.

이렇게까지 된 원인은 무엇일까? 그건 바로 교사들이 학교에서 교육력을 제대로 발휘할 수 없기 때문이다. 그러면 왜 교사가 교육력을 제대로 발휘할 수 없는가? 일방적인 지시에 따르는 상황에 묶인 채 깊은 무기력 속에 가라앉아 있기 때문이다. 교사들이 묶여 있는 상황은 매우 복합적으로 얽혀 있기 때문에 여기에서는 교육정책사업과 관련해서 그 이유를 규명하려고 한다.

교육활동에 소홀해지는 교사들

핀란드에서는 "교사는 학교현장의 연구자이다"라고 하며 학교 교육에 관한 모든 것을 교사들에게 맡긴다. 그래서 교사들은 오로지 연구와 협의를 포함한 교육활동에만 전념하도록 한다.

그런데 우리나라 교사들의 현실은 전혀 다르다. 일단 수업과 생활교육 등 교육에 집중할 수 없고, 연구나 협의할 분위기는 아예

표 8-2 각급 학교별 접수 문서(대내·대외) 현황

학교급별	부서	2014 접수 건수		
		대내	대외	계
초등학교	교무실	2,964	688	3,652
	행정실	942	161	1,103
	계	3,906	849	4,755
중 학 교	교무실	3,122	780	3,902
	행정실	1,047	159	1,206
	계	4,169	939	5,108
고등학교	교무실	3,139	1,061	4,200
	행정실	1,159	231	1,390
	계	4,298	1,292	5,590

• 대내 문서: 본청, 지역청, 직속기관, 서울시내 각급 학교에서 생산한 문서
• 대외 문서: 대내 문서 이외의 문서(외부 유관기관)

출처: 서울시교육청, 〈2015년 공문서 감축 계획〉

형성되어 있지 않다. 이렇게 된 대표적인 원인이 바로 수많은 교육정책사업이다.

학창 시절에 "선생님 지금 바쁘니까 잠깐 이거 하고 있어!"라고 하며 수업 시간에 자습을 시키거나 아예 교실을 떠나 교무실로 가서 업무를 보던 선생님에 대한 기억을 가진 분들이 많을 것이다. 대부분이 정책사업과 연관된 급한 공문이나 업무 처리 때문이다.

'아니 교사가 수업이 중요하지, 무슨 공문이나 업무 처리 따위

가 더 중요하냐?'며 의아해할지 모른다. 하지만 이는 명백한 대한민국의 학교 현실이다. 학교에서는 수업 잘하는 교사보다 정책사업 관련 공문과 업무 처리를 잘하는 교사가 더 인정받는다. 교육청에서는 그들이 보낸 공문이나 업무 처리를 잘하는 학교가 당연히 좋아 보일 것이고, 교육청의 마음에 들면 승진이나 인사에 크게 유리하기 때문이다.

그러니 교육청이 보내는 공문의 양이 많으면 많을수록 학교교육은 부실해진다. 우리나라에서 학교가 받는 공문은 과연 얼마나 될까? 앞의 표 8-2를 보면 알 수 있다.

이러한 공문 중 상당 부분이 교육정책사업과 관련된 것이다. 여기에 다른 정부기관이나 지자체, 국회나 시의회, 다양한 유관단체로부터의 협조 의뢰 공문까지 더하면 그야말로 공문의 홍수 속에 빠져버리는 것이다.

자율성과 교육역량을 상실한 채 실적만 중시하는 교사들

교육정책사업의 면면을 보면 대부분 학교가 스스로 하도록 놔두어도 되는, 아니 놔두는 편이 더 좋은 경우가 많다. 지금은 그간의 정비 작업으로 없어졌지만 과학의 달 행사, 호국의 달 행사, 영어말하기대회, 학생탐구발표대회, 독서300운동 등 수많은 행사와 대회는 교육청 지시(정책사업)에 따랐다. 학교가 정규 교육과정 운영으로 알아서 다 하는 것인데 교육청이 간섭을 하니 학교는 교육청에 잘 보이거나 찍히지 않으려고 이런 것들에 필요 이상 심혈을 기울이고 그 결과를 보고했다. 겉으로는 자율이라고 하지만 교육청이 이러한 것들의 시행 여부를 평가지표로 하고 인사권을 쥐고 있는데 이것이 어떻게 자율이 되겠는가?

각종 연구시범학교 운영은 더욱 그렇다. 교육청이나 교육부가 주도하는 이런 연구시범학교를 수행하면 추진 공적이 있는 소수의 교사에게 승진 가산점이 부여된다. 물론 승진을 앞둔 교사에게 이런 정책사업은 대환영이다. 그러나 이런 학교로 지정이 되면 학교가 온통 실적 때문에 난리가 난다. 모든 교사와 학생들이 동원되고, 정상적인 교육과정 운영은 심각하게 왜곡되기 십상이다.

하지만 연구 결과는 대부분 일반화되지도 않고, 결과 발표회 후에 소리 소문 없이 사라지기 일쑤다. 소수 교사의 승진 가산점 때문에 학교구성원 모두가 1~2년간 희생되는 셈이다.

결국 무너져버린 공교육

교육청의 일방적인 지시에 따라 교사들이 그대로 움직이고, 입시 경쟁 교육 풍토 속에서 일제 주입식으로 진도 나가기에 바쁘니 공교육의 질은 점점 낮아지고, 교실은 무너지고, 학교는 모두에게 고통의 장이 될 수밖에 없다. 그런 맥락에서 보면 교육정책사업은 해악이다.

하지만 모든 교육정책사업들이 다 이렇게 해롭다고 단언할 순 없다. 교사들의 역량 강화를 위해 연수와 연구·협의활동을 지원하고 교육활동을 위해 필요한 자료들을 제공하는 등 학교에 도움이 되는 정책사업들도 소수지만 존재한다. 다만 교육부나 교육청이 학교를 간섭하고 관리·감독하려고 하는지, 아니면 진실로 지원하려고 하는지에 따라 교육정책사업도 유익 여부가 결정될 것이다.

4. 교육정책사업 정비 시 유의할 점

앞서 우리나라의 과도한 교육정책사업과 그 문제점은 충분히 이야기했다. 그러면 이제 필요한 것은 정비일 것이다. 과연 교육정책사업은 어떻게 정비해야 할까?

사후 관리를 잘해야 한다

교육정책사업 정비는 쉬운 일이 아니다. 많은 경우 사업 담당부서는 사업의 폐지나 축소를 원하지 않는다. 따라서 소리 없는 저항이나 비협조가 있기 마련이다. 만약 어렵게 정비했는데 이것이 예산이나 주요 업무 계획에 반영되지 않으면 어떻겠는가?

안타깝게도 교육청은 부서 간에 서로 경쟁만을 할 뿐 협조 체제가 갖춰지지 않았다. 그래서 교육정책사업 정비 계획을 세운 정책기획담당관실의 담당팀이 예산 작업과 주요 업무 계획 작성 작업을 하지 않는다면 제대로 반영되지 않을 수도 있다. 그러므로 교육정책사업 정비를 담당한 교육청팀과 TF 위원 2~3명이 예산 작업과 주요 업무 계획 작성 작업에 함께 참여하도록 하여 정비 결과가 그대로 반영되도록 철저한 사후관리가 필요하다.

그런데 2014년에는 정책연구팀이 교육정책사업 정비 계획의 교육감 결재가 끝나자마자 곧바로 서울교육 중장기 발전 계획 수립업무에 투입되고 TF는 해체되는 바람에 사후관리를 제대로 하지 못했다. 그 결과 2015년에 조사를 해보니 폐지로 결정된 것이 버젓이 존속하는 경우도 있고, 명칭만 바꿔 시행하는 경우도 있었다.

따라서 차후에 시행되는 정책사업 정비는 교육감 결재로 끝낼 것이 아니라 익년도 예산과 주요 사업 계획에 제대로 반영되도록 사후관리까지 철저하게 해야 한다.

신규 사업을 적정 수준으로 통제해야 한다

서울시교육청의 2014년 교육정책사업 정비 결과를 살펴보면 아래의 표와 같다.

표 8-3 2014년 교육정책사업 정비 결과(서울시)

대상 사업	존치	폐지 (폐지, 통합)	통합	축소	전체 조정사업
753	505 (67.0%)	173 (23.0%)	27 (3.6%)	48 (6.4%)	248 (32.9%)

전체 조정사업은 정비 대상 사업의 32.9%인 248개이고, 그중 폐지(폐지, 통합) 사업은 23%인 173개이다. 하지만 신규 사업이 크

게 증가해 정비의 효과를 떨어뜨리고 있다. 2015년에 정책안전기획관실에서 신규 사업을 조사했지만 많이 누락된 것 같아서 내가 직접 〈2015년 본예산 주요 사업별 설명 자료〉와 서울시교육청 홈페이지에 공개되어 있는 각 부서의 '담당업무 안내'를 보고 조사해보니 대략 신규 사업만 80개 이상으로 추정되었다.

신규 사업은 대부분 교육감의 공약을 이행하기 위해 추진하는 것이다. 그리고 교육감은 선출직이므로 당연히 공약을 이행해야 한다. 하지만 교육감의 첫 번째 책무는 무엇보다 혁신성공학교가 보여준 것처럼 학교가 교육을 제대로 할 수 있게 하는 것이다.

성공한 혁신학교들이 첫 번째로 한 일은 교사가 함께 연구하고 협의하며 교육활동에만 전념할 수 있도록 교육활동 이외의 업무를 대폭 줄인 것이다. 이를 뒷받침하기 위한 것이 바로 교육정책사업 정비이다. 그동안 학교에 업무 부담으로 작용하던 수많은 교육정책사업들의 정비를 학교 혁신을 위한 역점 과제로 추진한 것인데, 기껏 줄여놓으면 신규 사업이 대폭 늘어 그 효과를 떨어뜨리니 학교 혁신도 그만큼 지체될 수밖에 없다.

신규 사업 중 방과후학교와 학교를 분리하려는 '방과후학교 사회적협동조합 운영 지원사업'처럼 학교업무를 줄여주려는 것도 있다. 학생인권과 관련된 사업들도 당연히 해야 하고, 지자체나 마을과 협조하는 사업도 꼭 필요하다. 하지만 이런 신규 사업들이 학교에 과도한 부담을 주는 건 아닌지 신중하게 검토해야 한다.

업다운 방식으로는 혁신에 성공할 수 없다

교육청이 펼치는 사업들은 사업의 피상적인 효과가 빨리 나타나도록 대부분 업다운 방식을 취하기 쉽다. 그러나 학교현장에서 어쩔 수 없이 따르는 것들은 겉으로는 효과가 있는 것처럼 보여도 제대로 들여다보면 아무 효과도 없는 것들이 대부분이다. 1990년대 중반부터 업다운 방식으로 학교에 강요된 '열린교육'이 대단한 위세를 떨치다가 흔적도 없이 사라진 것이 그 대표적인 사례이다.

단언컨대 학교가 변하는 것은 정책사업 때문이 아니다. 아무리 당위적인 것이고 교육적인 좋은 사업이라도 업다운 방식으로는 효과를 보기는커녕 오히려 역효과만 내기 쉽다. 학교 내에서 교사들이 함께 연구하고 함께 협의해 스스로 만들어가도록 해야 한다. **교사연구동아리**와 **교사협의회**의 활성화처럼 교사들이 함께 연구하고 협의할 여건(여유)을 조성해주는 것이야말로 교육청이 해야 할 일이다.

많은 현장 교사들의 의견을 항상 귀담아 듣고 정책에 반영한 곽노현 전 교육감은 《징검다리 교육감》에서 이렇게 단언했다. '정책사업 감축, 학교자율성 회복의 첫걸음. 정책사업이 문제(174쪽)', '학교를 살리는 정책사업 감축(179쪽)'. 그리고 이렇게 실천했다.

> 교육청 정책사업을 80퍼센트 줄이겠다는 생각으로 정책사업에 대해 전면적으로 분석했다. 교육청 주도의 기존 정책사업을 통폐합하고 정책사업의 신설을 지양하겠다는 방침을 공표했다(182쪽).

실제로 엄청난 의욕을 가지고 추진하신 지자체와의 혁신교육지구사업도 그 내용을 보면 모두 학교에 도움을 주는 내용이었고, 학교에 부담을 주는 내용은 하나도 없었다. 그리고 2012년 9월 28일 억울하게 교육감직에서 물러나 교육청을 떠나시기 전날 마지막으로 결재하신 것이 바로 그동안 교육감이 강력하게 힘을 실어준 가운데 TF에서 작성한 '정책사업 정비 최종안'이었다. 안승문 당시 정책특보와 함께 권재원 선생님과 내가 결재하시기 전날까지 최종안을 검토했던 기억이 아직도 생생하다.

법령에 의한 사업과 교육부의 요청사업 문제를 해결해야 한다

교육청에서 교육정책사업 정비를 할 때 가장 정비하기 어려운 것이 바로 법률로 강제되는 사업들과 교육부가 요구하는 사업들이다. (반)강제적으로 정책사업들을 하게 하는 법령들은 인성교육진흥법, 과학교육진흥법, 산업교육 진흥 및 산학연 촉진에 관한 법률, 기능장려법, 학교체육진흥법, 학교보건법, 공교육정상화 촉진 및 선행교육 규제법, 장애인 등에 대한 특수교육법, 영재교육진흥법, 다문화가족지원법, 학교도서관진흥법, 국민체육진흥법, 국가정보화기본법, 학교폭력예방 및 대책에 관한 법률, 교원 등의 연수에 관한 규정, 연구학교에 관한 규칙 그리고 지자체의 조례·규칙 등 헤아리기 어려울 정도로 많다.

이런 법령에 의한 사업이 서울시교육청의 경우 2014년에 255개나 되었다. 그리고 교육부가 요구하는 정책사업들은 111개였다.

이 둘을 합하면 366개인데, 2014년에 학교 교사들의 업무와 직접 관련이 있다고 하여 정비 대상으로 삼은 사업이 753개였으니, 거의 반인 48.6%가 법령으로 강제되는 사업이거나 교육부가 요구하는 사업이었다.

"교육부장관은 교육정책 추진·교과용 도서 검증 등의 목적을 위해 필요하다고 인정되는 때에는 교육감에게 연구학교 지정을 요청할 수 있다. 이 경우, 교육감은 특별한 사유가 없는 한 요청에 응하여야 한다"라는 규정을 「연구학교에 관한 규칙」제4조 6항에 만들어놓고, 연구 성과가 학교 교육력을 제고하는 데 별로 도움이 되지도 않으면서 학교 교육과정의 왜곡과 교사들의 교육력 낭비만 초래하는 연구시범(선도, 중점)학교 운영 사업, 예컨대 창의경영학교, 영어교육연구학교, 학교진로교육프로그램 연구학교 등을 수없이 양산하고 있다. 이런 사업들도 가능하면 폐지하도록 하고, 완전 폐지가 어려우면 대폭 축소라도 해야 한다.

하지만 학교 자율화를 통해 학교 교육력을 살리고 부실한 공교육을 바로 세우려면 아무리 법령이나 교육부 정책에 의한 사업이라도 가능하면 폐지가 옳다. 이 일은 한두 교육청의 힘만으로는 어렵다. 전국 교육감협의회에서 적극적으로 나서야 한다. 폐지가 필요한 사업들을 교육감협의회가 공동으로 조사하여 여론화시키고, 교원단체와 교육시민단체의 협조를 받아 국회와 교육부에 끈질기게 요청해야 한다. 그래서 교육정책사업들이 남발되지 않고 기존의 교육정책사업들은 얼마든지 폐지가 가능하도록 법령의

표 8-4 교육청의 조직 개편과 인력 조정안

개편 후 본청 조직		
1실 2국 3담당관 8과(과 규모 19→11로 축소)		
총무과		교육행정국 소속과로 옮김
기획조정실 정책조정 기능에 선택과 집중 (전문직)	**정책기획조정실**	
	예산담당관	
	행정관리담당관	
	참여협력담당관 폐지	정책안전기획실의 1팀으로 개편
	노사협력담당관 폐지	행정관리담당관의 1팀으로 개편
교육정책국 not 사업 but 정책 기능에 집중 (전문직)	**미래교육정책과**	학교혁신과를 개편
	교육과정지원과	신설
	유아교육과 폐지	교육과정지원과의 1팀으로 개편
	초등교육과 폐지	교육과정지원과의 1팀으로 개편
	중등교육과 폐지	교육과정지원과의 1팀으로 개편
	민주시민교육과 폐지	교육과정지원과의 1팀으로 개편
	진로직업교육과	
	평생교육과	
평생진로교육국 폐지	평생교육과 이전	교육정책국 소속과로 옮김
	학생생활교육과 폐지	교육과정지원과의 1팀으로 개편
	진로직업교육과 이전	교육정책국 소속과로 옮김
	체육건강과 폐지	교육과정지원과의 1팀으로 개편
교육행정국 일반행정과 일반직 업무 통합 (일반직)	**총무과**	
	학교지원과	
	교육재정과 폐지	예산담당관의 1팀으로 개편
	교육시설안전과	
	교육정보화과	
	교육공간기획 추진단 폐지	교육시설안전과의 1팀으로 개편

* 공식 논의된 바 없는 개인 생각임

개폐와 지방교육자치·학교자치의 강화를 이끌어내야 할 것이다.

교육청의 조직 개편과 인력 조정

교육정책사업이 당초 목표대로 80% 이상이 정비가 되어 사업이 획기적으로 줄어들면 아무래도 교육청 인력은 남아돌게 된다.

이때 남는 인력은 지원청이나 학교로 가도록 해야 한다. 그렇게 하면 학교는 교육청의 간섭이 거의 전무하게 되어 교육활동에만 전념하는 진정한 교육기관으로 거듭날 수 있으며, 인력의 추가로 인하여 업무 능력은 더욱 향상되어 학교 교육력은 획기적으로 개선될 수 있을 것이다.

5. 학교운영과 예산운영의 자율화

교육정책사업 정비는 궁극적으로 **학교운영의 완전 자율화**를 목표로 한다. 교육청은 더 이상 학교 교육과정 운영에 간섭을 하지 않을 테니 이제부터 교사들이 교육과정 운영의 주체가 되어 적극적으로 연구하고 협의하며 학교 교육력을 높이고, 교육 선진국보다 앞서 나갈 수 있는 미래역량을 키워달라는 것이 최종 목표이다.

그런데 이것만으로는 부족하다. 교육청이 예산 운용에 있어서도 간섭하지 않아야만 학교운영이 온전히 자율화될 수 있다. 즉 학교에 목적예산으로 주지 말고 인건비, 일반행정 필요비용이나 각종 시설과 설비 관련 예산 등, 경상적으로 지출되는 것 외에 교육활동에 관련된 예산은 전적으로 학교가 알아서 사용하도록 목적을 명시하지 않은 총액으로 지급하라는 것이다.

목적예산이라는 것은 대개 교육정책사업과 연결된 것이어서 사업이 없어지면 목적예산도 사라져 예산이 그만큼 남아돌게 된다. 그것들을 재지급할 때에는 총액으로 지급해 자율적으로 사용하도록 해야 한다.

2012년에 서울시교육청 교육연구정보원 원장으로 발탁된 황선준 박사는 스웨덴 국가교육청 근무 경험을 바탕으로 정보원을 획기적으로 개혁해보려 했으나 포기할 수밖에 없었다. 잘게 쪼개진 목적예산 때문에 도무지 전용도 할 수 없고, 하라는 대로 할 수밖에 없는 구조였기 때문이다. 그동안 학교도 이렇게 매여 있었으니 교사들이 전문성을 발휘할 여지가 없었다. 그렇기 때문에 앞으로는 예산 사용에서도 완전한 자율성을 보장해주어야만 한다.

Chapter 09

기관평가를
상향식으로 전환하라

교육부 →교육청 →교육지원청 →학교(교장, 교감 →교사)로 평가하는 하향식 평가

는 지시·감독과 비자발적 맹종의 모습을 보이며 학교를 교육의 본질에서 멀어지

게 만들고 교육역량을 적극적으로 발휘할 수 없게 한다. 이것이 지금까지 우리의

모습이었다. 그렇다면 교육부← 교육청(교육지원청)← 학교(교장, 교감←교사)←

학생·학부모로 평가하는 상향식 평가는 어떨까? 본 장에서는 두 가지 평가를 비

교해 어떤 평가를 지향해야 하는지 살펴보고자 한다.

평가는 사람의 태도와 행동에 큰 영향을 미친다. 사람들은 자기를 평가하는 평가자의 눈치를 보며 그의 지시와 그가 만든 평가지표에 맞추어 행동한다. 하지만 평가 결과가 피평가자의 손익과 하등 관련이 없을 때에는 무시당하기 십상이다.

1. 상부의 눈치만 보게 만드는 평가는 이제 그만

평가자가 평가 결과로 큰 이익이나 손해를 줄 수 있다면 대부분의 피평가자는 평가자에게 예속된다. 그래서 교육부장관은 대통령의 평가를 의식하고 대통령의 뜻을 따른다. 시·도교육청도 평가 결과에 따라서 교육부가 임의로 배분할 수 있는 특별교부금의 차이가 크므로 교육부의 평가를 의식할 수밖에 없다.

교육지원청은 교육청의 평가가 인사에 영향을 주니까, 학교(교장, 교감)는 교육지원청의 평가가 인사와 성과급에 영향을 주니까, 교사는 교장, 교감의 평가가 승진과 교사생활에 영향을 주니까 평가자를 떠받들며 그들의 기준에 맞춰 좋은 평가를 받으려고 애쓴다.

이제부터 이 하향식 평가의 문제점을 지적하고, 그에 대한 해결방안으로서 상향식 평가 방법을 제안하려 한다. 교육부 소관 사항인 교원평가가 바뀌지 않아도 교육감이 바꿀 수 있는 교육청의 교육지원청평가와 학교평가가 제안한 대로 바뀌면 학교구성원 모두가 행복하고 교육력을 크게 향상시킬 수 있는 학교 혁신이 가

능하므로 교원평가는 논외로 하고 교육지원청평가와 학교평가만을 다루도록 하겠다.[1]

2. 하향식 평가, 무엇이 문제인가?

하향식 평가의 문제점에 대해 알아보기에 앞서 대체 평가를 왜 실시하는지 그 목적과 본질부터 살펴봐야 한다.

평가의 본질과 목적

한국교육개발원의 《2015 학교 평가지표 가이드북》을 살펴보면 학교평가는 "교육의 평등을 보장하기 위한 중요한 수단으로 학교가 균등한 교육여건을 조성해 학생들에게 교육받을 권리를 제공한다"는 거시적 목적과 "학교경영의 자율성 제고, 교육 전문성 증진, 교육 경쟁력 확보, 우수 사례 발굴 및 일반화, 교육 수요자 만족도 향상 등 단위학교에서 실천하는 교육활동 전반에 대해 진단하고, 이를 토대로 발전 방안과 지원 정책 수립을 통해 학교교육의 질을 제고한다"는 미시적 목적이 있다. 한국교육개발원은 학교평가의 목적을 이와 같이 제시하면서 교육행정이 지향해야 할 바를 매우 적절하게 규정하고 있다.

---

1. 여러 가지 문제점과 함께 도입 취지를 잃어버린 교원평가도 제대로 바뀔 수만 있다면 더 확실한 학교 혁신이 이루어질 것이다.

학교평가의 목적이 이렇고, 교육행정의 지향점이 이렇다면 교육부의 시·도교육청평가의 목적과 교육청의 교육지원청평가의 목적도 학교평가의 목적이 더욱 잘 실현되도록 촉진시키는 것이어야 한다. 하지만 진보교육감의 출현 후 상향식 평가를 시도하기 전까지의 평가 양상을 보면 앞에 열거한 목적들을 실현은커녕 오히려 파괴해왔다는 것을 알 수 있다.

하향식 평가는 균등한 교육여건 조성이 아니라 특권교육을 조장했고, 학교경영의 자율성 제고는커녕 더욱 예속시켰으며, 교육전문성 증진을 위한 연수는 연수 시간 채우기식으로 형식화해 예산과 인력만 낭비했으며, 교육 경쟁력은커녕 '교실붕괴'라는 말만 출현시켰다. 이렇듯 원래의 목적 어느 하나도 제대로 이루지 못한 채 오히려 모든 목적을 처참하게 파괴했을 뿐이다.

하향식 평가가 작동되는 메커니즘

하향식 평가가 작동되는 메커니즘을 간단하게 도식화하면 그림 9-1과 같다.

이와 같이 하향식 메커니즘이 작동되면 교육 당사자인 학교구성원(학생, 교사, 학부모)의 의견이 반영될 여지는 없다. 단지 교육부의 시·도교육청평가가 교육지원청 및 학교평가에 그대로 스며들어 교육 문외한인 정치권력에 의해 학교교육이 예속화되고 결국 교육은 망가진다.

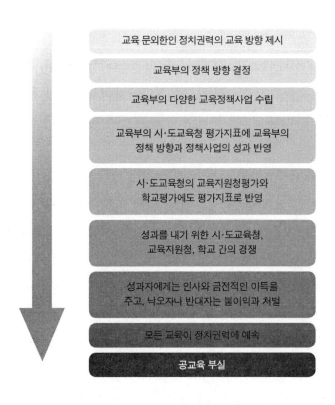

교육 문외한인 정치권력의 교육 방향 제시

교육부의 정책 방향 결정

교육부의 다양한 교육정책사업 수립

교육부의 시·도교육청 평가지표에 교육부의
정책 방향과 정책사업의 성과 반영

시·도교육청의 교육지원청평가와
학교평가에도 평가지표로 반영

성과를 내기 위한 시·도교육청,
교육지원청, 학교 간의 경쟁

성과자에게는 인사와 금전적인 이득을
주고, 낙오자나 반대자는 불이익과 처벌

모든 교육이 정치권력에 예속

공교육 부실

그림 9-1 하향식 평가의 메커니즘

이제부터 정말 그러한지 구체적으로 살펴볼 것인데, 현장에서 적
용된 하향식 평가의 실례를 통해 하향식 평가의 문제점을 좀 더
적나라하게 드러내보려 한다.

맹목적 충성만을 야기한다

교육부장관은 정치권력의 뜻을 받들어 정책화하고 이것이 시·도
교육청을 통해서 학교교육에 반영되도록 한다. 역사학계와 교육

계의 거센 반발에도 불구하고 후진국형 교과서 정책인 '역사교과서 국정화'를 밀어붙이는 것에서도 확연히 알 수 있다. 심지어 어떤 장관의 경우 자기가 의원 시절에 제안해 법제화했던 내부형 교장공모제(평교사도 교장이 될 수 있는)를 장관이 되자 온갖 방법을 동원해 방해하기도 했다.[2]

이처럼 교육부장관은 자기를 그 자리에 앉혀준 정치권력에게 거의 무조건적으로 충성한다. 현 정부에서도 정치권력이 새롭게 '자유학기제', '안전교육' 등을 강조하자 별다른 의견 수렴 과정이나 논의 없이 교육부에서 바로 정책화되었고, 어김없이 시·도교육청 평가지표와 교육지원청 및 학교 평가지표에도 들어갔다.

이는 시·도교육청평가에서 우수한 평가를 받으려면 학교가 교육부의 지침을 잘 따르고 시·도교육청의 평가지표를 잘 반영해야 한다는 뜻이다. 아울러 교육부의 정책사업들도 잘 따라야 함을 의미한다. 이 모든 것이 교육의 질적 강화와는 별개로 정부에 대한 맹목적 충성으로만 흐르기 쉬운 문제가 있다.

자율성에 역행하는 평가 방식이다

교육부의 시·도교육청 평가지표 항목 하나에 많게는 13개까지 하위 내용들로 나뉘어져 있고, 각 내용들에 0.1점에서 2.0점까지 배점이 되어 총점은 100점이 된다.

---

2. 시·도교육청 평가지표에 '교장공모제 추진'이 들어 있는 것은 초빙형 교장공모제(교장자격증 취득자만 응모할 수 있는)의 확대를 의도하는 것이지 내부형 교장공모제와는 상관이 없다.

이런 수많은 지표 중에 학교와 관련된 지표들이 거의 모두 교육청의 학교 평가지표에 들어간다면 학교교육이 그야말로 시시콜콜 교육부의 통제하에 들어가게 되는 것이다. 이것은 학교평가의 목적 중 하나인 '학교경영의 자율성 제고'에 근본적으로 역행한다.

구태 관료주의의 산물이다

2015년 6월 29일에 좋은교사운동 세미나실에서 '학교현장을 지원하는 교육청, 어떻게 만들 것인가?'라는 주제로 토론회가 열렸다.[3]

그 토론회 자료에 관료주의 개선 정도를 조사한 것이 나오는데, 관료주의란 '관료사회에 만연해 있는 독선적, 형식적, 획일적, 억압적, 비민주적인 행동 양식이나 사고방식'을 의미한다. 교육부의 시·도교육청평가에서 1등을 한 대구시교육청이 관료주의 개선 정도에서는 17등(최하위)을 하고, 교육부의 시·도교육청평가에서 17등(최하위)인 전북교육청이 관료주의 개선 정도에서는 1등을 한 것을 비롯해, 교육부의 시·도교육청평가에서 상위권인 대전(3등), 경북(4등), 울산교육청(6등)이 관료주의 개선 정도에서는 하위권(대전 14등, 경북 15등, 울산 16등)으로 조사되었다.

이 조사를 보면 관료주의적인 교육부에 순종하는 교육청 역시 관료주의적이라 겉으로만 '학교경영의 자율성 제고'를 외칠 뿐 실제로는 교육부와 함께 '학교경영의 자율성'을 파괴하고 있음을 알

---

3. 좋은교사운동, 국회의원 박홍근·도종환, 내일신문 공동 주최

수 있다. 교육부의 이러한 시·도교육청 평가지표가 그대로 학교 평가지표에 들어가면 학교경영의 자율성은 오히려 파괴될 뿐이다.

교육청의 교육지원청평가의 평가지표는 어떠한가? 여기에도 교육부의 시·도교육청평가의 평가지표가 높은 비율로 들어가 있다. 그것이 학교평가 평가지표로 바로 연결되는 것이다. 이에 서울시교육청은 2015년에 교육지원청 평가지표를 대폭적으로 수정했다.[4]

교육지원청평가와 학교평가가 시·도교육청평가를 따라서 세세한 부분까지 성과를 요구하면 학교에서는 실질적인 교육력 제고 대신에 평가지표가 요구하는 통계적 실적을 올리기 위해 형식적인 서류 갖추기, 즉 두꺼운 학교 교육과정 계획서, 수많은 계획서, 실적 보고서와 동원(교사, 학생, 학부모)에만 치중하게 된다.

하향식 평가는 자율성 파괴뿐만 아니라 교육 전문성도 전혀 증진시킬 수 없다. 전문성 제고를 위한 평가지표를 정성화해 교원 직무연수 평균 시간, 수업연구 실시율, 수업 공개 실적, 컨설팅 장학 수행 실적 등을 요구하고 있는데, 교사들이 강제로 동원되다시피 연수를 이수하고, 수업을 공개하고, 컨설팅 장학을 받는 상황에서 전문성이 증진될 리 없다. 전문성은 시간만 때우게 한다고 증진되는 것이 아니기 때문이다.

---

4. 수정 전의 2014년 평가지표를 보면 얼마나 시·도교육청평가에 예속되었는지를 알 수가 있다. 평가지표가 54개 항목으로 지나치게 세분화되어 각각 0.5~3점 척도로 되어 있고, 거의 모든 항목이 교육부 방침이나 시·도교육청 평가지표가 요구하는 학교의 성과로 되어 있어서 학교의 자율성을 해치고 있었다.

이렇게 교육부에서 학교로 이어지는 하향식 평가로는 학교가 자율성과 창의성을 발휘할 수 없고 교사들의 교육 전문성도 증진되지 않으니, 평가의 또 다른 목적인 교육 경쟁력 확보와 교육 수요자 만족도 향상도 불가능하다.

3. 상향식 평가로 전환해야 학교가 살아난다

결과적으로 하향식 평가는 처참한 실패만 야기했다. 이제 교육부는 세세한 평가 내용으로 시시콜콜 간섭하는 대신에 교육청과 학교로부터 올바른 정책을 수립하고 추진하는지에 대한 평가를 받을 때이다.

또한 시·도교육청과 교육지원청도 학교구성원으로부터 학교를 잘 지원하고 있는지에 대한 평가를 받아야 한다. 아울러 학교 교장과 교감은 교사들로부터 교사들을 잘 지원하는지에 대한 평가를 받아야 한다. 그리고 교사들도 학생과 학부모로부터 학생들을 잘 지도하는지에 대한 평가를 받아야 한다.

학교구성원 모두에게 만족을 주는 상향식 학교평가

혁신성공학교의 성공 원인 중 하나는 바로 **상향식 평가**였다. 혁신성공학교는 학교교육에 대해 아래로부터, 즉 상향식으로 평가를 받았다.

'2012년 서울형 혁신학교 운영 평가 계획'에 따른 상향식 평가 설문 내용 예시

〈학생용 설문 문항〉
• 나는 우리 학교가 자랑스럽고 학교생활이 만족스럽다.
• 우리 학교 학생들은 수업 및 학교행사에 적극적으로 참여한다.
• 선생님들은 수업에 대한 준비를 잘하고 있으며, 열심히 가르치신다.
• 우리 학교의 자랑거리(서술형)
(하략)

〈학부모용 설문 문항〉
• 우리 아이가 즐겁고 보람 있는 학교생활을 하고 있다고 생각한다.
• 우리 학교는 혁신학교 운영을 통하여 교육활동의 새로운 변화를 느낄 수 있다.
• 우리 학교 선생님들은 아이들에게 골고루 관심을 갖고 있고, 열심히 가르치신다.
(중략)
• 우리 학교의 자랑거리(서술형)

〈교사용 설문 문항〉
[평가 영역 1] 학교문화 및 학교운영 혁신
1-1 교사들은 혁신학교의 철학을 공유하고 참여 의지가 높다.
1-2 교사들은 혁신학교 운영을 통해 학교생활 만족도가 높아졌다.
1-3 학교여건(학생, 학부모, 교사, 지역사회)을 반영한 학교 교육과정을 운영하고 있다.
1-4 학교장은 교사들과의 협력관계 속에서 민주적으로 학교를 운영하고 있다.
1-5 관행 개선 및 공문서 감축, 인력 보강 등으로 업무 효율화를 위해 적극적으로 노력하고 있다.
(중략)
[평가 영역 2] 교육과정, 수업, 평가 방법 혁신
2-1 교육과정을 수립할 때 교사, 학부모, 학생의 의견을 수렴하여 반영하고 있다.
2-2 학교 교육목표가 혁신학교의 기본철학과 가치를 담고 있다.
2-3 교육과정 운영에 대한 평가 결과를 환류하여 다음 교육과정에 반영하고 있다.
2-4 교사의 교수역량을 강화하기 위한 연수 및 교사연구동아리 활동 등이 잘 이루어지도록 지원되고 있다.
2-5 문화예술교육 및 체험 중심 학습이 교육과정과 연계하여 체계적으로 운영되고 있다.
(중략)
[평가 영역 3] 생활교육 및 교육복지 혁신
3-1 학교 규칙에 「서울학생인권조례」를 반영하고, 학부모·학생의 참여를 지원하고 있다.
3-2 학생동아리 및 계발활동이 다양하게 이뤄지도록 적극 지원하고 있다.
3-3 학생생활규정에 학생들의 의견이 충분히 반영되도록 하기 위한 여건을 만들었다.
3-4 학생 자치활동이 자율적으로 이뤄지도록 보장하고 지원하고 있다.
3-5 학생 상담활동을 위한 전문적인 지원이 이루어지고 있다.
(하략)

그 결과 혁신성공학교는 가고 싶은 학교, 이사를 해서라도 자녀를 보내고 싶은 학교, 교사도 보람을 느끼는 학교가 된 것이다.[5] 부실하다고 지탄받던 학교가 혁신성공학교처럼 교육의 질을 높이고 학교구성원 모두가 만족하는 학교로 변모하려면 학교평가부터 상향식으로 대폭 조정해야 한다. 그래야만 교사들이 교육의 질을 높이기 위해 최선을 다할 것이고, 교장과 교감들은 그런 교사들을 지원하기 위해 최선을 다할 것이다.

그런데 안타깝게도 교육부가 주관하는 학교성과급평가라는 것이 또 있는데, 성과급에 반영되기 때문에 교육청이 주관하는 일반학교 (자율)평가보다 훨씬 더 큰 영향력을 갖고 있다. 이것은 아래의 글상자와 같이 전적으로 하향식 평가 방식을 취하고 있다.[6]

초등학교의 공통지표

특색사업 운영, 방과후학교 학생 참여율, 체력 발달율

〈**많은 교육청이 제시하는 초등학교의 자율지표 예시**〉
교원 직무연수 활성화, 안전관리 실적, 장학협의 결과, 교내자율장학 활성화 정도, 학교폭력 예방교육, 학생동아리 및 교사동아리 활성화, 도서 대출률, 학생·학부모 상담 실적, 사이버 가정학습 참여율, 학교폭력 예방교육 및 예방연수 실적, 외부 재원 유치금액 비율, 컨설팅 장학 수행 실적

---

5. 이 책에서 굳이 혁신성공학교라는 표현을 계속 쓰는 이유는 모든 혁신학교가 성공한 것은 아니기 때문이다(89쪽 혁신기만학교, 혁신흉내학교 참조).

6. 초·중·고, 특목고, 특성화고별로 약간 달라서 초등학교 경우만 소개한다.

여기에서 공통지표는 교육부가 정하고 자율지표는 시·도교육청의 여건(수업시수, 학생 수, 급지) 등을 고려해 결정하되, 단위학교의 평가 부담 완화 차원에서 공통지표(3~4개)와 비슷하게 정하고 지표 수(공통·자율)는 최대 8개 이내로 정하도록 하고 있다. 그런데 지표들을 보면 숫자만 줄었지 교육부의 시·도교육청평가의 평가지표에 나오는 것들이 많다.

결국 또 하향식 평가인 셈이다. 자율지표도 학교의 자율이 아닌 교육청의 자율이다. 교육부가 주관하는 학교성과급평가의 상향식 전환은 상향식 교육행정을 하려는 진정성을 가진 정치권이 집권하지 않는 한 기대하기 어렵다.[7] 그러나 일반학교 (자율)평가를 상향식으로 하는 것은 교육감들이 할 수 있다. 그렇게 될 경우 혁신성공학교의 성과들이 일반학교에 급속도로 파급될 것이다.

앞으로 지향해야 할 교육지원청에 대한 상향식 평가

시·도교육청평가나 교육지원청평가가 여전히 하향식인 상황에서 학교평가만 상향식으로 바꾸었는데도 혁신성공학교에서 교육의 질이 향상되는 큰 성과가 있었다는 것은 모든 평가가 상향식으로 바뀌면 얼마나 크고 바람직한 변화가 일어날 것인가를 예측하게 해준다.

그래서 조희연 교육감의 서울시교육청도 시시콜콜 학교에 성

---

7. 개인적으로 이런 점에서 촛불 민주정권에 기대를 하고 있다.

과를 요구했던 교육지원청에 대한 하향식 평가에서 지역청에 대한 만족도를 반영하는 상향식 평가를 도입하는 방향으로 수정했다. 아래의 표는 서울시교육청의 〈2015년 성과평가 기본 계획〉 35쪽에 있는 '변경 내용' 중 교육지원청에 해당되는 것만 추출한 것이다.

표 9-1 서울시교육청의 2015년 성과평가 변경 내용

구분	기 존 (2014)		변 경 (2015)
평가 대상	■ 교육지원청	시·도교육청평가 연계 54개 세부 지표	■ 부서(기관)별 핵심 과제(70점) 　› 5급(상당) '과' 또는 '팀'당 1개 　› 핵심 과제별 성과지표 3개 이내 ■ 공통 과제(30점) 　› 부패 방지 시책평가(8점) 　› 국민신문고 민원서비스(3점), 　　학교현장지원 만족도(15점) 　› 불편한 공문서 감축(4점) ■ 가산점(최대 5점) 　› 교육감 가점(3점), 업무 추진 가점(1점), 　　조직문화 개선 노력도(1점)

학교현장지원 만족도가 15점밖에 되지 않는 것은 아쉽다.[8] 하지만 앞으로 계속 상향 조정하기로 했고, 그동안 54개 세부 지표로 학교에 성과를 강요한 것을 아예 없앴다는 게 그나마 큰 진전으로 평가할 만하다.

---

8. 관련 TF에서 작성한 최종안에 8점으로 되어 있는 것을 배점을 높여야 한다고 교육감에게 직접 요청하여 그나마 상향 조정한 것이다.

2009년부터 진보교육감 체제인 경기도교육청은 교육지원청평가가 이미 상당한 정도로 상향식으로 전환되었기에 경기도교육청의 교육지원청평가를 소개하면 아래의 표와 같다.

표 9-2 2014년 경기도교육청의 교육지원청평가

평가 방법 / 평가지표	평가 내용	배점
1. 온라인 설문 평가		15
1-1. 학교지원 만족도 설문조사	① 학교지원 만족도 조사 - 경기교육 6대 중점정책(15점)	15
2. 전화 모니터링 평가		25
2-1. 혁신교육 전화모니터링 조사	① 혁신교육 전화모니터링 조사 - 경기교육 6대 중점정책(25점)	25
3. 교육 성과 평가		40
3-1. 창의지성 교육과정 편성·운영 지원 노력	① 경기도 교육과정 운영 우수 사례 평가(5점)	5
3-2. 교사 행정업무경감 내실화 지원 노력	① 교사 행정업무경감 만족도(2점) ② 교사 행정업무경감 컨설팅 실시율(1점) ③ 행정실무사 연수 참여율(1점)	4
3-3. 교원 역량 강화 지원 노력	① NTTP 학습·연구 공동체 참여율(3점)	3
3-4. 학교 자체평가 내실화 지원 노력	① 학교 자체평가 홈페이지 운영 점수(2점) ② 학교 자체평가 학교 컨설팅 실시율(1점)	3
3-5. 학교 급식 운영 내실화 지원 노력	① 친환경 무상급식 만족도(2점) ② 초등학교 식재료 공동 구매율(1점)	3
3-6. 학교폭력 예방 노력	① 학교폭력대책자치위원 연수 참여율(1점) ② 또래활동 운영률(2점)	3
3-7. 문화예술교육 활성화 지원 노력	① 예술동아리 운영률(3점)	3
3-8. 학교체육 및 보건교육 활성화 지원 노력	① 초등학교 체육교과 전담교사 지정율(1점) ② 학교스포츠클럽활동(17시간 이상) 실시율(1점) ③ 학생정서·행동특성검사 협의체 운영 실적(1점)	3

평가 방법 / 평가지표	평가 내용	배점
3-9. 기초학력 책임지도 강화 노력	① 기초학력 미달률(2점) ② 전년대비 향상도(2점)	4
3-10. 사교육비 절감 노력	① 학원비 인상률(1점) ② 학원 지도·점검 실적률(2점)	3
3-11. 방과후학교 활성화 지원 노력	① 방과후학교 참여율(1점) ② 방과후학교 만족도(2점)	3
3-12. 부패 방지 및 청렴문화 구축 노력	① 교육지원청 직원 1인당 평균 청렴마일리지 실적(2점) ② 불법 찬조금 발생 학교 수(1점)	3
4. 우수지원 사례 평가		20
4-1. 혁신학교 일반화 지원 우수 사례	① 혁신학교 일반화 확산 지원 사례(10점)	10
4-2. 민주적 학교공동체 운영 지원 우수 사례	① 민주적 학교공동체 도약 지원 사례(10점)	10

이 표를 보면 경기도교육청 교육지원청평가의 상향식 평가의 배점 합계가 거의 절반인 46점이나 됨을 알 수 있다. 나는 솔직히 더 늘려야 한다고 생각하지만 수십 년간 행해진 하향식 평가와 비교하면 큰 진전이 아닐 수 없다.

앞으로는 교육지원청에 대한 학교구성원의 만족도 배점이 훨씬 더 상향 조정되어야 한다. 그리고 교육지원청이 명실상부하게 학교교육을 지원할 수 있도록 평가 항목이나 만족도 조사 내용도 다음 페이지의 '지원의 영역에 따른 지표 분류 예시'처럼 지원 위주로 구성되어야 한다.

지원의 영역에 따른 지표 분류 예시

- 학교의 고충 처리 지원(교권 보호, 시설, 계약 등)
- 문예체교육 지원(교육 기부자 전문가 인력망 구성 현장 연결)
- 진로직업교육 지원(지역 사업장 전문가 네트워크 구성 현장 연결)
- 학교폭력 예방 및 해결 지원(변호사를 포함한 지원팀 운영, 경찰청 등 유관기관과의 협력 체제)
- 지도가 어려운 학생 지원(위센터 강화, 상담 전문가 연결 등)

Chapter 10

인사가 만사다

잘못된 인사로 인해 정책이 좌절되는 경우는 비일비재하다. 만약 좌절된 정책이 학교를 살리는 매우 중요한 정책일 경우 잘못된 인사는 교사와 학생들에게 엄청난 피해를 준다. 따라서 조직 개편을 위한 작업보다 먼저 그 조직을 이끌 만한 마땅한 사람을 찾는 작업이 선행되어야 하고, 정책을 입안하기에 앞서서 그 정책을 제대로 수립하고 추진할 수 있는 사람을 찾는 작업이 선행되어야 한다. 행정에 있어서 '인사가 만사다!'라는 말은 아무리 강조해도 지나침이 없다.

새로 취임을 한 교육감은 대부분 조직 개편을 한다. 자신의 교육 지향과 공약 이행에 맞춰 조직을 바꾸는 것은 당연지사다. 진보 교육감들은 거의 예외 없이 '학교(교육)혁신과'라는 조직을 신설하곤 한다.[1]

하지만 교육정책을 교육감의 의도대로 효과적으로 추진하려면 조직의 신설보다 그 조직을 맡아 정책을 구체적으로 수립하고 추진할 책임자와 업무 담당자를 제대로 앉히는 게 훨씬 더 중요하다. 나는 교육청에서 일하면서 책임자나 업무 담당자가 잘못 임명되어 교육감의 핵심정책이 좌절되는 모습을 여러 번 목격했다.

1. 잘못된 인사는 정책 실패로 직결된다

곽노현 전 교육감은 그의 저서 《징검다리 교육감》에서 인사에 관한 뼈저린 감회를 다음과 같이 안타까운 마음으로 술회하고 있다.

> 우리 쪽에는 당시까지 교육행정을 경험해본 이가 없었다. (중략) 취임준비위는 열정을 다 바쳐 당시 100일 계획과 공약 이행 계획을 작성해서 내게 건네줬다. (중략) 많은 시간과 공력을 들여서 만들었지만 실전에서 바로 써먹을 수 없는 도상작전 개념의 성격이 강했다. 더 큰 문제는 작

---

1. 민주시민교육과, 참여협력담당관, 책임교육과 등의 조직을 새로 만들기도 한다.

전계획을 실천에 옮길 핵심 적임자를 그 기간 중에 교육청 관료나 학교장 가운데서 찾아내지 못했다는 점이다. 나는 이른바 서울교육가족 중에 거짓말처럼 단 한 명도 직접 아는 사람이 없었다(320쪽). (중략) 결국 나는 사람과 조직에 대해 아무런 구체적 지식과 구상 없이 혈혈단신으로 교육청에 들어갔다(321쪽). (중략) 개혁의 다이내믹한 선순환을 위해서는 무엇보다 문제의식을 공유하고 처방전을 모색하며 함께 실천할 사람을 모아내고 키우는 게 최우선이다. (중략) 무턱대고 일을 벌일 게 아니라 그 일을 제대로 해낼 사람부터 찾아냈어야 했다(323쪽). (중략) 첫 달, 첫 분기, 첫 반기에는 일이 아니라 사람에 집중했어야 했다(324쪽). (중략) 아무리 좋은 일도 준비된 사람이 없으면 제대로 진행하지 못한다. 사람만 있으면 엉성하게 시작해도 차츰 체계가 잡히지만 사람이 없으면 서류상 계획이 아무리 훌륭해도 여기저기에 구멍이 뚫리고 엉터리가 된다. 준비된 사람이 없는 일은 뿌리 없는 나무와 같다. 준비된 사람을 발굴하고 확대하는 역량 계획이 모든 업무에 절대적으로 우선되어야 한다(345쪽).[2]

교육 관료들의 밥그릇 지키기 실태

교육청은 팀 단위로 일을 하므로, 여러 팀을 지휘하는 부서장(3급 국장과 4급 과장, 3·4급 담당관)보다 정책 단위 하나하나를 맡는 팀장(장학관, 5급 사무관)이 더 중요하다. 왜냐하면 구체적인 정책 수립과 추진은 팀장과 함께 팀원(장학사, 주무관)이 하게 되는데 팀

---

2. 곽노현, 《징검다리 교육감》, 메디치미디어, 2014, 320~324, 345쪽

원은 인사 점수를 주는 팀장에게 거의 절대적으로 복종해야 한다. 따라서 결국 팀장이 정책 수립과 추진에 있어 결정적인 영향력을 행사한다.

그런데 여기에서 문제가 생길 수 있다. 교육감이 추진하고 싶어 하는 것도 담당팀에서 구체적인 계획을 세운 후 교육감의 결재를 받아 시행하게 되는데, 그것이 교육현장의 사정과는 전혀 맞지 않아 역풍이 우려됨을 알면서도 문제 제기를 하지 않고 그대로 진행하는 경우가 있고, 학교를 바꿀 수 있고 그로 인해 교육감이 지지를 받을 수 있는 정책의 추진 속도를 고의로 지연시킬 수도 있으며, 심지어 교육감의 의도와 반대되는 계획을 수립해 교육감을 교묘하게 기만하고 결재를 받아 시행하는 경우도 있었다.

2009년 경기도의 김상곤 교육감과 2010년 서울의 곽노현 교육감을 비롯한 6개 시·도교육감, 소위 진보교육감들이 등장하기 전까지는 교육 관료들의 이러한 사례는 아마도 없었을 것이다. 왜냐하면 교육 관료들 대부분이 보수교육감과 같은 교육관과 교육행정관을 가지고 있었기 때문이다. 교육청은 교육부의 지침에 이의를 달지 않고 그대로 따라야 하고, 교육지원청과 학교는 교육청의 지시에 그대로 따라야 한다는 생각, 교육정책과 정책사업들을 다루는 교육청 관료와 학교를 이끄는 교장은 현행 승진 과정을 거친 자격자만 임용되어야 하며 평교사들을 임용하여서는 안 된다는 생각 등이 그것이다. 이것이 교육 관료들의 권력이 극대화되고 기득권이 유지시키는 중앙집권적인 행정 관행이었다.

그런데 민주적 참여를 통한 민관 협치와 교육청의 권력 분산을 지향하는 진보교육감이 등장하여 그들의 기득권이 유지되는 경로와는 달리 교육 혁신에 필요한 인재들을 등용하여 교육정책의 결정과 추진 과정에 영향력을 행사하기 시작하자 이들이 못마땅해 한 것은 당연하다. 그런 상황에서 이전의 보수교육감이 임명한, 성향이 전혀 다른 관료들과 함께 첫발을 내디딘 진보교육감들은 참으로 난감했을 것이다.

교육청 밖의 교장들은 노골적으로 저항의 움직임까지 보였다. 그래서 진보교육감들은 더욱 교육 혁신에 열성적인 교사들에게 의지하게 되었는데, 그들은 교육행정 경험이 없어서 처음에는 정책 수립이나 추진 과정에 어눌했고, 더구나 기안권은 여전히 기존의 관료들에게 있었다. 그래서 교육감과 교육 혁신 세력이 뜻하는 바와 다른 정책이 한동안 시행되기도 했다. 아마 지금 현재 교육부 상황도 이와 비슷할 것이다.

관료들이나 교장들 중에도 묵묵히 교육 혁신의 비전을 가지고 현장에서 두드러진 성과를 내고 진보교육감의 교육 지향에 공감을 표시하며 적극적으로 협조하고자 하는 분들도 비록 소수지만 있었다. 턱없이 부족하지만 진보교육감은 그런 분들을 발탁하여 요직에 앉힐 수 있었다. 그러나 안타깝게도 초기에는 그런 분들이 극소수에 불과한데다가 드러나지도 않았기 때문에 대폭 물갈이할 수도 없고, 어렵사리 추천을 받고 지원도 받아 교육감이 직접 면접을 해서 선발한다 해도 그 의중을 파악하기는 쉽지 않아서

(면접할 때에는 내심과는 달리 얼마든지 지지 의사를 표현할 수도 있다) 진보교육감의 인사로 요직에 앉은 부서장이나 팀장이 엉뚱한 짓을 하는 경우도 있었다.

관료들의 태도 유형

진보교육감 1기 때 경험한 관료들의 태도를 분류해보면 아래의 표와 같다. 이 표만 보더라도 이런 분위기에서는 아무리 교육감이 좋은 의도로 정책을 추진하고 싶어도 실패로 돌아갈 위험이 매우 높다는 것을 알 수 있다.

표 10-1 관료들의 태도 분류

성향 분류	사 례
적당히 하는 척하며 자리를 지키고 정책 무력화	- 이런 경우가 많음. 특별히 진보교육감에 대한 태도라기보다 평상시 실질적인 성과보다 실적만을 중시하는 관료주의 풍토임 - 잘못된 조사 통계로 불만이 많은 현장의 반응을 잘되는 것으로 보고함 - 문제가 발생할 것을 알면서도 지적을 안 함, 혼란 발생
적극 저항과 비협조	- 혁신학교에 대한 거짓 왜곡, 폄하, 비협조 - 많은 교장이 교무행정전담팀을 엉터리로 구성·운영, 정책 무력화 - 인사 담당 장학사가 파견교사 임용을 반대하고 저항
속임수를 써서 정책 역효과	- 결재받은 추진 계획과 다르게 운영, 정책 무력화 - 내부형 교장공모제 시행 계획을 교육부 계획보다 더 까다롭게 하여 평교사 교장이 배출되지 않도록 함
교육철학 공감 적극 협조	- 곽 교육감 퇴진 후 정책 입안과 추진에 참여하지 못하도록 대부분 한직이나 학교현장으로 쫓겨났으나 조희연 교육감 취임 이후 다시 본청, 지원청, 직속기관의 요직에 등용됨

1기 진보교육감의 '잘못된 인사'는 어찌해볼 수 없는 한계이기도 했다. 장학관급 팀장 이상에는 법령이나 인사 내규 또는 관행상 초등은 교장급, 중등은 교감급 이상을 임명해야 한다. 예외적으로 박사 학위를 소지한 교사도 임용 가능하지만, 보수교육감 시절에 그런 사례는 전무했다. 그런데 그들 중에 진보교육감과 함께할 개혁적인 인물은 극히 드물었고, 있다 해도 교수 출신의 교육감이나 진보교육운동권에게 전혀 드러나지 않은 상황이었다.

　사정이 이러하다 보니 알음알음 추천에 의지해야 했는데 신뢰할 수가 없었고, 추천받아 지원한 사람과 자원해서 지원한 사람들을 상대로 교육감이 직접 면접을 했지만 그 깊은 속마음까지 알 수는 없는 노릇이었다. 교육감의 면접을 통과해 요직에 임명된 장학관 중에서도 교육감의 정책에 역행하며 방해한 경우는 왕왕 있었다.

2. 인사행정, 어떻게 할 것인가?

진보교육감 시대를 몇 년 거치며 인사를 거듭하는 동안 양상은 많이 달라졌다. 진보교육감이나 진보교육운동권에서도 교육 관료, 교장, 교감들 개개인의 성향을 어느 정도 파악하게 된 것이다. 아직은 개혁 작업을 위해 충분한 인력풀이 확보된 상태는 아니지만 그런대로 첫 출발할 때의 막연함에서 벗어날 순 있게 되었다.

이제는 교육감이 행사할 수 있는 인사권을 최대한 활용해야 할 때이다. 그래서 진보교육감의 인사에 대해 몇 가지 제안을 하고자 한다.

경험이 풍부한 보좌관의 더 많은 등용

교육감실은 학교현장과 교육청의 행정 프로세스를 잘 아는 보좌관들로 구성해야 한다. 학교현장은 유·초·중등이 매우 다르므로 유·초등 전문가와 중등 전문가가 모두 있어야 하고, 일반고와는 크게 다른(대부분의 교사들은 전혀 모르는) 특성화고 전문가도 필요하다. 이들은 모두 학교현장 경험 외에도 교육청에서 정책 수립과 추진 경험이 있어야 한다. 그래야만 학교현장을 효과적으로 변화시킬 수 있는 핵심 전략정책의 선택과 집중이 가능하고, 정책을 추진할 때 현장 반응에 대한 예측이 가능해 학교현장과 유리된 정책을 막을 수가 있다. 또한 관료들이 기안한 것을 바르게 조정할 수가 있고, 교육감이 결재할 때 정확한 조언을 할 수도 있다.

정관계, 언론계, 국회, 시의회, 시민단체 등 대외관계를 위해 그 방면에 경험이 많은 교육감의 정무담당 보좌관도 필요하다. 정무담당 보좌관은 대변인, 공보담당관과 긴밀한 협조를 하며 교육감의 대외관계가 원활하도록 하고, 개혁 작업에 대한 저항을 누그러뜨리고 지지세력을 넓히는 데 최선을 다해 보좌해야 한다. 보통 정무담당 보좌관이 비서실장을 하고, 정책보좌관이 다른 보좌관들을 통괄하는 역할 분담을 하고 있다.

교육감실에는 외부에서 계약직으로 들어오는 보좌관들 외에도 교육청 내부의 전문직(장학관이나 장학사)과 행정·의전을 담당하는 주무관, 수행비서가 있다. 젊은 장학사를 보좌관으로 둘 경우에는 교육청 각 부서장이나 팀장(장학관)들에게 눌릴 수 있으므로 이 점을 각별히 유의해야 한다(진보교육감 중에는 종종 특별히 신임하는 장학사에게 외부에까지 소문이 날 정도로 큰 힘을 실어준 경우도 있었다).

그리고 외부에서 계약직으로 들어오는 보좌관의 수가 많다는 비난을 감수하더라도 「지방교육행정기관의 기구와 정원기준 등에 관한 규정 시행규칙」(교육부령)에 위배되지 않는 한도 내에서 보좌관은 최대한 많이 임명해야 한다. 교육감이 해야 할 엄청난 양의 업무와 교육감이 집행해야 할 엄청난 예산 그리고 그 결과의 막중함을 생각할 때 교육감실은 사람으로 치면 브레인이요, 컴퓨터로 치면 CPU와 같은 것이니 인사에서도 가장 중요하다. 만일 교육감실의 구성이 잘못되면 관료들에게 휘둘리며, 정책 추진 시 오작동을 반복하게 될 것이다.

하지만 교육감의 직무 범위가 워낙 넓어서 아무리 많은 보좌관을 둔다고 해도 다 커버할 순 없다. 이때는 파견교사를 활용하는 방법이 주효하다. 이들은 교육감실과 자주 소통하고 협의하며 교육감을 도울 수 있다. 교육감이 파견교사들을 잘 활용하면 지향하는 정책의 입안과 추진에서 큰 효과를 거둘 수 있다.

곽노현 전 교육감은 파견교사들을 잘 활용해 서울형 혁신학교,

문예체교육, 인권 및 생활교육 등 그가 지향하고자 하는 정책의 입안과 추진에서 큰 효과를 거둘 수 있었다.[3]

인사풀 확장에 따른 과감한 인사

진보교육감 1기 때에는 인사풀 자체가 너무 협소해 과감한 인사를 행할 수도 없었다. 기존 관료 중에서 그래도 협조할 만한 사람을 겨우겨우 찾아내어 또 겨우겨우 요직을 메꾸었으며, 사람이 너무 없어 어쩔 수 없이 기존 관료들을 그대로 요직에 기용할 수밖에 없었다. 사실 외부에서 교육감과 함께 들어간 교육감실은 마치 망망대해에 떠 있는 고독한 섬과 같은 상황이었다.

하지만 진보교육감 2기를 맞이한 지금은 그동안 1년에 전문직과 교장·교감 인사 2번, 일반직 2번 해서 전문직과 일반직 각각 9번(서울)에서 14번(경기)까지 인사 작업을 해보았다. 그 과정에서 아직 충분하다고는 할 순 없지만 그래도 제법 개혁적 성향과 함께 능력까지 갖춘 전문직·교장·교감·교사와 일반직의 인사풀도 갖추어졌다. 그리고 교육청 외부의 교육 혁신 동참 인력도 상당한 인력풀이 갖춰졌다.

---

3. 권재원의 책 《학교라는 괴물》(북멘토, 2014) 374~375쪽을 보면 곽노현 교육감은 평교사와의 대화 때 예리한 비판을 했거나, SNS나 인터넷에서 자신을 예리하게 비판을 했거나, 훌륭한 칼럼이나 책을 쓰거나, 학교 순회 도중 인상적인 모습을 보여준 교사가 있으면 체크해두었다가 나중에 대화를 나눈 뒤 그 실력을 가늠해서 적절한 TF팀에 투입했다고 한다. 이런 일이 누차 반복되자 그는 역대 어느 교육감보다도 두텁고 다양한 교사 멘토 그룹을 확보할 수 있게 되었다. 열정적이고 유능한 교사들의 집단지성이 일종의 정책보좌관 역할을 하게 된 것이다.

이제는 이러한 인력풀을 이용해 좌고우면할 것 없이 교육감 권한으로 할 수 있는 한도까지 최대한 과감하게 인사를 해야 한다. 교육감과 지향이 같고 개혁적 마인드를 가진 교육자들을 적극 발굴해 교육정책의 결정과 추진의 최일선 요직에 배치해야 할 것이다.

이때 기존의 관례에 얽매이지 말고 **적재적소에 필요한 인재를 배치**하는 것이 중요하다. 혹시 자기들 몫을 빼앗겼다고 거세게 반발할 순 있으나 교육을 제대로 하는 게 모든 교육청 공무원의 존재 목적이라는 확실한 명분하에 설득하고 추진하면 분명 돌파할 수 있을 것이다.

어차피 부실한 교육을 개선하려는 열정 없이 오로지 기득권에만 집착하는 세력은 협조를 구해도 협조하지 않을 것이고, 어떻게 인사를 해도 깎아내리고 공격을 일삼을 것이다. 그러니 확실하게 혁신을 수행할 수 있는 인력 조직으로 구성한 후에 공격을 당하는 것이 백번 낫다. 그들의 요구대로 끌려가다 보면 교육 혁신은 지체되거나 어려워진다.

또한 보수교육감 시절의 협조자였다는 이유만으로 개혁 작업에 꼭 필요한 능력자를 소외시키지 말아야 한다. 공무원의 속성상 그것은 그들의 인격 문제가 아니라 구조적인 문제이기 때문이다. 따라서 탁월한 성과를 낸 사람들은 진영의 구분 없이 발탁해 그 성과를 일반화할 수 있는 기회를 주어야 한다.

그리고 반드시 정기인사에만 얽매일 것 없이 중요 정책 수행에 차질을 빚게 하는 사람은 수시로 문책인사를 할 필요가 있다. 물론 극도로 신중을 기해야겠지만 정기인사 때 아무리 인사를 신중하게 해도 잘못 발탁할 경우는 있다. 다음 정기인사 때까지 그냥 놔두어도 될 정도의 과제를 맡고 있다면 다행이지만 큰 영향을 주는 정책 담당자인데 교육감의 잇단 경고에도 불구하고 개선되지 않을 때에는 엄중한 문책인사를 단행해야 한다.

절실히 요구되는 장기 근무 시스템

이 문제는 참으로 심각하지만 개선하기에 매우 어려운 과제이다. 한 부서의 근무가 대개 1년에서 1년 6개월 정도이고 길어야 2년이다. 업무 파악하는 데에 많은 기간이 소요되고 전문성이 축적되지 않다 보니 교육청 행정의 전문성은 늘 문제가 되어왔다. 하지만 업무마다 업무 수행의 난이도가 다르고 그에 따른 선호도 차이가 있으므로 힘든 부서에 장기 근무하게 하는 것을 제도화하기란 매우 어렵기 때문에 지금까지 수차례 문제점으로 지적이 되어왔음에도 고치지 못했다.

하지만 더 이상 이 문제를 방치해서는 안 된다. 직무 분석 등의 연구 용역을 주고 관련 TF를 구성해 지혜로운 방안을 찾아내 반드시 고쳐야만 한다. 특별히 어려운 업무는 애초에 그 업무 담당자를 따로 임용하는 방법을 고려할 수도 있고, 업무담당팀의 난이도를 고려해 인력 수를 조정함으로써 한 명에게 부과되는 난이도가 전체적으로 평준화되도록 하는 방법도 고려할 수 있다.

그리고 교육청에 근무하는 것이 승진에 유리하기 때문에 근무하려는 게 아니라 교육행정의 전문성을 발휘해 교육 발전에 이바지하고자 하는 의욕을 가지고 근무할 수 있게 해야 한다. 이를 위해 아예 교육청 근무자와 학교현장 근무자가 서로 순환되지 못하도록 하든지, 교육청 근무 후 학교로 돌아갈 때 이전의 직급으로 돌아가게 하는 방식도 중장기적으로 고려해볼 필요가 있다.

3. 우수한 인사 혁신 사례

곽노현 전 교육감의 인사 혁신은 탁월했다. 2011년 말에 발표된 국민권익위원회 청렴도평가의 인사 부문에서 서울시교육청은 청렴지수 만점을 받았다. 모든 시·도교육청 중에서 인사 부문 청렴도 1위였다. 그의 저서 《징검다리 교육감》에서 '원칙 있는 인사행정, 쪽지인사와의 결별'을 읽어보면 감탄이 절로 나온다. 청렴도뿐만 아니라 개혁정책의 수행과 조직 운영의 효율성 면에서도 탁월한 인사였다. 다음에 정리한 것은 그 내용을 요약한 것이다.[4]

쪽지인사와의 결별

정기인사 때만 되면 교육감에게 로비와 청탁이 줄을 이었던 모양이다. 좀 더 크고 좋은 학교로 이동하고 싶은 교장과 교감, 장학

---

4. 곽노현, 《징검다리 교육감》, 메디치미디어, 2014, 226~244쪽에서 주요 내용을 요약 발췌함

관이나 장학사로 들어오고 싶은 교장과 교감이 얼마나 많겠는가?
승진하고 싶은 사람이 얼마나 많겠는가? 만약 국회의원이나 시의
원을 앞세우는 등 인사 청탁을 하면 확실하게 불이익을 주겠다고
공언했다. 그러자 놀라울 정도로 인사 청탁이 사라졌다.

교육감의 직접 인터뷰

교육장 후보들과 본청 국과장, 팀장(장학관, 사무관) 후보들을 직
접 인터뷰했다. 형식적이 되지 않도록 1인당 20~30분씩 할애했
다. 인터뷰에서 개개인의 문제의식과 혁신의지, 과거 실적을 평
가하고자 했다. 특히 서기관 승진 대상자들에게는 고난도 질문을
했다. 거쳐온 자리들에 대해 간단한 평가지표를 만들어보도록 했
고, 후임자에게 꼭 알려주고 싶은 유의사항이나 노하우를 말해보
게 했다. 국제교육 비교 통계를 주고 대기실에서 15분 정도 분석
한 후 그 결과를 말하게도 했다. 인터뷰 후 순위를 매기면 배석한
총무과장, 인사계장과 거의 일치했다.

데이터 기반 인사와 부하직원 설문조사

성공적인 발탁인사를 위해서는 정밀한 체계와 과정, 특히 데이터
로 뒷받침되어야 한다. 사람에 대해 가장 잘 말해주는 것은 과거
의 이력이다. 누구든지 이력을 잘 들여다보면 그 사람의 성향과
한계가 보이는 법이다. 그래서 인사는 일차적으로 데이터 기반으
로 가야 한다. 그리고 모든 장학관에 대한 부하직원들의 설문평

가를 실시하고, 일반직도 승진인사용 다면평가를 의무화했다.

교장·교감 승진에 상향식 만족도 평가 도입

지금 같은 승진제도로는 10년 넘게 교장이나 교감의 눈치를 살필 뿐 동료 교사나 학생의 눈치를 살필 이유가 크지 않다. 다시 말해 승진을 원하는 교감이나 교사는 예스맨이 되어야 한다. 이것이 교육적으로 바람직하지 못한 것임은 말할 나위도 없다. 그래서 교장·교감 승진에 다면평가를 의무화하고 그 비중을 50%까지 높이려고 했으나 교육감직 중도 하차로 실현하지 못했다.

여기에 내 의견을 덧붙이면, 지원청평가, 학교평가, 관료·교장·교감·교사에 대한 평가들이 모두 상향식 평가로 바뀌어야 한다. 또한 그것이 승진과 인사에 적극적으로 반영되어야 할 것이다.

새로운 장학사 선발 방식과 장학관직 개방

평소 교육청 장학사나 장학관과 이런저런 관계를 맺은 교사가 특혜를 보는 일이 없도록 출제위원 전원을 외부 전문가로 위촉했다. 1차 객관식 시험은 없애고, 2차 주관식 시험도 기획 및 분석 능력을 제대로 평가할 수 있도록 출제 방향을 교육학 이론 중심에서 정책 현안 중심으로 바꾸었다. 면접도 형식적인 데 그치지 않도록 3박4일 집체생활을 통해 인·적성과 리더십 관찰 기회를 가졌다. 99개의 장학관 자리 중에 극소수지만 박사 학위를 가진 교사에게 개방하기도 했고, 교육연수원장과 교육연구정보원장을 개방직으로 했다.

부패, 비리 많은 부서 책임자의 특별임명

감사관은 개방직으로 외부에서 변호사를 모셔왔고, 시민감사관도 20명 이상 모셨다.[5] 일반직 인사계장에 고시 출신 여성사무관을 발탁했고, 또 한 명의 고시 출신 여성사무관에게는 사학지원팀장을 맡겼다. 자칫 부패하기 쉬운 핵심 요직을 고시 출신 여성에게 맡긴 이유는 부패에서 자유롭고 업무 수행에서 적극적이고 혁신적일 것이라고 믿었기 때문이다. 둘 다 제 역할을 해줬고 둘 다 서기관으로 승진했다.

전문적 지식과 경험이 필요하기 때문에 본청 시설과장은 지금까지 시설직공무원의 전유물이었지만 일반직공무원으로 바꾸었고, 시민현장실사단 22개팀과 외부 전문가 현장점검단을 운영했다. 소수 직렬 공무원의 끈끈한 동료애와 필연적인 순환 보직 구조 속에서 매너리즘과 비효율에 빠질 수 있기 때문이었다. 이에 따른 시설직공무원들의 불만을 보상해주기 위해 지역청의 행정관리국장에 시설직공무원도 보임이 되도록 규정을 바꾸고 임명했다.

---

5. 앞의 책, 246쪽

교원임용시험 혁신

1차 객관식 시험과 보여주기식 쇼 같은 수업 시연을 없애고 면접 시험을 대폭 강화하려고 했다. 면접을 통해 감정 코칭, 비폭력 대화, 상담지원역량 등이 탁월한 사람에게 가산점을 주고, 야학이나 지역아동센터 교사 등으로 봉사한 경력에도 가산점을 주면 교육학 지식을 주로 평가해 임용하는 것보다 훨씬 학교의 교육력이 강화될 것이고, 교대·사대의 교원 양성 과정에도 영향을 주리라 생각했다.

그 밖의 인사 원칙들

앞서 열거한 것들 외에도 다양한 혁신적인 인사 원칙들이 반영되었다. 이를 요약하면 다음과 같다.

- **교육격차 해소**: 과거와는 반대로 교육청 국·과장 등 요직에 있던 행정 능력자가 어려운 지역 비선호 학교 교장으로 가서 학교 교육력을 강화한다. 그리고 비선호 학교에는 무조건 정년이 3년 이상 남은 교장을 보내어 안정적으로 학교를 운영할 수 있도록 한다.
- **양성평등 입장에서 여성장학관 임용 확대**: 여성이 남성에 비해 일반적으로 권위주의와 연고주의에 덜 물들었고, 70%에 달하는 여성교원들의 의견 반영을 위해서 여성장학관 수를 확대하고 교육장이나 본청 과장 등 요직에 임용했다.
- **학교 혁신 성과 우대**: 학교 혁신 성과를 일반화시키려면 우수한 성과를 낸 교장을 발탁할 필요가 있다. 본청으로 발탁하는 것도 좋지만

그보다는 지원청의 교육장이나 교육지원과장 등 관내 학교들을 자세히 살펴보고 직접 지원할 수 있는 자리로 발탁하는 것이 좋다.

- **중식 지원 비율 인사 기준에 적용**: 중식 지원 비율이 높은 학교(20% 이상), 낮은 학교(5% 미만), 중간 학교(5~20% 미만)로 나눠서 교차 전보를 하여 소위 힘 있는 사람이 선호 학교를 골라가던 관행을 없앴다.

Chapter 11

교육협력,
어떻게 추진할 것인가?

시청과 구청이 교육청·지원청과 교육목표를 공유하고, 함께 협의함으로써 교육

지원예산을 사용하면 학교의 교육력을 실질적으로 향상시킬 수 있음은 물론, 학

교의 부익부빈인빅 현상도 바로잡을 수 있다. 이처럼 지자체와의 교육협력 추진

은 서로 윈윈할 수 있는 다양한 긍정적 성과를 가져오는 반면에 일방적인 밀어붙

이기식으로 때론 부정적인 영향을 초래하기도 한다.

만약 교육청과 지자체, 학교와 마을이 제대로 된 협력체계를 구축할 수 있다면 이것은 학교와 지역사회를 키우는 엄청난 힘이 될 수 있다. 이 장에서는 이러한 협력이 어떤 식으로 이루어지고 있으며, 또 이것이 어떤 방향으로 나아가야 하는지에 관해 이야기해보려 한다.

1. 서울시교육청과 서울시의 교육협력

2012년 5월 14일 서울시교육청 본관 10층 대강당에는 기자들로 붐볐다. 잠시 후 교육감과 시장, 시의회 의장, 구청장협의회 회장, 교육단체협의회 대표를 비롯해 몇몇 서울시의원과 구청장들이 대강당으로 들어왔다. 그리고 〈**서울교육희망 공동선언문**〉을 발표했다.

이 공동선언문에는 "교육은 가정과 학교, 교육청만의 일이 아니라 마을과 지역, 서울시와 국가가 함께 나서서 책임져야 할 일이다", "서울시교육청과 서울시가 함께할 과제들은 '서울교육행정협의회'를 통해서, 서울시·서울시교육청·자치구·시민사회가 함께할 과제들은 '서울교육·복지 민관협의회'를 통해서 협의해나갈 것이다"라는 선언과 함께 아직은 구체화되지 않은 20개의 과제가 발표되었다.

당시 나는 교육청에 근무했기 때문에 이 감격적인 현장을 생생히 지켜볼 수 있었다. 일부 지자체와 함께하는 교육혁신지구사업은 경기도교육청이 이미 1년 전부터 시작했지만, 이렇게 교육감이 직접 나서서 광역자치단체와 기초자치단체 기관장, 시의회와 시민단체 대표들의 뜻을 모아 교육협력을 선언한 것은 서울이 처음이었다는 측면에서 곽노현 교육감의 역작이라 할 수 있다.

교육 효과와 무관한 예산 집행에 대한 반성

곽 전 교육감이 재직 시절 교육자치기관과 행정자치기관의 교육협력에 이처럼 심혈을 기울인 까닭은 시청과 구청의 엄청난 교육지원예산이 뚜렷한 목표나 원칙 없이 사용되고 있고, 그것이 총예산 중 차지하는 비율도 구청마다 천차만별이며, 그 집행도 주로 시설처럼 교육 효과에 직접 연결되지 않는 것에 집중되고 있다는 것을 발견했기 때문이다.

게다가 예산을 주는 것은 정치권의 유력 인사나 교장의 로비에 의한 경우가 많아 결국 학생들이 받는 혜택도 부익부빈익빈이라는 구조적 부정의가 발생되고 있었다.[1] 그래서 이런 사실을 일부 구청장과 구의회 의장들 그리고 박원순 시장에게까지 공유하고 그들을 설득해 〈서울교육희망 공동선언문〉을 이끌어낸 것이다.

이를 계기로 시청·구청은 교육청·지원청과 교육목표를 공유하고 교육청·지원청과의 협의를 통해 교육지원예산을 사용하기 시

---

1. 곽노현, 《징검다리 교육감》, 메디치미디어, 2014, 286~291쪽

작해 학교의 교육력을 실질적으로 향상시켰고, 학교의 부익부빈익빈 현상도 바로잡게 되었다.

이후 수많은 협의와 조정 과정을 거쳐 서울형 혁신교육지구사업이 구로·금천구에서부터 시범적으로 출발했는데, 학교와 지역의 만족도가 모두 높은 성과를 거둬 이 정책의 방향이 옳다는 근거가 되어주었고, 조희연 교육감 취임 후 크게 확장될 수 있게 했다.[2]

우후죽순처럼 쏟아지는 협력사업들

곽노현 교육감 퇴진 후 소위 곽 교육감 지우기에 혈안이 된 차기 보수교육감은 교육혁신사업의 지원을 거의 끊다시피 했다. 그러나 교육청이 빠졌음에도 불구하고 서울시와 구청의 지원만으로도 만족도 높은 성과를 보였으니, 만약 교육 전문성을 갖춘 교육청이 계속 함께했다면 서울시 전역으로 빠르게 확산해 서울을 명실상부한 교육혁신도시로 만들고 시민들에게 교육에 대한 희망을 주었을 거라는 생각에 아쉬움이 더욱 크다.

이후 시청과 교육청 간에 진보와 보수 갈등이 첨예화되면서 교육청과 지자체 간의 교육협력사업은 더 이상 진전되지 못했다. 그러다가 조희연 교육감이 취임하면서 다시 활기를 띠기 시작했다. 조희연 교육감은 교육감 선거운동의 구호 중 하나로 '조박대

2. 곽노현 전 교육감은 이렇게 예산 사용에만 관심을 가진 게 아니라 문예체교육·진로직업교육·민주시민교육·학부모교육 등을 위해 지자체의 인력과 시설을 학교 교육과정과 연결시키기 위한 인프라 구성까지도 구상했으니 참으로 교육행정가로서 높이 평가하지 않을 수 없다.

박'을 내세웠다. 교육감이 되면 참여연대 설립의 동지였던 박원순 시장과의 친밀한 협력관계를 바탕으로 서울교육이 획기적으로 발전할 것이라는 것을 의미하는 홍보 멘트였다.

실제로 조 교육감이 취임하고 4개월 후인 2014년 11월 17일 박원순 시장과 조희연 교육감은 '**교육혁신도시 서울**' 5대 비전을 선포하고, '안전하고 차별 없는 교육환경', '평생학습 및 지역사회 연계 사업', '청소년의 건강한 성장·발달 지원', '공교육 혁신'의 4대 분야 20개 교육협력사업을 발표했다.

'교육혁신도시 서울' 발표를 시작으로 지자체·지역과의 교육협력은 급속도로 진행되어 2017년 현재 서울형 혁신교육지구는 거의 모든 구청으로 확대되었다(25개 구청 중 22개). 또한 조직 개편을 통해 2015년부터 신설된 참여협력담당관실의 적극적인 활동과 2016년 말 「마을교육공동체 운영 및 활성화를 위한 혁신교육지구 운영 관련 조례」의 제정으로 교육청·시청·지원청·자치구·학교·지역사회 사이에 활발한 교류를 통해 혁신교육지구의 '마을-학교 연계 지원사업'과 '마을결합형학교'사업을 추진해 새로운 협력사업들이 그야말로 우후죽순처럼 생겨났고 학교에서 할 일도 크게 늘어나게 되었다.

2. 교육협력 추진의 긍정적인 성과

여기에서는 지자체·지역과의 교육협력 추진에 따른 4가지의 긍정적 성과에 관해 이야기하려 한다. 이 중 ②~④는 강민정 선생의 〈2015년 서울형 혁신교육지구의 성과와 과제〉에서 인용했음을 미리 밝힌다. 그리고 여기에 내 개인적인 의견을 보태 내용을 작성했다.[3]

① 과시적, 전시적 예산 사용에서 실질적 사용으로
서울시에는 교육협력국이 있고, 각 구청에는 교육지원과가 있다. 말 그대로 교육에 협력하고, 교육을 지원하려는 목적으로 존재하는 조직이다. 그리고 조직과 함께 엄청난 규모의 교육지원예산이 존재한다.

　2012년 당시 서울시가 1,300억, 구청 전체의 합계가 1,300억이나 되었으니 이는 서울의 초·중등 모든 학교에 2억이나 되는 거금을 분배할 수 있을 만큼의 큰 예산이었다. 그런데 안타깝게도 이

---

3. 강민정 선생은 서울형 혁신교육지구 정책의 성과로 ②~④ 외에도 거버넌스의 실질적 단초 구축, 지역 교육역량들의 상호 신뢰 강화, 공교육 혁신에 대한 사회적 인식 확산과 실천적 대안 모색 등을 더 제시하고 있다. 나는 강 선생이 제시하지 않은 ①의 '교육지원예산의 바르고 효과적인 사용'을 추가했다. 강민정 선생은 곽노현 교육감 시절에 북서울중학교를 혁신중학교의 선도학교로 만드는 데 지대한 공을 세우며 서울의 혁신교육을 이끌었다. 조희연 교육감 취임 후에도 취임 직후 구성된 추진단에서 학교업무정상화TF 위원장을 하는 등 학교 혁신을 위한 제반정책 결정에 참여했고, 파견교사로 발령이 난 후에는 참여협력담당관실에서 교육협력사업 정책의 입안과 추진에 적극적으로 참여했다.

돈은 서울시 전체에 고르게 혜택이 돌아가는 게 아니라 일부 특정 학교에만 그 혜택이 돌아갔다. 왜냐하면 예산 배정이 국회의원 등 유력 인사나 교장의 로비 영향을 받았기 때문이다. 결과적으로 지자체의 교육지원예산은 학교의 부익부빈익빈 현상을 심화시키고 말았다. 공공성에 어긋나고 정의롭지 못한 일이었다.

그뿐만 아니라 사용처도 문제였다. 대부분이 당장 눈에 띄는 시설비에 주로 사용되었기 때문에 공교육의 부실 문제를 해결하는 데는 별 효과가 없었다. 즉 대부분 지자체장의 정치적 홍보비처럼 쓰이고 말았던 것이다.

그랬던 것이 교육청과의 협의를 통해 예산 사용의 올바른 방향을 알게 되었고, 그 효과가 교육력의 실질적 제고로 나타나는 것을 경험하게 되었다. 그 외에도 교무행정지원사, 지역사회 교육전문가, 교원 연수 등을 지원하는 데 예산이 사용되어 교사가 교육에만 전념하고 더 나은 교육활동을 위해 연구할 수 있게 함으로써 수업이 개선될 수 있는 여건을 만들어주었고, 학생들을 위한 복지와 상담활동에도 지원을 했다.

즉 학교교육과 모든 학생에게 실질적인 도움이 되도록 예산이 사용되기 시작한 것이다. 그야말로 교육지원예산 사용의 코페르니쿠스적인 전환이 아닐 수 없다.

② 지역의 교육 인프라를 풍요롭게 하다 ⁴

지역에는 학부모나 지역주민이나 문예체 전문가들로 구성된 다양한 교육활동 소모임들이 적지 않다. 게다가 청소년 수련 시설이나 진로교육지원센터, 대안교육기관, 지역아동센터, 청소년 문화센터, 도서관, 공연장이나 전시관 등 다양한 청소년 대상 기관이나 시설이 있고, 이곳에서 일하는 인력의 규모도 적지 않다. 그동안 지역 내에서 교육을 중심으로 한 사업 추진 단위가 부재했기 때문에 이들 인적·물적 자원들은 각자의 필요에 의해, 각자의 방식대로 사업을 진행해왔다. 특히 자발적 소모임의 경우 비공식성 때문에 필요한 행·재정적 지원체계 밖에서 어렵게 운영되어왔다.

혁신교육지구는 지역 내 산재해 있는 다양한 교육 자원들을 공식적인 사업체계 안으로 끌어들이고 이들 간에 수평적인 소통과 협력체계가 만들어지는 것을 자극하고 있다. 많은 자치구에서 지역 교육 자원을 발굴하고 양성하는 사업들을 진행하고 있다. 이는 기존 자원의 조직화를 넘어서서 잠재된 지역 자원들을 지역 교육활동에 연결시켜 지역의 교육인프라를 한층 더 풍부하게 만드는 역할을 한다.

이렇게 지역 교육 자원을 발굴하고 조직화해 만들어진 교육인프라는 학교에서 문예체교육, 진로직업교육, 각종 동아리활동, 민주시민교육, 현장 체험학습 등의 교육과정 운영에도 직접적인 도움이 되어 그만큼 교육의 질을 개선할 수 있다.

---

4. 강민정, 〈2015년 서울형 혁신교육지구의 성과와 과제〉

③ 지역협력교육 필요성에 대한 공감대 확산 [5]

그동안 교육은 교육청과 학교만의 일로 공식화되어왔다. 지자체가 오랜 시간 동안 교육경비보조금이라는 이름으로 학교를 지원해왔지만 교육청이나 학교와의 소통과 협의하에 이루어지기보다는 예산지원의 원칙이 체계적이지 않은 상태에서 자치구청 중심으로 집행되어왔다. 지역의 교육시민단체 활동을 하는 이들은 교육청이나 구청과의 연계는 물론이거니와 지역 활동가 간의 수평적인 연계조차 갖지 못한 상태에서 개별적인 활동을 진행해왔다.

혁신교육지구는 이러한 상황에서 지역의 모든 교육적 역량들이 소통하고 협력하면 더 좋은 교육이 가능해질 수 있다는 것을 확인하는 계기가 되고 있다. 그동안 각 단위들이 개별적으로 교육사업을 진행하면서 필연적으로 사업의 적절성, 예산의 중복성, 교육 자원의 효과적 활용 등의 문제가 발생해왔다. 혁신교육지구 정책을 통한 지역협력교육의 실천 과정은 이러한 문제들을 객관화시키고 이를 극복하기 위한 좀 더 체계적인 협력의 필요성을 인식하게 했다.

④ 지역공동체성 회복의 계기를 마련하다 [6]

이해관계를 중심으로 돌아가는 우리 사회의 많은 문제들은 사람

---

5. 앞의 책
6. 앞의 책

들 간의 유대관계와 공동체성이 되살아나면 해결될 수 있는 것들이 많다. 공동체성 파괴가 물질 중심, 이해관계 중심의 사회 구조가 초래한 결과이긴 하지만 그렇다고 구조를 바꾸기 전에는 해결할 수 없다며 손 놓고 있을 순 없는 일이다. 또한 구조의 변화가 선결조건도 아니다. 어쩌면 공동체 회복의 과정이 구조 변화를 추동하는 힘이 될 수도 있다.

국가적 차원에서 연대와 공동체성을 제도화하는 것이 사회복지 시스템이라 할 수 있다. 복지사회에 대한 국민적 합의 구조가 점차 강화되고 있지만 아직도 넘어야 할 산이 많다. 내 가족의 실업 문제나 노인부양 문제는 심각하게 생각하지만, 제도화 문제로 넘어가면 개인적 능력이나 노력의 문제와 세금 부담 문제로 치환하며 이를 해결하기 위한 법·제도 마련에 저항한다. 교육 문제에 관해서도 입장 차이가 있을 수 있다.

그러나 상대적으로 아이들을 잘 키워보자, 그것도 우리 지역 아이들을 잘 키우기 위해 힘을 모으자는 이야기는 훨씬 많은 사람들에게 저항 없는 공감을 불러일으킬 수 있다. 아이들이 가장 보호받고 배려받아야 할 존재이기 때문이고 사회적 약자이기 때문이기도 하지만, 무엇보다 자녀교육을 특별히 중히 여기는 풍토가 있기 때문이다. 이 점에서 교육 문제는 다양한 이해관계를 가진 지역성원들이 비교적 함께 협력하기 좋은 의제이고 매개가 된다.

교육이 자기 자녀만의 문제를 넘어서는 순간 공공적 성격을 띠기 가장 쉽다. 왜냐하면 내 아이에게 좋은 것이 모든 아이에게 좋은 것은 아니지만 모든 아이에게 좋은 것은 내 아이에게도 좋은 것이기 때문이다. 따라서 학교 밖 지역에서 아이들 교육을 위한 협력 시스템을 만드는 혁신교육지구는 지역에서 질 높은 청소년 교육 복지를 실현하는 일인 동시에 지역 안에서 공동체성을 회복하는 일이기도 하다.

3. 교육협력 추진의 부정적인 영향

강민정 선생은 교육협력사업의 긍정적인 영향뿐만 아니라 추진 과정에서 발견된 문제점이나 미흡한 점들을 앞으로의 과제로 제안했다. 나는 이러한 협력사업을 강 선생처럼 거시적인 관점에서 바라보기보다는 이러한 교육협력사업들이 무너진 학교를 회복시키는 데 얼마나 도움이 되었는지를 판단하는 관점에서 보고자 한다.

교원업무정상화TF 위원장과 교육정책사업정비TF 위원장을 하면서 조희연 교육감을 도와 내가 가장 주력한 것은 교사들이 교육 활동과 연구·협의활동에만 전념할 수 있게 하여 **학교 본연의 교육력을 회복시키는 것**이었다. 학부모를 비롯한 시민의 입장에서도 가장 중요한 것은 학교를 회복시키는 것이기 때문이다.

또 다른 부담이 되어 돌아온 협력사업들

이러한 관점에서 보면 지자체·지역과의 교육협력 추진이 마냥 좋왔다고만 할 순 없다. 그동안 교육청은 학교 부실의 가장 큰 원인인 '교육활동 외의 잡다한 업무들'을 학교에서 제거하고 교사들이 연구·협의할 수 있는 여건을 조성해 교육력을 강화시키기 위한 교원업무정상화 정책을 역점 과제로 추진해왔다. 그런데 우후죽순처럼 늘어난 교육협력사업들이 학교에 또 다른 부담으로 다가오게 된 것이다.

밀어붙이기식 추진의 한계

새롭게 시도되는 교육협력사업들의 대부분은 학생들에게 긍정적인 영향을 주고 학교 교육력도 향상시키는 좋은 사업들이다. 그래서 협력의 동반자가 되기를 원하는 많은 관계자들은 학교가 협력에 인색하다며 불평을 한다.

"학생에게 좋은 사업인데 왜 교사들은 싫어하며, 학교 교육력을 높이는 사업들을 학교는 왜 꺼려할까?"

나는 이러한 질문에 '한계효용체감의 법칙'을 빗대어 대답한다. 즉 아무리 맛있고 좋은 음식이라도 이미 배부른 사람에게 함께 먹자고 하면 당연히 싫어할 것이고 억지로 먹이면 탈만 날 것이다. 반면 또 어떤 사람은 워낙 소화력이 강해 함께 즐겁게 먹고 더 건강해질 것이다.

교육협력사업도 마찬가지이다. 즉 아무리 좋은 교육협력사업도 학교의 상황을 고려하지 않고 톱다운 방식으로 밀어붙이면 안된다는 뜻이다. 그런데 일단 뭔가 사업 추진을 위한 조직이 만들어지면 성과를 내기에 가장 손쉬운 관료적 방식인 톱다운 방식을 사용하기 쉽다.

이럴 때 현장에서는 그저 형식적으로 이행하게 되므로 통계적 성과와는 달리 실질적인 성과 없이 예산과 인력만 낭비하는 꼴이 되고 만다. 그래서 교육감에게, 참여협력담당관에게 협력사업이 너무 빨리 증가하고 있고, 너무 과속하고 있다고 호소를 해보았지만 그다지 효과가 없었다.

그동안 학교는 교육부를 비롯한 중앙정부, 기타 여러 곳에서 요구하는 수많은 업무들과 원래는 정부와 지자체가 해야 할 업무까지 해대느라고 정작 학생 지도와 더 나은 교육활동을 위한 연구·협의활동에는 소홀했다. 그 결과 공교육 부실의 주범이라는 오명까지 썼는데, 이제 설상가상으로 협력사업들까지 밀려 들어오게 된 것이다.

4. 지자체·지역과의 교육협력 추진정책에 대한 제안

학교교육의 성패는 교사들의 교육력에 달려 있다. 교사들의 교육력을 높이려면 우선 교사들이 교육활동에만 전념할 수 있게 해야 하고, 더 나은 교육활동을 위한 연구와 협의를 할 수 있도록 충분한 시간적 여유를 주어야 한다. 혁신성공학교의 괄목할 만한 성과들은 교사들이 연구하고 협의하고 교육활동에만 전념하게 함으로써 얻은 결과이다. 하지만 지금까지 거의 모든 학교의 교사들은 연구·협의는커녕 교육활동조차 전념할 수 없을 정도로 교육활동 이외의 일들에 시달리고 있다. 그 결과가 공교육의 부실이고, 그에 따른 여러 가지 부작용이다.

제안 ① 교사들이 교육활동에 전념하도록 하는 교원업무정상화에 방해가 되어서는 안 된다

아직까지 학교는 교사들이 연구하고 협의하는 여건 조성은 물론 교육활동에만 전념하는 여건조차 갖춰지지 않은 상태이다. 따라서 무너졌다고 하는 공교육을 일으키려면 무엇보다도 교원업무정상화가 시급하고, 또 교육청은 이것을 지원하는 정책을 최우선적으로 시행해야 한다.

그런데 협력사업을 담당하는 조직이 따로 만들어지고 그 조직이 추진하는 협력사업들이 우후죽순처럼 늘어난 결과, 지금까지 중앙정부와 교육청이 요구하는 일들의 과도한 부담으로 교육력을 상실한 학교들에게 이제는 지자체·지역이 요구하는 일들까지 짊어지도록 하였다. 이것은 교육청이 지켜야 할 정도를 넘어선 것이다. 교사가 교육활동에만 전념하고 연구와 협의를 하며 더 나은 교육활동을 할 수 있도록 여건을 조성해주는 교원업무정상화 정책이야말로 교육청이 해야 할 가장 기본 중의 기본임을 망각한 것이다.

지자체도 지역의 학생·학부모들이 행복하고 만족하는 학교가

되게 하려면 협력사업을 하기 전에 먼저 지자체가 당연히 해야 할
방과후학교, 돌봄교실, 복지업무 등을 가져가서 학교가 정규 교육
과정 운영에만 충실하도록 해주어야 한다. 그리고 방과 후에 몸
과 마음 둘 곳이 없어서 지역을 방황하는 아동과 청소년들을 수용
할 수 있는 시설과 프로그램들을 부족함이 없도록 갖추는 것부터
해야 한다.

제안 ② 학교가 협력할 준비를 갖출 때까지 기다려준다

교육감의 공약에 맞춰 생겨난 신규 사업들 중 현장 교사들이 가장
어려움을 호소하는 것은 교육청이 지자체·지역과 함께 '마을이
학교다'라는 캐치프레이즈 아래 새로 만들어내는 사업들이다. 분
명 지자체·지역의 요구는 바람직하고 학생들에게도 좋은 것들이
많이 있지만, 문제는 학교가 협력할 준비가 되어 있지 않다는 것
이다. 학교붕괴라는 말은 여전히 유효하며 학교는 아직 병든 상
태이다. 말하자면 고도비만, 고지혈증, 동맥경화의 총체이다. 그
러니 먼저 지병부터 해결해야 한다.

학교가 건강해져 자발적이고 능동적으로 협력사업을 원할 때
함께해주면 이는 학교와 지역의 발전에 큰 도움이 될 것이다. 그
러니 지자체는 학교가 건강해지도록 그동안 학교에 떠맡긴 일들
을 가져가고, 학교와 협력사업을 하고자 하는 기관이나 단체는 학
교가 협력사업을 할만큼 건강한 상태인지를 살펴보면서 협력사
업을 요구해야 한다.

제안 ③ 학교와의 협력사업을 원할 때는 가능 여부를 먼저 점검해본다

학교와 협력사업이 가능한지의 여부는 다음과 같은 질문을 통해 점검해볼 수 있다.

- 학교에 과부하가 걸리게 하고, 그로 인해 학교의 정상적인 교육과정 운영을 방해하는 것은 아닌가? (교원업무정상화에 역행하는 것은 아닌가?)
- 교육청이나 교장의 일방적인 지시가 아니라 교사들이 충분한 협의를 하여 학교교육에 반영하기로 했는가? (학교의 자율화, 학교의 민주화에 역행하는 것은 아닌가?)

정리하면, 교육청·지자체·학교·지역이 협력사업을 추진하는 것 자체는 분명 좋은 일이다. 하지만 우선 서로가 기본부터 갖추는 노력이 선행되어야 한다. 구체적으로는 「청소년활동진흥법」이 규정하고 있는 청소년문화의집을 읍·면·동에 1개소 이상 갖추고 지역아동(청소년)센터를 필요한 만큼 충분히 확충해서 방과 후에 지역의 아동과 청소년들이 건전하게 지낼 수 있는 공간과 프로그램들을 갖추어야 한다. 그리고 학교에 떠맡겨서 학교교육을 방해하는 것이 있다면 그런 것부터 거두어가는 것이 일차적인 협력사업이 되어야 한다.

학교가 자발적이고 능동적으로 협력사업을 원할 때 함께 해주면 이는 지역교육 발전을 위해 큰 도움이 될 것이다. 그러니 우선

학교는 조속한 기간 안에 정상화되어야 하고, 교육청은 이것을 최대한 지원해야 한다.

이렇게 학교가 정상화되었을 때에는 정규 교육과정 운영에 지역과의 협력사업을 반영할 만큼 충분한 여력이 생길 것이므로 그때가 되면 학교와 지역의 협력사업은 엄청난 시너지 효과를 일으켜 학교교육과 지역사회 발전에 크게 이바지하게 될 것이라 믿어 의심치 않는다.

☞ '방과후학교, 돌봄교실, 복지업무' 들은 학교가 해야 할 일이 아니고 정부와 지자체가 해야 할 일이다. 관련 법들을 자세히 살펴보자.

「초·중등교육법」
- 제11조(학교시설 등의 이용) 모든 국민은 '학교교육에 지장을 주지 아니하는 범위에서' 그 학교의 장의 결정에 따라 국립학교의 시설 등을 이용할 수 있고, 공립·사립 학교의 시설 등은 시·도의 교육규칙으로 정하는 바에 따라 이용할 수 있다.
- 제20조(교직원의 임무) ① 교장은~ ② 교감은~ ③ 수석교사는 교사의 교수·연구활동을 지원하며, 학생을 교육한다. ④ 교사는 법령에서 정하는 바에 따라 '학생을 교육'한다.
- 제23조(교육과정 등) ① 학교는 '교육과정을 운영'하여야 한다.

「교육기본법」
- 제14조(교원) ③ 교원은 교육자로서의 윤리의식을 확립하고, 이를 바탕으로 학생에게 '학습윤리를 지도'하고 '지식을 습득'하게 하며, 학생 개개인의 '적성을 계발'할 수 있도록 노력하여야 한다.
- 제17조의5(안전사고 예방) 국가와 지방자치단체는 학생 및 교직원의 안전을 보장하고 사고를 예방할 수 있도록 필요한 시책을 수립·실시하여야 한다.

「정부조직법」
- 제38조(보건복지부) ① 보건복지부장관은 보건위생·방역·의정(醫政)·약정(藥政)·생활보호·자활지원·사회보장·'아동(영·유아 보육을 포함한다)'·노인 및 장애인에 관한 사무를 관장한다.

- 제41조(여성가족부) 여성가족부장관은 '여성정책'의 기획·종합, 여성의 권익 증진 등 지위 향상, '청소년' 및 가족(다문화가족과 건강가정사업을 위한 '아동업무'를 포함한다)에 관한 사무를 관장한다.

「지방자치법」
- 제9조(지방자치단체의 사무 범위) ② (2. 주민의 복지 증진에 관한 사무) 라. 노인·'아동'·심신장애인·'청소년 및 여성의 보호와 복지' 증진

「아동복지법」
- 제4조(국가와 지방자치단체의 책무) '보건복지부장관, 관계 중앙행정기관의 장 및 시·도지사는~'이라는 규정을 보면 아동복지의 주무 부서는 '보건복지부'와 지방자치단체임

법의 어디를 보아도 학교는 교육기관이지 돌봄에 관련된 아동업무, 청소년정책의 집행기관이 아니다. 돌봄에 관련된 아동업무, 청소년정책의 집행기관은 보건복지부, 여성가족부, 지방자치단체임이 명백하다. 그리고 학교의 시설을 이용하려면 '학교교육에 지장을 주지 아니하는 범위에서'라고 규정되어 있는데(「초·중등교육법 제11조」) 지금도 본연의 업무인 교육조차 제대로 못하여 공교육이 부실하다고 지탄받는 상황에서 교육을 제대로 해보려고 애쓰는 학교 교사들에게 돌봄까지 맡기는 것은 '공교육이 부실하니 제대로 하라'는 요구와는 상치되는 것으로, 명백히 '학교교육에 지장을 주는 것'이다. 따라서 교육이 아닌 돌봄을 위해 학교 시설을 이용한다거나 '돌봄을 교묘하게 교육활동에 포함'시켜서 공교육 회복과 미래역량 강화를 위해 절대적으로 필요한 교사들의 교육활동 준비, 사후활동, 연구·협의활동 시간을 빼앗으려는 것은 그러지 않아도 부실하다고 지탄을 받고 있는 교육을 이제는 아예 포기하는 것과 같다.

★법률에 의하면 교육감은 다음 사항에 관한 사무를 관장하게 되어 있다(「지방교육자치에 관한 법률」 제20조). '~ 6. 교육과정의 운영에 관한 사항, 8. 평생교육, 그 밖의 교육·학예 진흥에 관한 사항, 11. 교육·학예의 시설·설비 및 교구(敎具)에 관한 사항, 17. 그 밖에 당해 시·도의 교육·학예에 관한 사항과 위임된 사항'. 이 모두가 '교육과 학예'에 관한 것들이지 '돌봄'에 관한 것은 없다. 현재 들어와 있는 '돌봄교실'도 도입 당시 교육감들이 그 업무를 위임받는 것을 단호히 거부했어야만 했다. 교육활동에 수반되는 안전 문제도 그 여건 조성의 책임은 국가와 지방자치단체에 있다(「교육기본법」 제17조의5).
★「청소년활동 진흥법」에는 청소년문화의집을 읍·면·동에 1개소 이상 갖추라는 강행규정이 있는데도 이를 어기는 지자체가 대부분이다. 청소년문화의집과 지역아동(청소년)센터를 필요한 만큼 충분히 확충해서 방과 후에 지역의 아동과 청소년들이 건전하게 지낼 수 있는 공간과 프로그램들을 갖추어야 한다.

「청소년활동 진흥법」
- 제10조(청소년활동 시설의 종류)
    1. 청소년 수련 시설
        가. 청소년 수련관
        나. 청소년 수련원
        다. 청소년문화의집: 간단한 청소년 수련활동을 실시할 수 있는 시설 및 설비를 갖춘 정보·문화·예술 중심의 수련 시설
- 제11조(수련 시설의 설치·운영 등) ① 3. 시·도지사 및 시장·군수·구청장은 읍·면·동에 제10조 제1호 다목에 따른 청소년문화의집을 1개소 이상 설치·운영하여야 한다.

Chapter 12

학교폭력,
어떻게 해결할 것인가?

수위를 넘은 학교폭력에 대한 우려는 이미 많은 분들이 공감하는 사안일 것이다.

가장 우려가 되는 부분은 가해자들이 아무런 반성이나 죄책감 없이 활보하는 현

실이다. 이에 피해자들은 2차, 3차 피해의 위험에 노출된 채 두려움에 떨어야 한

다. 가해학생에 대한 올바른 선도나 지도 방안도, 피해학생에 대한 적절한 보호도

제대로 이루어지지 못하고 있는 것이 바로 오늘날 학교의 현실이다.

학교폭력은 이미 위험수위를 넘은 지 오래이다. 단순히 아이들끼리의 다툼으로 치부하기엔 너무나 잔혹하고 집요하며, 또 때로는 조직적이고, 게다가 너무나 악의에 차 있다. 명목상 각 학교에 학교폭력예방자치위원회가 설치·운영되고 있다고는 하나, 그 기능이 제대로 발휘되고 있다고 보기 어렵다. 왜냐하면 가해학생에 대한 선도나 처벌은 적절히 이루어지지 못하고 있고, 피해학생들은 보복과 같은 2차 피해의 위협에 시달리며 전학을 가거나 심각한 경우 부적응 끝에 학교교육 자체를 포기하는 사태까지 벌어지고 있기 때문이다. 이에 이 장에서는 학교폭력을 해결하기 위한 제언을 담으려 한다.

1. 선진국은 학교폭력에 어떻게 대처하는가?

선진국에서는 폭력에 관한 한 온정은 없다

선진국의 사회 분위기는 다른 사람에게 피해를 주지 않는 것과 약자에 대한 보호이므로 이를 가정에서부터 철저하게 가르치고 이것을 어기는 행위, 그중에서도 특히 폭력 행위는 어린 학생이라도 범죄로 간주하고 가정, 학교, 사회에서 초기 단계부터 엄하게 제재하고 있다.

　따라서 선진국은 학교폭력 문제에 대해서는 우리나라처럼 온정적이지 않다. 다음의 일화만 보더라도 얼마나 단호한 태도를 취하는지 알 수 있다.

캐나다에서 자녀를 초등학교에 다니게 했던 분의 경험이다. 딸이 함께 놀던 친구의 손등을 살짝 물었는데, 그것 때문에 학급에서는 반성문을 쓰고 교장에게도 보고되어 교장이 부모에게 경고의 전화를 했다는 것이다.

"만일 다른 아이를 때렸다면 부모는 학교에 소환되고, 일정 기간 등교하지 못하는 가정학습 벌을 받게 됩니다. 그리고 폭력적인 아이가 계속 폭력을 행사할 경우 학교에서 경찰의 개입을 요청하고 경찰이 출동해 이 아이를 격리시킨 후 교육상담가와 연결시켜 교육을 하지요. 그런 과정을 모두 거쳤는데도 교정이 안 되면 전문적으로 교정하는 특수학교로 전학을 보냅니다."

이렇게 캐나다 학교에서의 학교폭력에 대한 대처는 매우 단호했다.

영국에서 초등과 중등학교를 모두 다닌 조카에게 "다른 아이를 때리거나 선생님 말을 안 듣는 아이는 어떤 벌을 받니?"라고 물었더니 질문 자체를 잘 이해하지 못하는 표정이었다. 워낙 가정에서부터 남에게 피해를 주지 않는 교육과 교사의 권위를 존중하는 교육을 잘 받았고, 그런 행위에 대한 학교의 조치 또한 단호해서인지 조카는 영국 학교에서 그런 일을 본 적이 없었던 것이다. 그리고 영국은 셰필드(Sheffield)의 ABT 모델처럼 학교의 교육과정 속에 폭력 예방과 대책 프로그램을 삽입시켜 철저하게 가르치고 있다.

☞아래 내용은 선진국에서 학교폭력에 대해 얼마나 단호하게 대처하는지 알 수 있도록 그들의 'SCHOOL POLICE' 제도를 소개한 것이다

- **미국 로스엔젤레스 학교경찰(Los Angeles School Police Department)**: 1948년 설립, 하루 24시간, 관할 구역의 학교·센터·행정 사무소 등에 서비스 제공, 로스엔젤레스 학교경찰(LASPD)은 대부분의 시경찰(Metropolitan Police Department)보다 향상된 기동력을 제공받고 사법권을 가짐
- **캐나다 (Delta) 학교 연계 경찰(School Liaison Officer; SLO)**: 1970년 중반 시작, 다른 자치경찰(Municipal Officer)들과 재량권, 봉급, 제복 표시에서 동일, 주 5일 근무, 학교 직원들과 동일, 학교폭력 발견 시 형사 책임을 부과하거나 학교장·학생·학부모 사이를 중재하는 것에 대한 재량권 있음, 일반 경찰관과 동일하게 수갑, 후추가스, 소형화기 등 경찰 장구 소지
- **영국 Safer School Partnership(SSP)**: 2002년 4월경 시작, 경찰과 학교 사이에 수색이나 캠퍼스 내에서의 학생 체포에 대해 합의한 엄격한 협약서 있음, 현직 경찰관 신분으로 경찰관서로부터 봉급 수령하고, 학교로부터는 방, 전화 등 장비 제공받음

- 이 외에도 호주, 뉴질랜드, 홍콩 등 여러 선진국에서 스쿨 폴리스 제도를 시행하고 있는데 이들은 범죄예방교육, 순찰, 조사, 수사에 이르기까지 다양한 활동을 하고 있고, 학교경찰은 학생뿐 아니라, 학교 직원·학부모·지역주민들에게도 필요한 자문이나 조언을 한다고 한다.

출처: 신순갑 청소년폭력예방재단 정책위원장 / 스스로넷 관장,
〈학교폭력과 SCHOOL POLICE〉

가해학생 선도를 위한 다양한 사회적 시스템 구비

학교폭력으로 학생들이 희생되지 않도록 단호하게 대처하는 것도 중요하지만, 가해학생들을 선도할 수 있는 사회적 시스템도 중요하다. 그 가장 좋은 사례로 거론되는 것이 바로 독일의 '하임'제도이다. 가정형 대안학교라 할 수 있는 하임에 대해 소개하면 다음과 같다.

독일은 범죄 청소년들을 위한 회복적 사법제도의 하나로 '하임'이라는 대안치료 교육 시설을 운영 중이다. 하임은 주택형 위탁 시설로 개인방과 작업장, 집단 상담실, 목욕실, 식당, 체육실 등을 갖춘 일종의 주거 공간이다. 아이들은 시설에 상주하며 작업치료, 집단 상담, 범죄예방교육 등을 받는다. 하임은 아이들에게 학교생활과 일상생활을 병행하도록 배려한다. 학생들은 일정한 자유시간을 누리고 주말에는 부모와 면회할 수도 있다. 이곳에서는 건물 청소나 아르바이트 등 사회 적응 훈련이 치료 과정에 포함되어 있다. 학생들은 노동 작업을 통해 인내심, 집중력 등을 키우면서 사회 적응 훈련을 받는다. 또 하임은 성폭력, 절도 등 청소년들의 범죄 유형에 따라 맞춤형 상담과 교육을 진행하고 있다. 범죄 청소년 개개인에 대한 세밀한 분석과 심리치료는 실제 효과를 발휘해 하임에 수용된 아이들의 재범률은 제로(0%)에 가깝다.[1]

"독일 정부는 하임에 살고 있는 청소년 1인당 연간 4만 7,440~5만 4,750유로(한화 약 8,000~9,200만 원)를 지불합니다. 만만치 않은 비용 때문에 사회적 논란이 있지만 하임이 없을 때 발생하게 될 비용보다는 매우 저렴하다고 생각합니다". 하임 연구의 권위자로 알려진 도르트문트대학교(Fachhochschule Dortmund)의 리하르트 귄더 교수는 이렇게 말하며 '충분한 지원과 시간적 여유'를 위기 청소년 지원정책의 핵심으로 꼽았다. 귄더 교수는 "막대한 지출 탓에 의회에서 반대 토론이 있었

---

1. 국민일보, '교육, 희망을 말하다 - 1부. 위기의 학생에 희망을' 〈독·미, 교화에 초점… 사회 적응 지속 관리〉 중 일부, 2009. 7. 17

지만 손을 놓을 수는 없는 일"이라며 "위기 청소년들을 방치했을 때 생겨날 실업, 정신질환 등의 사회적 비용을 감안한다면 꼭 필요한 부분"이라고 강조했다.

현재 하임에 살고 있는 아이들은 8만여 명으로 독일 20세 이하 인구의 약 0.5%를 차지한다. (중략) 형편이 나은 가정에선 비용을 부담하기도 하지만, 대부분 국가가 책임진다. 이를 위해 독일 정부는 연간 6조 4,000억~7조 4,000억 원 정도를 하임에 쏟아붓고 있다. 이는 올해 한국의 교육과학기술부 연간 예산(41조 5,800여억 원)의 6분의 1 정도를 차지하는 규모이다. (중략) 1991년 「아동·청소년지원법」이 개정되면서 하임제도가 법으로 확립됐다. 대규모 시설의 실패를 바탕으로 하임은 소규모의 전문화된 '두 번째 가정'으로 변모한 것이다. 8명 정도의 아이들을 4명의 지도교사가 담당하는 형태가 가장 전형적인 하임의 모습이다. 귄더 교수는 "어떤 교육과 치료도 강제적으로 하는 것은 의미가 없다"고 말했다. 독일의 하임이 짧게는 2년, 길게는 성인이 될 때까지 청소년들을 보살피는 것도 아이들의 자발적인 협력을 이끌어내기 위해서라고 한다.[2]

교육 선진국의 또 다른 사례를 들어보려 한다. 덴마크처럼 국민 대부분이 행복해하는 나라에서도 교장을 폭행하고 칼부림을 하는 학생은 존재한다. 덴마크는 이런 학생들을 회복시키기 위해

---

2. 국민일보, '교육, 희망을 말하다 - 5부. 선진국 위기학생 지원 현장은' 〈하임 연구 권위자 리하르트 귄더 교수〉 중 일부, 2009. 12. 22

지자체가 특별한 치유학교를 운영하고 있다.

나는 그 학교에 직접 가서 교사와 학생들로부터 다음과 같은 이야기를 들었다. "학교에서는 그 학생에 대한 지도를 포기하고 지자체에 도움을 요청했고, 지자체는 그 학생을 특별치유학교인 기숙형 학교로 보냈습니다. 그 학교에서 이 학생은 승마 등 하고 싶은 것은 거의 다 할 수 있었습니다. 교사, 심리치료사, 헌신적인 기숙사감 등 각 분야의 최고 전문가들이 이 학생을 지도하고 상담하고 치료하고 돌봐주었습니다. 이 학교에 오는 모든 학생이 회복되어 일반학교로 복귀합니다. 예산이 엄청 많이 들지만 그 필요성을 인정하고 지자체들은 이런 학교들을 설치해서 운영합니다."

스웨덴은 학교 자체에서 웬만한 위기학생은 모두 치유·회복시키는 것이 가능할 정도의 인력을 지원하고 있다. 스웨덴 「교육법」에서는 "스웨덴의 초·중·고교는 의무적으로 학생건강팀을 두어야 하며 거기에는 의사, 간호사, 심리학자, 전문상담사, 특수교사, 진로진학상담사가 속한다"라고 명시되어 있다. 이들의 역할은 다음과 같다.

학생건강팀에서 문제를 파악하고 상의를 했지만 정확한 원인을 알 수 없어 학교에서 해결할 수 없는 경우 전문의의 도움을 받는다. 예를 들어 주의력결핍 과잉행동장애(ADHD), 난독중, 우울증 등을 앓고 있다고 의심되면 소견서를 병원에 보내 정밀검사를 받게 하는 것이다. 만약 어느 학생에게 문제가 있다고 판단되면 심리학적, 의학적 조사에 들어간다. 이런 조사 결과를 바탕으로,

학생건강팀은 그 학생에 대한 대책 프로그램을 만든다. 그 뒤에는 이 대책 프로그램에 따라 멘토 교사, 학생, 학부모가 정기적으로 만나 학생을 지원한다.[3]

2. 우리나라 학교폭력 문제 해결을 위한 제안

나는 학교폭력의 근본 원인은 학생들에게 엄청난 스트레스를 주는 교육 환경에 있다고 본다. 한데 우리나라의 교육 환경은 어떠한가? 내가 학생, 교사 그리고 학부모로서 경험한 우리나라의 교육 현실은 스트레스 그 자체였다.

학생들은 저마다 타고난 흥미와 적성 그리고 능력이 있다. 그런데 이것을 인정해주고 북돋아주기는커녕 오직 시험 성적으로만 평가해 자존감을 낮추고 스트레스만 주는 교육 풍토가 대한민국에 만연해 있다. 하고 싶은 일은 전혀 못하고 잠도 편히 못자도록 공부만 강요하고, 낙오라도 하면 실패자나 패배자 취급을 당하기 일쑤이다.

오직 입시를 목표로 한 무한경쟁, 진도 나가기에 급급한 지루한 수업으로 아이들의 학교생활은 스트레스로 가득하다. 즉 학교폭력은 이러한 스트레스들이 쌓이고 쌓여 폭발한 결과인 것이다.

---

3. 황선준·황레나, 《스칸디 부모는 자녀에게 시간을 선물한다》, 예담, 2013, 272~275쪽 참고해 재구성

따라서 학교폭력 문제를 해결하려면 무엇보다도 스트레스를 주는 교육 환경을 바꾸는 일이 중요하다.

진보교육감 등장 이후에 학생생활규정도 학생들과의 협의로 만드는 등 학생들의 인권과 자율성을 존중해주고, 흥미대로 적성을 펼칠 기회를 주는 동아리활동, 학생 자치활동, 문예체교육을 장려하는 등 학교 교육과정의 재구성과 수업 방식의 혁신을 통해 학교생활이 즐겁게 되자 학생들의 스트레스가 획기적으로 감소하고 학교생활의 만족도도 높아졌다. 그 결과 교육부에서 제출받은〈2013년 상반기 학교폭력 현황 분석〉자료를 토대로 작성한 아래 표와 같이 학교폭력의 빈도가 훨씬 줄어들게 되었다.

표 12-1 2012~2013년 교육감 성향별 학교폭력 증감률

※ 2012학년도는 2012년 3월~2013년 2월, 2013학년도는 2013년 3~8월

지역	진보교육감			보수교육감		
	강원, 광주, 경기, 전남, 전북, 서울 (2012년)			경남, 경북, 대구, 대전, 부산, 울산, 인천, 세종, 제주, 충남, 충북, 서울 (2013년)		
1만 명당 학교폭력	심의 건수	가해 학생 수	피해 학생 수	심의 건수	가해 학생 수	피해 학생 수
2012 학년도	2.67	5.04	4.25	2.38	4.34	4.22
2013 학년도	1.87	3.77	3.25	2.21	4.39	3.63
증감률	-29.80%	-25.10%	-23.50%	-7.10%	+1.20%	14.0%

출처: 정진후 정의당 의원실

하지만 그래도 여전히 학교폭력은 존재하며, 피해학생과 가해 학생들 또한 계속 생기고 있다. 따라서 현재 필요한 것은 스트레스를 주는 교육 환경을 근본적으로 바꾸는 개혁 작업과 함께 학교폭력에 대한 실효성 있는 대책 마련이다. 나는 이제부터 그것을 제안하고자 한다.

그런데 학교폭력은 워낙 사회의 모든 부분에 걸쳐 광범위하게 연관되어 있으므로 제안의 범위는 현재 학교와 직접적으로 관련되어 시행되고 있는 학교폭력에 대한 대책을 실효성 있게 수정하고 보완하는 정도로 제한하고자 한다. 그리고 학교폭력 사건을 해결하느라고 학교가 본연의 교육활동에 지장을 받아 다른 학생들까지 피해를 받는 것을 막기 위한 대책도 제안하고자 한다.

제안 ① 학내 지도가 불가능한 학생은 경찰이 담당해야 한다

이러한 제안에 대해 학생 지도를 책임져야 할 학교(교사)가 그 책임을 포기했다며 용납할 수 없다고 항의하는 교사나 학부모가 있을지 모른다. 하지만 나는 그분들에게 묻고 싶다. 지도(교육) 불가능한 가해학생을 당신이라면 끝까지 끌어안고 지도할 수 있겠는가? 그리고 그 학생을 변화시킬 자신이 있는가? 직접 끌어안고 지도하겠다고 전전긍긍하는 동안 다른 학생들이 계속 당해야 하는 피해는 어떻게 감당하겠는가? (3장 사례 참조)

가해학생을 지도하는 것은 지난한 과정이다. 물론 무조건 경찰에 인계하자는 뜻은 아니다. 만약 그렇다면 이는 교육자로서의 책임을 포기하는 행위일 것이다. 내 뜻의 요지는 지도, 즉 교육이 불가능한 경우에 한해 인계하자는 것이다. 학생을 경찰에 인계하는 것은 매우 중요한 결정인 만큼 학교폭력예방자치위원회(이하 '학폭자치위'라고 칭함)에서 충분한 협의를 거쳐 결정하도록 하고, 그 결정은 학교운영위원회의 심의를 거치도록 하여 최대한 신중을 기해야 할 것이다.

인계받은 경찰은 사건을 수사하고 기소 의견을 붙여 검찰에 넘기거나 지자체와 협의해 지자체에 사후 조치를 위임할 수 있다. 그리고 지자체는 앞서 소개한 덴마크의 사례처럼 이런 학생들을 회복시킬 수 있는 특별한 학교들을 설립·운영해야 할 것이다. 학교폭력 사건 해결에 매우 비협조적이고 학교(교사)에게 심각한 위협이나 업무 방해를 하는 등 학교가 감당할 수 없는 학부모의 경우에도 같은 절차를 통해 경찰에 인계한다.

제안 ② 경찰로 인계한 경우 학교를 대리할 전담 변호사를 선임한다

경찰로 인계한 후에도 사건 조사를 위해 수시로 교사를 부르는 등 교육활동에 큰 지장을 초래할 가능성이 있다. 따라서 필요할 경우 학교를 대리할 변호사를 선임해 사건을 전담해 대리하도록 하고 교육청 또는 학교안전공제회가 그 비용을 부담한다. 교육청에 근무하는 변호사가 대리할 수도 있다.

제안 ③ 학폭자치위가 취급하는 폭력 사건의 범위를 제한한다

현재 법령에 의하면 피해자의 요구에 의해서도 학폭자치위가 소집되도록 되어 있는데, 그래서인지 학폭자치위가 과도하게 소집되어 교사는 본연의 업무인 교육활동에 막대한 지장을 받고 있고, 다른 학생들에게도 큰 피해를 주고 있다. 따라서 학폭자치위가 취급할 사건의 범위를 크게 제한해야 한다.

학교폭력 사건은 1차적으로 피해학생의 담임교사가 담당하도록 하고, 학년협의회에서 학폭자치위에 넘길 필요가 있다고 판단한 경우에 한해 학폭자치위가 취급하도록 한다.

제안 ④ 처분에 대한 집행이 학교 밖에서 이루어져야 하는 경우 지자체가 담당한다

학폭자치위가 피해학생의 보호나 가해학생에 대한 처분을 결정한 후 그 집행이 학교 밖에서 이루어져야 할 경우 그 이후의 집행은 지자체가 담당한다. 또한 학교나 지자체가 집행함에 있어서 집행에 강제력이 필요한 경우 경찰이 반드시 협조한다. 피해학생의 보호나 가해학생에 대한 처분 중에서 학교 밖의 전문기관으로 연결해주거나 전문기관의 도움을 받아야 하는 경우에는 지자체에서 책임을 져야 한다. 따라서 지자체는 이런 전문기관을 확보하고 또 충분한 시설을 직접 설치·운영해야 한다.

제안 ⑤ 분쟁 조정은 사안에 따라 교육지원청이나 경찰이 한다

현행 법령은 분쟁 조정을 학교가 하게 되어 있다. 하지만 교육전문기관인 학교는 조정 능력이 없을 뿐만 아니라 섣불리 학부모 간의 금전 문제에 관여했다가는 매우 곤혹스러운 처지에 빠질 수 있어 이는 매우 위험한 발상이다. 따라서 분쟁 조정이 필요한 경우 교육지원청(직원인 변호사 또는 선임 변호사 활용)이나 경찰이 담당해야 한다.

제안 ⑥ 피해학부모의 보호나 가해학부모에 대한 강제교육 규정을 추가
한다

피해학생뿐 아니라 경우에 따라서는 피해학부모의 보호도 필요하다. 이때에는 학폭자치위나 지자체의 판단에 따라 지원하도록 하고, 담임교사 수준에서 처리가 된 경우가 아니라 학폭자치위까지 간 사안에 대해서는 가해학부모가 필요한 강제교육을 이수하도록 한다. 만약 거부할 경우 과태료만 부과하면 부유한 학부모는 강제교육을 이수하지 않을 가능성도 있으므로 이는 형평성에 어긋나고 실효성이 없다. 따라서 '폭력 교사범'이나 '폭력 방조범' 수준으로 처벌을 받도록 학폭자치위가 의무적으로 고발 조치를 취한다.

제안 ⑦ 「학폭법」은 현장의 의견을 반영해 개정한다

「학폭법」을 개정할 때는 초·중·고 현장의 학교폭력 담당 경력 교사들이 반드시 참여해야 한다. 그렇지 않고 현장에 어두운 대학 교수와 관료들 그리고 관련 활동가들만 모여서 탁상공론으로 개정 작업을 하면, 또다시 현장의 사정과는 전혀 맞지 않아 효과는 없고 오히려 방해만 되는 법령이 될 것이다.

제안 ⑧ 학교에 전문상담인력을 배치하고 상담실을 설치한다

현재 따로 상담실이 설치되고 전문상담인력이 근무하는 학교는 거의 드물다. 상담실과 전문상담인력이 있다고 해도 담당 학생 수가 너무 많다 보니 효과적인 상담이 가능한 학교는 매우 드물다. 전문상담사 한 명이 어느 정도의 학생을 담당해야 효과가 있는지를 파악해 학생 수에 따라 모든 학교에 전문상담사를 배치해야 한다. 「학폭법」에 이것을 국가의무사항으로 규정해 5년의 유예기간을 두고 매년 20%, 40%, 60%, 80%, 100% 달성하도록 강제해야 한다.

☞우리나라도 각 지역마다 정부, 지방자치단체, 종교단체가 운영하는 여러 종류의 종합복지센터가 있고, 위기청소년 사회안전망 시스템으로 보건복지가족부에서 CYS-net(Community Youth Safety-net, 지역사회 청소년 통합지원체계) 프로그램을 운영하고 있으며, 국가청소년위원회에서는 YC프로그램(Youth Companion, 청소년 동반자)을, 교육과학기술부에서는 Wee(We education emotion) 프로젝트를 운영하고 있다.

• CYS-net: Help Call 청소년전화 1388을 통해 위기청소년과 탈학교청소년을 조기에 발견해 청소년상담지원센터에서 청소년의 위기 정도를 판정하여, 상황에 맞는 적절한 서비스를 제공하는 청소년 중심의 ONE-STOP 서비스로, 청소년상담지원센터를 중심으로 지역사회의 청소년 관련기관 및 단체를 연계해 긴급구조, 전문상담, 심리치료, 숙식·피복 제공, 학습 자립 지원 등의 다양한 서비스를 제공한다.

• YC프로그램: 가족 해체, 학교 이탈 등 1차적 사회안전망 붕괴에 따른 위기청소년이나 가출청소년을 발견해 유해환경에서 벗어나 성공적인 사회구성원으로 자라날 수 있도록 돕는 전문적인 서비스. 상담 분야에서 자격과 경험을 갖춘 전문가들이 도움이 필요한 청소년들을 직접 찾아가 지속적인 관계를 맺고 상담, 정서적 지지, 기관 연계를 제공하는 프로그램이다.

• Wee 프로젝트: 심리적 어려움과 고민을 경험하고 있는 우리 청소년들을 위해 임상심리사, 전문상담교사, 상담사, 복지사가 함께 팀을 구성해 진단-상담-치료 서비스를 원스톱으로 지원하는 시스템. 이 시스템은 학교에서 교육을 요청하는 학생을 맡아 지원하고 선도하는데, 학교폭력뿐만 아니라 모든 부적응학생을 잘 선도할 수 있는 매우 바람직한 시스템이다.

이러한 프로그램들은 위기청소년의 치유와 회복을 위하여 매우 효과적이고 바람직한 프로그램이고 많은 성공 사례를 볼 수 있다. 하지만 사회에서 학교폭력이나 위기청소년 문제가 해결의 실마리가 보인다고 체감할 만한 수준에 이르기에는 아직 요원하다.
사회와 정부가 위기청소년 문제의 심각성을 더욱 인식하여 제도 개선, 지원센터의 증설, 전문인력 확보 그리고 이를 위한 획기적인 예산 지원을 하지 않는다면 학교폭력, 위기청소년의 문제는 해결은커녕 점점 확산될 것이다.

Chapter 13

추락해버린 교사인권,
어떻게 보호할 것인가?

옛말에 "스승의 그림자도 밟지 말라"는 말이 있다. 이처럼 교사는 오래전부터 사회에서 존경을 받는 대상이었다. 하지만 최근에는 존경은커녕 교사의 인권마저 바닥으로 떨어지는 참담한 현실을 자주 목격하곤 한다.

최근 교육현장에서는 교사에 대한 폭언이나 폭행, 심지어 성희롱 문제까지 끊임없이 벌어지고 있다. 때때로 교사들은 이에 대한 정신적 충격에서 헤어 나오지 못해 오랜 시간 트라우마로 고통받기도 한다. 이러한 교사인권 침해는 교권이 보장받지 못한 것과 긴밀한 연관이 있다. 이 장에서는 교권의 의미에 대해 다시 생각해보고, 대한민국에서 교권이 얼마나 왜곡되고 망가졌는지, 교권과 교사인권을 어떻게 보장하고 보호해야 하는지에 대해 살펴보려 한다.

1. 왜곡되고 축소된 '교권' 개념

〈선생님이 매 맞는 학교에 교육은 없다〉(조선일보, 2008. 4. 10) 〈학생에게 머리채 잡힌 교권 내버려둘 건가〉(중앙일보, 2011. 11. 2)라는 기사는 모두 추락한 교권 문제를 다룬 것이다. 동아일보는 〈휘청이는 교단… 교권 침해, 10년 새 3배로〉(2017. 4. 12)라는 기사에서 교권 침해 상담 건수가 572건으로 10년 전(2006년 179건)보다 3배 늘었고, 그 가해자로는 학부모 46.7%(267건), 학교장 등 처분권자 23.1%(132건), 교직원 14.5%(83건), 학생 10.1%(58건)이며, 침해 유형은 폭언·욕설(31.0%), 명예훼손(22.4%), 폭행(20.7%) 순이라고 소개했다.

　이처럼 주류 언론의 교권에 관한 기사를 살펴보면 우리 사회에서는 교권을 '교사가 폭행, 폭언, 명예훼손, 희롱 등을 당하지 않는 것' 정도로 인식하고 있다. 심지어 동아일보 기사가 한국교총의 발표를 인용한 것으로 볼 때 교사들조차 교권을 그렇게 생각하고 있음을 알 수 있다.

교권은 과연 그런 뜻으로 한정되는 개념일까? 대부분의 교육학자들은 교권을 교사의 권리(teacher's right)나 교사의 권위(teacher's authority)라는 두 가지 의미가 함축되어 있는 개념으로 설명하고 있다. 그리고 이 두 가지 의미 중에서도 다음 페이지의 표 13-1과 같이 교권을 교사의 권리(teacher's right)로 파악하려 한다(맨 아래 진하게 표기한 '교사인권' 부분은 추가한 것임).

이렇게 볼 때에 우리 사회의 주류 언론들은 교권의 개념을 대단히 왜곡하고 축소했음을 알 수 있다. 심지어 교원단체까지도 이에 동조하고 있다. 그러니 모든 사람들이 교권에 대해 잘못된 시각을 가질 수밖에 없다.

나는 '교권'의 개념을 이런 식으로 왜곡하고 축소한 데에는 매우 악의적인 정치적 고려가 있다고 생각한다. '교권'을 본래의 뜻대로 교육자유권, 정치활동의 자유권 등으로 인식할 경우 정치권력은 교육을 장악해 권력의 뜻대로 국민을 교화시킬 수 없으며, 교육을 권력의 유지·강화를 위해 마음껏 활용할 수 없겠기에 원래의 개념은 숨기고(심지어 교원 양성과 연수 과정에서도 전혀 취급하지 않거나 대충 넘어간다), 교권을 마치 '교사가 폭행, 폭언, 명예훼손, 희롱 등을 당하지 않는 것' 정도로 인식하게 만든 것이다.

표 13-1 교권 분류표

교권			가해자 보장(보호) 의무자
교사의 권리 (Right)	교육자유권	교육내용, 교수과정, 학생평가, 학급경영 결정권 학문의 자유, 교육자치권 학교자치, 학년자치, 학급자치	*정치권력 *교육부, 교육청, 교장 등 행정권력 *일부 학부모
	생활보장권	보수청구권, 연금청구권 최적의 근무여건, 복지혜택 요구권	*정치권력 *교육부, 교육청, 교장 등 행정권력
	신분보장권	신분보유권, 직무집행권 불체포특권, 쟁송제기권	
	교원단체 활동권	단결권, 단체교섭권 단체행동권	*정치권력 *교육부, 교육청, 교장 등 행정권력
	국민의 기본권	정치활동의 자유 참정권, 표현의 자유 등	
교사의 권위 (Authority)	교사인권보다 더 품위 있고 넓은 개념으로 교사인권을 포함하고 있음		*정치권력 *교육부, 교육청, 교장 등 행정권력 *언론 *교사 자체
교사인권	교사인권: 교사가 학교구성원들로부터 폭행, 폭언, 명예훼손, 희롱 등을 당하지 않는 것		학교구성원(교장, 동료 교사, 학부모, 학생)

2. 우리가 알고 있던 교권은 '교사인권'이다

인권은 모든 사람에게 보편적으로 적용되는 것이므로 굳이 '학생인권'이라는 용어를 사용할 필요가 없다. 그러나 학생은 피교육자로서 교사와 학생 간에는 교육을 위해 인권의 제한을 포함한 특별 권력 관계를 인정할 필요가 있다는 우리 사회의 잘못된 인식 때문에 그동안 우리 학교현장에서는 반인권적인 체벌이나 규제가 아무렇지도 않게 지속되어왔다.

진보교육감들은 이것이 교육적으로나 선진문화로의 도약을 위해서 바람직하지 않다는 신념하에 잘못 고착화된 학교문화를 혁신하고자 하였다. 그래서 특별히 **'학생인권'**이라는 용어를 사용하기 시작했는데, 학생인권을 적극적으로 적용하면서 자기주도력과 책임감, 상호배려와 협동심, 소통 능력과 민주시민성, 문제해결력과 창의성 등 우리 사회의 미래를 위해 미래세대인 학생들이 반드시 갖춰야 할 미래핵심역량들이 고양되는 교육적 성과를 거두었다. 그러면서 일제강점기부터 군사독재 시대를 거치며 잔존해 있던 권위주의적이고 반인권적인 학교문화가 국제인권 기준에 맞는 선진적인 학교문화로 바뀌게 되었다. 그 결과 '학생인권'을 보호하는 진보교육감 진영에서는 보수교육감 진영과는 달리 학교폭력도 많이 줄어들었다(229쪽, '표 12-1' 참조).

'학생인권'이라는 용어는 이렇게 특별한 필요에 의해 만들어지고 사용되었다. 그런데 나는 교사에게도 학생과 마찬가지로 이러한 필요를 적용해야 한다고 생각한다. 그래서 너무나 잘못 사용되고 있는 '교권' 개념을 바로잡고, 교사들에 대한 인권 침해가 날로 심해지고 있는 학교현장에서 특별히 교사의 인권을 보호해야 할 필요가 있기에 '교권 보호' 대신에 **교사인권 보호**'로 용어를 바꿔 사용하기를 제안한다. '교사인권 보호'의 내용은 '교사가 학교구성원들로부터 폭행, 폭언, 명예훼손, 희롱 등을 당하지 않는 것'이라고 하면 될 것이다.

이렇게 '교권'과 '교사인권' 개념을 구분한 후 주가해자와 보장(보호)해야 할 의무자가 누구인지를 앞의 표 13-1과 같이 파악하면 '교권 보장'과 '교사인권 보호'를 위한 더 분명하고 실효성 있는 대책이 마련되리라 생각한다. 또한 이렇게 표를 만들어보면 한눈에 그동안 얼마나 '교권' 개념이 왜곡·축소되어왔는지를 알 수가 있고, 가해자를 보면 누가, 왜 그랬는지를 짐작할 수가 있다.

3. 교권 보장을 위한 가장 실효성 있는 방안은?

교권의 핵심 내용은 교육내용, 교수과정, 학생평가, 학급경영을 자유롭게 결정하고 수행할 수 있고, 학문의 자유와 교육자치권(학교자치, 학년자치, 학급자치)을 누리는 교육자유권이다. 생활보장권과 신분보장권은 부수적인 권리이며, 이러한 권리들을 보장받기 위해 교원단체 활동권과 정치활동의 자유, 참정권, 표현의 자유

등이 필요한 것이다.

그런데 현재 교육자유권은 완전히 없다고 해도 과언이 아닐 만큼 법률적으로, 행정적으로 광범위하고 치밀하게 침해당하고 있고, 이렇게 침탈하기 위해서 정치권력은 교사들에게는 정치활동의 자유도 허용하지 않고 있는 상황이다.

교사들의 정치기본권은 회복되어야 한다

「초·중등교육법」은 수많은 규제 조항들을 통해 학교를 과도하게 관리·감독하고 있다.「교육공무원법」은 애매한 규정들을 통해 교사들에게 복종과 품위 유지의 의무를 강제하며 징계를 남발하게 하고 있다. 또한「인성교육진흥법」을 비롯한 수많은 '~진흥법'의 규정 등은 교사들에게 특정 교육을 강요하고 있다. 이런 법령들은 교육의 자주성과 전문성을 보장하라고 한「헌법」제31조를 정면으로 위반하는 것은 아닌지 의심스럽다. 이처럼 수많은 부당한 법령들과 철두철미하게 지시·명령과 관리·감독 위주의 중앙집권적인 교육행정 체제 속에서 교권의 핵심인 교육자유권은 거의 말살을 당하고 있다.

이러한 상황 속에서 교육자유권을 쟁취하려면 정치활동의 자유, 즉 **정치기본권**을 회복하지 않으면 안 된다. 교육자유권을 말살하는 법령들과 중앙집권적인 교육행정을 고치려면 교사들이 국회나 시의회 의원 또는 선출직 고위공무원으로 진출하여 바꾸거나 선거운동 등의 정치활동을 통하여 강력하게 의사 표시를 하고 압력 행사를 하는 것이 가장 빠르고 효과적이기 때문이다.

그런데 정치권력은 교육을 장악하고 교사들을 하수인으로 부리기 위해서 교사에게서 정치적 기본권을 박탈하였고, 교육자유권을 쟁취하고자 저항하는 교사들은 쫓아내는 등의 폭압적인 방법으로 제압하고 있다.

이렇게 교육 전문가인 교사들의 입을 막고 복종만을 강요하며 교육 문외한인 정치권력자들이 그들의 추종 세력인 관료들과 어용교수들을 이용해 교육을 이끌어온 결과가 바로 오늘날의 공교육 부실, 사교육 범람, 교실붕괴, 학교폭력 등 비정상이 난무하는 교육 현실이다.

1966년 ILO와 UNESCO가 채택한 「교원의 지위에 관한 권고」에서는 "사회생활과 공동생활에 대한 교원의 참여는 교원 개인의 발전, 교육활동 및 사회 전반을 위하여 보장되어야 한다(제79조)"고 하면서, "교원은 시민이 일반적으로 갖는 공민으로서의 모든 권리를 자유롭게 행사할 수 있어야 하며, 또한 공직에 취임할 수 있는 권리를 가져야 한다(제80조)"고 명시하고 있다. 이렇게 교사의 정치기본권을 보장하는 북유럽 교육 선진국들을 보면 학생들은 행복한 삶을 누리면서 미래의 꿈을 키워가고, 학부모들은 학교교육을 신뢰하고 만족하며, 교사들은 자긍심을 가지고 교직에 임하는 성공적인 교육을 하고 있다. 이제 우리 교사들은 교육 불가능의 사회라며 신세 한탄만 할 게 아니라, 「헌법」 제31조의 **교육의 자주성**과 **교육의 전문성**을 보장받기 위해 적극 나서야 한다.

대학교수들의 정치활동은 보장해주면서 교사들은 보장해주지 않는 이유로 내세우는 것이 무엇인가? 바로 학생들이 아직 어리기 때문에 자칫 잘못하면 교사의 정치적 신조에 영향을 받을 수 있다는 것이다. 그것이 그렇게 걱정된다면 교사들에게 어떻게 종교의 자유는 보장해주는가? 교사들은 종교의 자유를 보장받으며 자유롭게 신앙생활을 한다. 어느 종교를 믿건 간에 그건 교사 개인의 자유이며, 퇴근 후에는 자유롭게 종교행사에 참여하기도 하고, 거리에서 전도하기도 한다. 하지만 그렇다고 학교 안에서 학생들에게 신앙교육을 하거나 전도를 하거나, 자신의 신앙을 강요하지는 못한다.

이와 마찬가지로 교사의 자유로운 정치활동 또한 전혀 문제가 없다고 본다. 교사도 어느 정당이든 자유롭게 가입해 퇴근 후에는 정당활동에 참여하기도 하고, 기회가 되면 선거에 출마해 선출되면 휴직한 후 선출직으로 공직생활을 할 수도 있어야 한다. 학교 안에서 학생들에게 자기 정견을 강제로 주입시키려 하거나 정당 가입을 종용하지 않는다면 교사들이 종교의 자유를 누리는 것처럼 정당활동 또한 문제 될 것이 없다고 본다. 학생들이 어리다고 이유를 대는 것은 정치권력이 교육을 장악하려는 속내를 감추고 둘러대는 핑계에 불과하다.

이제는 교사들이 나서야 할 때다
언제까지 정치권력의 하수인으로 우리 아이들을 자기주도력과 비판력을 갖춘 주체적 민주시민이 아닌 그저 예의 바른 착한 인성의 순종형 인간으로 기르려고 애를 쓰며 그마저 실패를 되풀이하려는가? 언제까지 정치권력이 만들어준 과도한 양과 과도한 수준의 교육과정과 그에 따른 교과서에 매여 진도 나가기에만 급급하고 우리 아이들에게 스트레스를 주며 살려는가? 언제까지 교육행정권력들이 지시하거나 요구하는 수많은 지시·협조 공문들과 정책사업들 속에 파묻혀 본연의 교육활동도 제대로 못하고 공교육 부실의 책임을 뒤집어쓰고 살려는가?

교육의 자주성과 전문성을 인정하지 않고 무조건 시키는 대로만 하라는 정치권력과 교육행정권력에게 고분고분 따르는 것에 안주한다면 결국 언제, 어디에서 내가 매 맞는 교사가 될지도 모르는 일이다. 교육 불가능이라는 말까지 거론되는 오늘의 교육 현실을 바꾸려는 적극적인 노력 없이 그저 현실에 안주하기만 바란다면 점점 뜨거워지는 물속에서 자신이 곧 죽게 되는 것도 모른 채 편안히 적응하고 있는 개구리와 무엇이 다르겠는가?

이제는 달라져야 한다. 지금 조금 힘이 들더라도 바꿔야 한다. 이 모든 상황을 가능하면 빨리 더 효과적으로 바꾸려면 우리 사회에서 가장 강하고 광대한 영향력의 근원인 정치기본권을 스스로 회복해야만 한다. "모든 권력은 국민으로부터 나온다"라는 선언

---

1. 교사정치기본권찾기연대가 2017년 12월에 출범했다. 현재 헌법소원을 청구하였으며 더 많은 교사와 시민들의 참여와 지원을 독려하는 중이다. http://cafe.naver.com/teacherscivil을 참고하기 바란다.

은 국민이 열심히 정치에 참여할 때 가능한 것이다. 권리 위에 잠자는 국민은 노예가 될 뿐이다. 권리 위에 잠자는 교사 또한 노예가 된다.[1]

4. 교사인권 보호 대책, 어떻게 마련할 것인가?

사람이라면 어느 누구나 차별받지 않고 인권을 보호받아야 한다. 그런데 만약 약자로서 인권 보호가 취약하여 특별히 보호할 필요가 있을 때에는 약자인 대상을 특정하여 '학생인권', '아동인권', '여성인권', '군인 인권', '이주노동자 인권' 등의 용어를 사용하며 특별히 보호한다.

교사인권 침해의 참담한 실태

교사의 경우에는 위의 사례와는 다르게 사회적 약자라는 인식이 드물다. 오히려 강자에 해당된다고 인식하는 사람들이 더 많을 것이다. 그런데 다음의 표 13-2와 같이 최근의 통계를 살펴보면 교사 또한 이들 못지않게 특별보호 대상이 되어야 할 만큼 약자가 되었음을 알 수 있다.

표 13-2 최근 5년간 연도별 교권 침해 현황(2012~2016)

학년도	학생 교권 침해							
	폭행		폭언, 욕설		교사 성희롱		수업 방해	
	건	%	건	%	건	%	건	%
2012	132	1.7	4,933	61.9	98	1.2	1,808	22.7
2013	71	1.3	3,730	67.1	62	1.1	1,088	19.6
2014	86	2.1	2,531	63.1	80	2.0	822	20.5
2015	83	2.4	2,154	62.3	107	3.1	653	18.9
2016	89	3.5	1,427	55.4	112	4.3	509	19.8
합계	461	2.0	14,775	62.7	459	1.9	4,880	20.7

학년도	학생 교권 침해				학부모 등 교권 침해		합계
	기타		소계				
	건	%	건	%	건	%	건
2012	872	10.9	7,843	98.4	128	1.6	7,971
2013	542	9.7	5,493	98.8	69	1.2	5,562
2014	427	10.7	3,946	98.4	63	1.6	4,009
2015	349	10.1	3,346	96.8	112	3.2	3,458
2016	345	13.4	2,482	96.4	92	3.6	2,574
합계	2,535	10.8	23,110	98.0	464	2.0	23,574

출처: 교육부

위의 자료만 보더라도 최근 5년간 교사가 학생에게 폭언·욕설, 수업 진행 방해, 폭행, 성희롱을 빈번하게 당했으며 여교사에 대한 성희롱은 점점 더 늘어나는 추세임을 알 수 있다. 게다가 이 통계에 집계된 것은 그저 겉으로 드러난 경우일 뿐, 교사가 차마 구체적으로 밝히지 못하고 설문조사에만 응한 결과라는 점을 생각하면 현실은 더욱 참담하다.

경기교육자치포럼이 2017년 8월부터 10월까지 진행한 '교권 침해 실태와 교원업무 스트레스와의 관계(경기도 교원 236명 대상)' 설문조사에 따르면, 경기도 교사 10명 중 8명은 학부모나 학생들로부터 폭언이나 욕설, 수업 진행 방해 등 교권을 침해받은 경험이 있는 것으로 나타났고, 그중 그 정도에 대해 '심각하다'고 응답한 비율이 무려 77%에 이르렀다.

복수 응답으로 진행된 교권 침해 가해자 조사에서는 '학부모(69%)와 학생(52%)이 대부분'이라고 응답했는데, 이것은 교육부 자료에서 학부모가 가해자인 경우가 2.0%에 불과하다는 것과는 매우 차이가 나는 것으로 내가 근무하던 학교에서 직접 목격한 바와 같이(3장 참조), 사건이 확대될 경우 교사나 학교가 더 힘들어질 것 같아서 교사 스스로 묵인하고 넘기거나 윗선(?)의 강요를 이기지 못해 그냥 덮고 지나가는 경우가 많기 때문이라고 추정해볼 수 있다. 이러한 결과들만 보더라도 교사는 이미 보호가 절실한 약자가 되어 있음을 충분히 알 수 있다.

교사인권 보호, 더 이상 외면할 수 없다

그동안 우리 사회에서 피교육자이기에 강제적이고 일방적인 규제는 물론 체벌까지도 필요하다는 잘못된 인식으로 약자의 위치에 있던 학생들은 '학생인권'의 신장 노력과 법적인 보호에 의해 '학생인권'을 적극적으로 주장함에 따라 이제 그 위상이 상당히 회복되었다.

그에 비해 교사들에 대한 인권 침해의 수준은 점점 더 심각하고 광범위하게 지속적으로 확산되고 있는 추세이다. 하지만 교사는 학생의 어떠한 비행에 대해서도 끝까지 교육적인 지도를 포기하면 안 된다는 일종의 비현실적인 '교사 성직관' 때문에 거의 지도 자체가 불가능한 상황에서도 그저 속수무책으로 당하고 있다.

그뿐만 아니라 교사로서의 자존심 때문에 학생에게 당한 것을 밝히기 꺼려하고, 학부모에게 당한 것을 축소·은폐하면서 강력히게 대처하지 못하는 경향은 교사에 대한 인권 침해가 해결되지 못하고 계속 확산되는 주요 원인이 되고 있다.

그 결과 인권 침해를 당한 대부분의 교사들은 심리적 불안감으로 회복하기 어려운 상황에 놓이게 된다. 이를 반영하듯 인권 침해 경험자 178명 중 49.4%는 '아직도 학생들의 부정적 평가에 대한 두려움을 느끼고 있다', 21.9%는 '현재도 그 충격에서 벗어나지 못하고 있다'고 답하고 있다. [2]

학생과 학부모에 대한 교사로서의 책무성을 생각하는 게 아니라 학생과 학부모에 의한 인권 침해를 두려워하는 처지가 된 교사들이 어떻게 제대로 교육력을 발휘할 수 있겠는가? 교사들이 수업 현장에서 폭언, 폭행, 성희롱 등을 두려워하고, 수업 진행조차 방해를 받는다면 공교육의 부실은 더욱 심화될 게 불을 보듯 뻔하다.

---

2. 경기교육자치포럼 조사 결과를 보더라도 교권 침해 피해교사 중 '적극적인 대처가 어려웠다'는 답변이 56.2%, '적극적으로 대처를 했으나, 충분한 해결을 보지 못했다'가 30.9%였다. '적극적으로 대처를 하고, 충분히 해결을 했다'는 교원은 겨우 12.9%에 불과했다(한국교육신문, 〈경기 교사 77% 심각한 교권 침해 겪어〉, 2017.12. 4 참조).

이제 학교현장에서 교사는 약자가 되었음을 인정하고 인권 보호에 있어 역차별을 받지 않도록 여러 가지 법적·제도적 장치를 마련해야 한다. 이제는 '학생인권'만큼 '교사인권'도 동일하게 보호되어야 한다. 교사들도 우리 사회가 억지로 덧씌운 비현실적인 '교사 성직관'에서 벗어나 '교사인권'을 적극적으로 주장하고 강력하게 대처해야 한다.

제안 ① 「학폭법」을 실효성 있게 개정하고 교사에 대한 폭력도 함께 규정한다

나는 이미 앞에서 현행 「학폭법」(약칭)의 개정 필요성에 대해 이야기한 바 있다. 만약 이 법안이 제대로 개정된다면 「학폭법」은 지금과는 비교할 수 없는 강력한 효력을 발휘하게 될 것이다. 그리고 그 결과 학교폭력은 현저하게 줄어들 것이라고 기대한다(3장, 12장 참조).

이런 효과를 기대하면서 주로 폭력, 희롱 등 「학폭법」에 규정된 학교폭력의 내용과 거의 대동소이한 '교사인권 침해'에 대한 대처와 보호도 「학폭법」으로 함께 규정하자는 제안을 하고 싶다. '가해학생'을 '가해자'로 '피해학생'을 '피해자'로 용어만 바꾸면 대부분 그대로 적용 가능할 것이다.

예컨대 제1조(목적) "이 법은 학교폭력의 예방과 대책에 필요한 사항을 규정함으로써 피해학생의 보호, 가해학생의 선도·교육 및 피해학생과 가해학생 간의 분쟁 조정을 통하여 학생의 인권을 보호하고 학생을 건전한 사회구성원으로 육성함을 목적으로 한다"에서 '피해학생'을 '피해자'로 고쳐서 모든 교사와 교직원도 포함되도록 하고, '가해학생'은 '가해자'로 고쳐서 학부모, 교사, 교직원도 포함시킨 후 후반부 "학생의 인권을 보호하고~"는 "학교의 모든 구성원의 인권을 보호하고 학교를 평화적인 인권 존중 공동체로 만드는 것을 목적으로 한다"라고 고치면, 학교 내에서의 폭력은 모두 「학폭법」으로 보호가 되어 학생만을 보호할 때의 역차별 현상이 사라지고 학교 내에서의 모든 학교구성원에 대한 인권 침해가 함께 줄어드는 효과를 거두게 될 것이다.

이렇게 하면 현재 교사인권 보호를 위해 교총이 제안하는 「교원지위법」 개정의 주요 내용인 ① 교권 침해 피해교원 요청 시 지도·감독기관이 교육활동 침해 행위가 위법하다고 판단되면 수사기관에 고발할 수 있도록 법률상 근거 마련, ② 교권 침해로 인한 교원의 법적 대응에 있어서도 법률에 지원 절차 규정, ③ 학생 보호자가 정당한 사유 없이 특별교육·심리치료를 받지 않는 경우 과태료 부과, ④ 교원과 여타 학생 보호를 위해 교권 침해 가해학생 학급 교체·강제 전학 처분 법적 근거 마련 등도 모두 개정된 「학폭법」 내에서 해결 가능할 것이다.

그리고 현재 교육부가 확대 운영하려고 하는 '교원 치유지원센터'도 「학폭법」 16조 '피해학생의 보호'를 '피해자의 보호'로 바꾸어 보완할 수 있다. 「학폭법」 17조 '가해학생에 대한 조치'를 '가해자에 대한 조치'로 바꾸면 교사인권 침해 학생에 대해 학급 교체,

전학 조치 등을 할 수 있고, 교사인권 침해 행위를 한 학부모에 대해서도 특별교육 및 심리치료를 받게 할 수 있다.[3]

만일 「학폭법」을 실효성 있게 개정하면서 학생은 물론 교사와 교직원 모두 「학폭법」의 보호를 받게 한다면 학교에는 모든 학교구성원들이 서로의 인권을 존중하는 문화가 점차 정착될 것이라고 본다.

제안 ② 교권 보장을 위한 적극적 조치가 필요하다

교권의 핵심 내용은 교육내용, 교수과정, 학생평가, 학급경영을 자유롭게 결정하고 수행할 수 있으며, 학문의 자유와 교육자치권(학교자치, 학년자치, 학급자치)을 누리는 교육자유권이고, 생활보장권과 신분보장권은 부수적인 권리이며, 이러한 권리들을 보장받기 위해 교원단체 활동권과 정치활동의 자유, 참정권, 표현의 자유 등이 필요하다고 이미 언급한 바 있다.

교육부는 교육자유권을 보장하기 위해 지금까지의 교육행정이 지시·감독 위주로 행해지는 근거가 되어준 위헌적인 교육 관련 법령들을 교육의 자주성, 전문성을 보장해야 한다는 「헌법」 제31조에 맞게 고치려고 노력해야 한다.

교육 선진국들처럼 국가 교육과정도 슬림화하여 교육내용에 대한 학교와 교사의 선택권을 보장해주어야 하고, 교육부가 기획하는 교육정책사업들을 모두 없애고 교육예산도 대폭 이양하는

---

3. 조희연 서울시교육청 교육감이 2018년 4월 3일 제안한 교권 침해 학생과 학부모에 대한 조치도 「학폭법」의 조치와 거의 일치하므로 「학폭법」에 규정하면 될 것이다.

등의 조치로 실질적인 지방교육자치와 학교자치를 활성화시켜야 한다. 학벌사회와 이에 따른 대입제도도 초·중등교육이 파행되지 않도록 개선하고, 평가도 선별이 아닌, 교사 자신은 물론 학부모와 학생에게 학생의 성장·발달을 위해 좋은 정보를 제공해주는 교사의 자율적인 교육활동이 되도록 해야 한다.

교육청도 교육정책사업들을 80% 이상 없애고, 이에 맞게 조직도 슬림화한 후 인력을 교육지원청과 학교로 재배치하는 조치를 취해야 한다. 예산도 인건비, 시설 운영비, 행정사무비 등 기본적으로 필요한 경상비 외에는 학교가 자율적으로 운영이 가능하도록 목적사업비가 아닌 총액으로 배부해야 한다. 이래야만 비로소 학교자치가 가능해진다. 그리고 학교자치가 학교장의 자율로 왜곡되지 않도록 학교 민주화가 이루어지고, 학교장 평가에 교사의 만족도(교사의 교육활동 지원에 대한 만족도)가 큰 비중을 차지하도록 해야 한다.

내가 이 책에서 제안하는 혁신정책들은 사실 모두 **교권**을 보장하기 위한 정책들인 것이다.

제안 ③ 교사인권 보호를 위해 인력 보강 및 시스템을 강화한다

교사인권 보호를 위한 인력도 증원하고 시스템도 강화할 필요가 있다. 2011년 곽노현 전 서울시교육감의 취임 1주년을 맞아 다음과 같이 교사인권 보호를 위한 인력 증원을 제안한 바 있다.[6]

- 교권 보호 업무를 위하여 인력을 크게 증원해야 한다. '학생인권' 담당은 교육감실에 보좌관 1명, 책임교육과에 장학사 5명이 있고, '학부모 지원' 담당은 교육감실에 보좌관 1명, 학교혁신과에 8명의 직원이 있는 데 비하여 '교권 보호' 담당은 교원정책과의 초·중등인사팀에 장학사 각 1명이 10개 정도의 업무 중 한 개의 업무로 담당하고 있다. 이것은 서울시교육청만 그런 것이 아니라 교과부와 전국 교육청이 모두 비슷하다. 이것부터 고쳐서 '교권 보호' 담당도 비서실에 보좌관 1명과 교원정책과에 5~8명의 장학사와 직원을 증원 배치해야 한다.
- 본청 교권 담당 장학사의 업무 분담이 필요하다. 즉 변호사에 의한 법률적 지원, 언론 담당과 교권 홍보, 교사회의 활성화, 교권 증진 정책 개발이 분담되어야 한다.
- 지원청에는 교권 보호 전담 장학사와 직원을 두도록 하고, 지역청 내의 교권 침해 사건에 대한 지원을 하도록 한다. 필요할 경우 변호사의 조력을 받을 수 있도록 비용 지원을 한다.

본청보다는 지원청에 담당팀이 있어야 하고, 담당팀에는 반드시 변호사가 있어야 한다. 그래야 심각한 사안이 발생했을 때에 실질적인 도움을 줄 수 있기 때문이다. 조희연 교육감의 교사인권 보호를 위한 조치로 현재 서울시교육청에는 본청과 각 지원청에

---

4. 곽 전 교육감은 교사들의 제안을 정책에 많이 반영한 분이었기에 계속 재임했더라면 이보다 더 나은 교사인권 보호 방안을 마련하여 실행하셨을 거라는 생각이 들어 개인적으로 못내 아쉽다.

1명씩 모두 12명의 변호사가 채용되어 근무하고 있다. 하지만 지원청마다 유치원을 제외하더라도 100개교 정도가 있는데, 변호사 1명으로는 부족할 수 있다. 그때는 교육청 소속 변호사가 아니어도 변호사 지원을 받을 수 있도록 비용을 지원해야 한다.

담당팀은 사안의 발생에 따라 장학사, 주무관, 변호사로 구성을 하고 즉각 대응 시스템을 갖춘다. 학교가 마비될 정도로 심각한 경우에는 학교교육이 정상적으로 운영될 수 있도록 사안이 해결될 때까지 학교에 상주할 수도 있다.

나는 2018년 2월 현재 모든 시·도교육청에서 교사인권 담당자를 조사해서 비교해보았다.[5] 대부분 장학사, 상담사, 주무관 1~4명 정도로 구성되어 있는데, 그것도 9개 교육청만 전담하는 직원 1명이 있고, 8개 교육청은 여러 업무 중 하나로 맡고 있는 실정이다. 그리고 7개 교육청만이 변호사 1명을 두고 있다(서울은 12명). 강원도교육청은 장학관을 팀장으로 하여 장학사 1명, 변호사 1명, 주무관 1명으로 팀 체제를 갖추었지만 이것으로는 약하다. 본청에는 다른 정책팀이나 학생인권, 학부모 지원 담당 수준에 버금가게 장학관 1명, 장학사(변호사 포함) 3~4명, 주무관 1~2명 정도로 교사인권 담당팀을 구성하고 각 지원청에도 팀을 구성해 운영할 것을 제안한다.

---

5. 각 시·도교육청 홈페이지의 업무 분장표와 인터넷에서 '교권 보호+변호사'로 검색(2018. 2. 14)하여 보게 된 언론 보도를 참고하였는데 사실과 다를 수도 있다.

제안 ④ 교육감의 의지와 행정력이 절실히 요구된다

앞에서 모든 시·도교육청에서 교사인권을 담당하는 인력과 시스템을 조사해보았다. 그런데 겉으로 보이는 인력 규모나 시스템과 현장 교사들의 체감 사이에는 큰 차이가 있었다. 먼저 교사인권 보호에 대해 교사들이 현 교육감들을 평가한 좋은교사운동의 설문조사 결과를 보면 아래의 표와 같다.

표 13-3 현 교육감의 교권 보호에 대한 정책 평가

	종합 평점 (1~5)	교권 보호에 대한 평가					
		평점 (1~5)	매우 적절 (5)	약간 적절 (4)	보통 (3)	약간 미흡 (2)	매우 미흡 (1)
전국	3.27	2.58	8%	18%	26%	20%	28%
서울	3.46	2.42	2.9%	18.3%	27.9%	20.2%	29.8%
부산	3.7	2.77	7.7%	17.9%	37.2%	17.9%	19.2%
인천	3.18	2.55	2.2%	19.1%	31.5%	25.8%	21.3%
대구	1.8	1.52	0.0%	4.1%	11.3%	17.5%	67.0%
광주	3.81	2.92	11.0%	21.9%	31.5%	19.2%	16.4%
대전	2.73	2.34	6.8%	13.6%	25.4%	15.3%	39.0%
울산	1.73	1.91	2.3%	2.3%	22.7%	29.5%	43.2%
경기	2.96	2.06	2.4%	9.8%	22.3%	23.0%	42.2%
강원	3.58	2.93	6.9%	34.7%	23.6%	15.3%	18.1%
충북	3.75	2.98	7.9%	27.0%	33.3%	20.6%	9.5%
충남	4.22	3.56	26.3%	28.1%	29.6%	7.0%	8.8%
전북	4.19	3.38	29.3%	20.3%	22.0%	15.4%	13.0%
전남	3.23	2.73	8.2%	25.5%	20.4%	22.4%	23.5%
경북	2.19	1.98	1.5%	6.2%	21.5%	30.8%	40.0%
경남	3.92	3.25	16.1%	25.8%	35.5%	11.8%	10.8%

| 제주 | 3.5 | 2.85 | 5.0% | 22.5% | 40.0% | 17.5% | 15.0% |
| 세종 | 3.72 | 2.93 | 13.0% | 18.5% | 31.5% | 22.2% | 14.8% |

※ 좋은교사운동, 2017. 7. 21~7. 30, 교사 1,496명 대상, 리서치중앙에 의뢰
※ 종합 평점은 10개 평가 영역 모두를 종합한 평점임

이 표를 보면 교육감에 대한 종합 평가는 평균이 3.27인데, 교사
인권 보호에 대한 평가의 평균은 그보다 훨씬 낮은 2.58이다. 여
기에는 교육감들이 학생인권과 학부모 지원에 대해서는 관심을
많이 갖고 지원했지만 교사인권 보호에 대해서는 소홀히 했다는
점이 여실히 드러난다. 그리고 충남은 만족(매우 적절, 약간 적절)
이 54.4%이고, 전북이 49.6%, 경남이 41.9%인 데 비하여, 대구는
불만족(약간 미흡, 매우 미흡)이 84.5%이고, 울산이 72.7%, 경북이
70.8%인 것을 보면 교육감에 따라서 매우 차이가 난다는 것을 알
수 있다.

그런데 교사인권 보호에 대한 교사들의 만족도가 가장 높은
(54.4%) 충남교육청은 내가 조사한 바에 따르면 장학사 1명이 전
담하는 것도 아니고 여러 업무 중 하나로 맡고 있다. 2위인 전북
교육청(49.6%)도 마찬가지이다. 반면 내가 했던 조사에서 상대적
으로 인력과 시스템이 잘 갖춰진 것으로 드러난 대전교육청의 경
우 만족 이상이 20.4%에 불과하고, 불만족 이하는 무려 54.3%에
이른다. 교사들이 실제로 체감하는 것과 업무 분장표상의 담당
인력의 수를 보고 기대한 것 간의 차이가 상당히 큰 것이다.

이 결과를 보고 나는 '외화내빈'과 '빛 좋은 개살구'라는 말이 떠

올랐다. 교사인권을 보호하겠다며 그럴듯하게 조직을 만들고 인력을 배치해 운영해도, 정작 현장 교사들이 이를 제대로 체감하지 못한다면 그건 그저 인력과 예산의 낭비일 뿐이다. 사실 곳곳에 이런 낭비는 비일비재하다. 그러니 오죽하면 국민들이 "이게 나라냐?"며 깊은 탄식을 했을까.

혁신학교 지정 신청을 한 학교 심사나 혁신학교 평가를 위해 학교를 방문하면 자료들을 화려하게 준비해서 제시하는 경우가 있다. '이 자료를 준비하느라고 선생님들이 얼마나 힘들었을까?' 생각하며 자세히 실태를 살펴보면 자료가 화려할수록 그야말로 속 빈 강정이거나 오히려 혁신에 역행하고 있음을 발견하는 경우가 많다.

그렇다고 조직과 인력 보강이 필요 없다는 뜻은 아니다. 현재로서는 학생인권 보호나 학부모 참여를 위한 조직이나 인력 구성에 비해 교사인권 관련 체계가 너무나 빈약하다. 따라서 교사인권 보호에 관심과 지원이 더욱 필요한 실정이다. 그러나 그것보다 더욱 중요한 것은 교육감의 진정한 의지와 행정력이다. 충남과 전북은 교육감이 여러 가지 힘든 여건에도 불구하고 강력한 의지를 바탕으로 적극 해결하려고 했고, 정책이 현장에 제대로 정착이 되도록 끊임없는 관심을 기울이며 미흡한 점을 보완해가면서 정밀행정을 한 결과 교사들에게 좋은 평가를 받게 된 것 같다.

교권 보장과 교사인권 보호에 관한 정책뿐만이 아니다. 지금까지 소개한 교원업무정상화, 교육정책사업 정비, 교사학습공동체 등의 정책들이 현장에 제대로 정착하려면 요란하게 정책 비전을 밝히고 홍보를 하고 팀을 꾸려서 추진을 한다고 해도, 교육감이 확고한 의지를 가지고 현장에 안착이 될 때까지 매주 체크를 하고 보완을 하는 등 끊임없는 관심 속에서 정밀하게 지원을 이어가지 않으면 용두사미로 끝나버리기 쉽다. 이 모든 정책들이 수십 년 간 고착되어 있는 것들을 바꾸는 일이기 때문에 특단의 의지와 행정력이 아니면 성과를 거두기가 매우 어렵다.

진보교육감이 등장해 학교 혁신을 위한 교육정책을 추진한 지도 10년 가까이 지났지만, 아직까지도 많은 현장 교사들이 그 변화를 체감하는 단계에까지 이르지 못한 것은 그만큼 어려운 과제이기 때문이다. 앞으로도 좌고우면하지 말고 더욱 강력한 의지로 혁신정책들을 추진하고 치밀한 정밀행정을 함으로써 모든 교사들이 체감할 수 있는 변화를 이루어내기를 바란다.

Chapter 14

교육 혁신에 부합하는
교육감의 자질과 교육청에의 제언

교육감은 광역시·도의 초·중등교육을 이끌고 책임지는 막중한 권한과 책임을 가진 자리이다. 따라서 교육감을 잘못 선택하면 우리들이 교육 영역에서 간절히 바라는 희망들은 물거품이 되고, 교육 고통에서 헤어날 수 없을 것이다. 이는 과거를 조금만 돌아보더라도 얼마든지 확인할 수 있다. 우리 자녀를 위해서, 또한 우리 자신을 위해서, 나아가 우리나라의 미래를 위해서 그 어느 때보다 우리들의 교육감 선택이 중요하다.

당신의 자녀가 행복하게 학교에 다니며 미래의 희망을 키워갈 수 있기를 바라는가? 자녀 교육비 대느라 노후 대비도 못하고 고생하는 데서 벗어나고 싶은가? 우리나라가 계속 발전해 미래사회에 선진국으로 우뚝 서기를 바라는가? 교사로서 교육활동에만 전념하며 마음껏 교육력을 발휘해 사회로부터 신뢰를 받고 싶은가? 이 모든 것을 바란다면 교육감을 잘 선출해야 한다.

1. 교육감, 어떤 기준으로 어떤 인물을 선택할 것인가?

교육감은 광역시·도의 초·중등교육을 이끌고 책임지는 막중한 자리로서 교육청의 엄청난 예산을 집행하고, 조직과 인사를 총괄해 모든 시·도민에게 영향을 미치는 교육정책을 만들고 집행한다. 다행히 우리는 이런 막중한 책임자인 교육감을 직접 선택할 수 있다. 그렇다면 어떤 기준으로 선택하면 좋을까?

물론 수많은 기준이 있겠지만, 나는 여기서 몇 가지만 제시해보려 한다. 단순히 다음의 기준만 살펴봐도 비정상의 늪에 빠져 허덕이는 교육을 행복한 교육으로 혁신해줄 교육감을 선택할 수 있을 거라고 생각하며 자신 있게 권한다.

홍익인간의 삶을 살아온 인물인가?

우리 「교육기본법」 제2조는 "교육은 홍익인간(弘益人間)의 이념 아래 모든 국민으로 하여금 인격을 도야(陶冶)하고 자주적 생활능력과 민주시민으로서 필요한 자질을 갖추게 함으로써 인간다운 삶을 영위하게 하고 민주국가의 발전과 인류공영(人類共榮)의 이상을 실현하는 데에 이바지하게 함을 목적으로 한다"라고 교육의 목적을 규정하고 있는데, 교육이념으로는 홍익인간을 선언하고 있다. 즉 교육을 받음으로써 널리 인간세계를 이롭게 해야 한다는 것이다.

우리 「교육기본법」이 내세운 교육이념이 홍익인간인데 그렇게 살아오지 않은 사람이 교육의 정책 방향을 지시하는 교육감이 된다는 것은 도무지 용납할 수 없다. 교육감이 펼치는 교육정책은 그가 살아온 삶 그 자체에서 나오는 것이기 때문이다. 따라서 후보 중 자기 영달만을 위해 살아온 사람은 반드시 잘 가려내야 한다. 특히 고위직에 있었던 사람은 매우 신중하게 그의 삶을 살펴볼 필요가 있다.

민주국가 발전에 공헌한 삶을 살아온 인물인가?

우리 「교육기본법」 제2조는 "교육은 ~ 민주시민으로서 필요한 자질을 갖추게 함으로써 ~ 민주국가의 발전 ~ 에 이바지하게 함을 목적으로 한다"라고도 되어 있다. 따라서 권위주의적인 정권을 옹호하는 사람이라면 잘 가려내야 한다. 반면 민주화를 위해 헌신적인 삶을 산 사람은 주목해야 한다.

상향식 평가를 지향하는가?

교육청(교육감) 중심의 독단적인 행정이 아니라 지원청(교육장)과 학교로 권한이나 예산, 인력을 분산시키겠다는 공약이 있는지 살펴야 한다. 그리고 교육청·지원청←학교(교장, 교감←교사)←학생·학부모 방향처럼 상향식 평가 비중을 높이겠다는 공약이 있는지를 살펴보고 그가 살아온 삶을 고려해 이것이 혹시 거짓 공약은 아닌지 신중히 검토해봐야 한다. 우리는 그동안 거짓 공약에 너무나 많이 속아왔기 때문이다. 만일 앞에서 예로 든 공약이 있고 진정성이 느껴진다면 그는 분명 좋은 교육감이 될 것이다.

경쟁보다 협동을 성장의 핵심 동력으로 여기는가?

OECD의 PISA는 이미 수년 전부터 평가의 방향을 미래핵심역량의 측정으로 바꾸고 **협동**을 중요한 역량으로 제시한다. 그러나 지금까지 우리 사회의 주도권을 장악한 세력은 경쟁이 국가 성장의 가장 좋은 방법이라고 믿고 학벌사회와 입시제도의 고착화를 통해 학생들을 무한경쟁시키고, 교사에게도 평정 점수 더 잘 받기와 같은 경쟁을 축으로 한 승진제도나 점수에 의한 차등 성과금 등을 통해 경쟁을 더욱 강화하려고 했다.

그러나 이미 국제적으로도 경쟁보다 협동이 미래의 핵심역량으로 인정된 만큼 후보가 경쟁을 강조하는지, 협력을 강조하는지 잘 살펴야 한다. 특히 교원 승진제도와 성과금제도를 계속 유지하고자 하는지 여부를 보고, 후보가 되기 전 그에 대한 언행도 살펴봐야 한다.

학교에 대한 간섭을 줄이고,
교육청을 학교의 지원기관으로 혁신할 의지가 있는가?

핀란드가 세계 최고의 교육력을 자랑할 수 있게 된 주요 원인은 우수한 교사들 덕분이다. 그들의 교사상은 바로 '연구하는 교사'이다. 반면 우리 교육의 부실을 초래한 원인은 교사가 좀 더 나은 교육활동을 위해 연구할 여유는 고사하고 본연의 업무인 교육활동조차 전념할 수 없는 현실에 있다.

공교육 부실을 타개하고 학교 교육력을 향상시키려면 교사의 교육역량을 강화하기 위해 연구하고 협의할 여유를 주고, 이렇게 해서 강화된 교육력을 충분히 발휘할 수 있게 지원해주어야 한다. 이를 위해서는 교육청의 조직과 사업을 줄여서 학교에 대한 간섭을 줄이고, 나아가 교육청이 학교를 지원만 하는 조직으로 거듭나야만 한다. 따라서 교육감 후보에게 이러한 의지가 있는지 잘 살펴봐야 한다.

그 밖에 또 무엇을 살펴야 하는가?

마음 같아서는 특권교육 중시냐 일반교육 중시냐, 선별복지 지향이냐 보편복지 지향이냐, 교사를 개혁의 주체로 보느냐 개혁의 대상으로 보느냐 등 여러 가지 기준을 더 제시하고 싶다. 하지만 너무 많은 기준을 제시하면 오히려 헷갈려서 올바른 판단을 방해할 수도 있겠다는 생각이 들어 이 정도로 마무리하려 한다. 그리고 이 정도로도 충분하다고 본다. 살아온 삶, 민주사회에의 공헌도, 상향식 평가 지향, 경쟁보다 협동 능력 중시, 학교지원기관으로 교육청을 혁신할 의지만 잘 살펴본다면 나머지도 분별이 되지 않겠는가? 모쪼록 선거권지인 당신과 당신 자녀의 행복한 미래를 기원한다.

2. 성공적인 교육 혁신을 위해 교육청에 바란다

제안 ① 교육청팀 간 소통의 단절 문제를 해결하라

교육청의 정책(사업)은 누가 입안하고 추진하든 모두 학생, 교사, 학부모를 위한 행복한 학교 만들기와 학교 교육력 향상이 최종 목표이건만, 안타깝게도 교육청 내의 국(局), 과(課), 팀(Team) 사이의 단절이 심한 경우가 많다.

나 또한 이런 심각한 단절 상태를 여러 번 경험한 바 있다. 그중에서 가장 안타까웠던 것은 교육정책사업 정비 작업을 할 때였다. 그것은 학교에 대한 교육청의 간섭을 줄임으로써 학교의 자율성을 살리고 교사의 혁신역량을 강화하여 학교 교육력을 높이기 위한 교육감의 핵심 전략정책인데, 사업을 줄이려는 우리 팀의 노력과는 반대로 참여협력담당관실에서는 수많은 신규 사업을 만들어내고 있었다. 그래서 지속적으로 문제 제기를 하고 이것을 조정하기 위한 협의기구를 만들려고 했지만 실패하고 말았다.

게다가 정비 작업을 통해 폐지하거나 축소하기로 결정된 것에 대해서는 예산이 배정되지 않거나 축소 편성이 되어야 하는데 다음 해에 보면 명칭만 바꿔 여전히 시행되거나, 심지어는 그대로 시행되는 경우도 있었다. 이것은 정책사업정비팀과 예산담당관실 간의 소통 부재 때문이었다. 그 밖에도 팀 간의 단절로 인해 벌어지는 문제들이 많이 있다. 이로 인해 낭비되는 예산이나 시간, 인력을 생각하면 너무나 안타깝다.

이런 문제는 평가제도를 고치는 것으로 어느 정도 해결이 가능하다. 여러 팀의 협조가 필수적인 정책 추진의 경우 그 정책 추진의 성과를 관련된 모든 팀들의 성과로 하고 그 비중을 높이는 것이다. 예컨대 교육정책사업 정비의 경우 현장의 만족도를 정책사업정비팀, 협력사업팀, 예산담당관실의 평가에 높은 비중으로 반영한다면 서로 협조하지 않을 수 없을 것이다.

제안 ② 강력한 컨트롤타워를 세워야 한다

부서 간의 단절 문제가 생기고 중요한 정책이 비효율적으로 추진되는 것은 자기 부서의 성과만 생각하게 하는 평가 방법도 문제이지만, 부서 간의 긴밀한 협력과 업무 조정을 이끌 컨트롤타워의 부재도 주요 원인이다.

원래 이것은 기획조정실장이 담당해야 할 일이다. 하지만 서울시교육청의 경우 부교육감과 기조실장이 교육부에서 파견되어오는 형편이니 그에게 맡길 수도 없다. 앞으로 초·중등교육에 관한 거의 모든 권한은 시·도교육청에 이관하겠다는 교육부 방침이 정해졌으니 그렇게 된다면 교육감이 임명한 기획조정실장이 이 기능을 담당하면 될 것이다.

하지만 아직 기획조정실장이 이 기능을 담당하기에 여의치 않은 상황에서는 여러 국(局)·과(課)·팀(Team)의 이견을 조정하며 강력하게 이끌 컨트롤타워를 교육감 직속으로 만드는 것이 좋을 것이다. 그리고 교육감이 직접 팀장의 보고를 받고 추진상 어려운 점이 있을 때마다 힘을 실어준다면 실효성 있는 컨트롤타워 기능을 할 수 있을 것이다.

제안 ③ 현장에 만연한 거짓말을 잡아라

부패나 비리에 대해서는 우리 사회 전반에 걸쳐 매우 심각한 문제로 간주되고 엄중한 처벌을 원칙으로 한다. 하지만 거짓말 풍토에 대해서는 조금 너그럽지 않나 생각된다. 서울대 철학과의 손봉호 교수는 인성교육에서 가장 중요하게 가르쳐야 할 덕목은 '정직'이라고 했다. 손 교수는 선진국들에 비해 우리는 매우 부정직하고, 이웃 나라 일본에 비해서도 수백 배로 부정직하다고 하면서 다음과 같은 자료를 근거로 제시했다.

검찰청의 한 집계에 의하면 1996년 한 해 동안 우리나라에서 위증으로 기소된 사람은 999명이었는데, 같은 해에 일본에서 같은 죄로 기소된 사람은 6명으로 인구를 감안하면 한국인은 일본인에 비해 466배로 위증하는 셈이며, 같은 해에 무고로 기소된 사람은 1,680명으로 일본의 2명과 비교하면 무려 2,352배가 된다고 한다.

내가 경험한 바에 의하면 교육청이나 학교에서도 거짓이 횡행한다. 예컨대 학교폭력 피해 조사 보고도 거의 모든 학교가 피해가 없다며 거짓 보고를 한다는 말을 들은 적이 있다. 다른 학교들이 없다고 보고하는데, 사실대로 보고하면 학교가 우범지대로 지목되어 귀찮아지니 너 나 할 것 없이 거짓 보고를 한다는 것이다. 지원청도 이런 거짓말투성이 조사 결과를 교육청에 보고할 것이고, 교육청은 교육부에 보고할 것이니 결국 그 통계는 신뢰할 수 없는 엉터리 통계가 되고 만다.

학교현장에 방문해 컨설팅을 한 후 컨설팅 보고서를 제출해야 함에도 현장 방문 없이 현황만을 문서로 받아 보고서를 제출하는 경우도 보았고, 들은 내용으로 보고서를 제출하는 경우도 보았다.

정책사업을 정비할 때 폐지하기로 된 사업이 이듬해에 버젓이 운영되는 것도 거짓이라고 볼 수 있다. 현황 파악이나 정책 추진의 효과 등이 잘못 파악되면 추후 정책도 계속 잘못되어 엄청난 인력과 예산이 낭비되는데도 아무렇지도 않게 거짓이 횡행한다. 이는 아마도 우리나라 모든 관청이 그러할 것이라 생각된다. 이

것은 거짓 보고를 한 사람들의 인격 문제라기보다 구조의 문제요, 풍토의 문제인 것이 더 안타깝다.

하지만 이제는 교육청부터 분명히 선언해야 한다. 그래서 앞으로는 거짓의 고리를 단호하게 끊어야 한다. 교육청 내의 행정과정에서 고의로 거짓을 행하면 일벌백계로 인사 조치를 하거나, 학교에서도 거짓 보고를 하면 커다란 불이익을 줘야 한다. 만약 교육청이 거짓 보고를 유도하는 경우에는 거부할 수 있도록 교육감 직속으로 신고 창구를 마련해야 한다. 거짓말을 청렴의무 위반에 대한 처벌에 준해 처벌하고 인사에 반영해야 한다. 교육청부터 우리 사회를 거짓의 홍수로부터 건져내는 데 앞장서야 할 것이다.

제안 ④ 너무 많은 본청 일반직을 재고하라

2017년 서울시교육청 조직도를 보면 본청에 1실 3국 5담당관 14과가 있고, 8개의 직속기관과 11개의 교육지원청 그리고 21개의 평생학습관과 도서관이 있다. 이 안에는 7,113명의 직원이 있는데, 이 중 교육감과 비서 2명 외에 460명이 교원 출신의 전문직이고, 6,650명이 일반직이다. 본청에는 전문직 135명, 일반직 1,069명이 근무하고 있다(2017년 12월 기준).

그런데 교육청은 일반행정기관이 아닌 교육행정기관이고, 다음의 조직표에서 보다시피 교육정책을 다루는 조직은 11개로 일반행정을 하는 조직(조직표에서 기울임체)보다 더 많은데, 전문직보다 일반직이 8배 정도나 더 많은 것은 지나치다는 생각이 든다.

표 14-1 2017년 12월 기준 본청 조직

1실 3국 5담당관 14과			
총무과			평생교육과
기획조정실	정책안전기획관	평생진로교육국	학생생활교육과
	예산담당관		진로직업교육과
	행정관리담당관		체육건강과
	참여협력담당관		학교지원과
	노사협력담당관	교육행정국	교육재정과
교육정책국	교육혁신과		교육시설안전과
	유아교육과		교육정보화과
	초등교육과		교육공간기획 추진단
	중등교육과		
	민주시민교육과		

그리고 학교교육을 이끄는 정책기획과 추진을 담당하는 기획조
정실장과 정책안전기획관을 현장에서 학생 지도 경험이 전무한
일반직으로 보임하는 것도 비정상적이다. 이렇게 된 원인을 파악
하고, 교육청에서의 전문직과 일반직의 직무 분석을 정확히 하여
빠른 시일 내에 정상적으로 조정해야 할 필요가 있다.

제안 ⑤ 적극적인 공보활동이 필요하다

나는 2011년부터 서울시교육청 정책에 대한 의견을 말할 기회가
있을 때마다 공보 확대의 필요성을 언급했다. 그때만 해도 혁신
학교에 대한 막무가내식 공격이 대단할 때였다. 방송과 신문을
장악하고 있던 그들은 언론의 영향력을 최대한 활용해 혁신학교

는 전교조학교이며 이념교육을 통해 학생들을 세뇌시키는 학교라며 왜곡 선전하는 데 열을 올렸다. 심지어 혁신학교는 학생들을 놀게만 하는 학교라고도 했다.

그리고 이러한 어이없는 선전 공세가 일부 학부모들에게 통하면서 혁신학교의 성과가 꾸준히 인정받고 또 검증되고 있음에도 불구하고 혁신학교를 확산시키기가 무척 어려울 정도였다. 그때 교육 혁신을 꿈꾸는 사람들이 얼마나 홍보에서 뒤지고 있는지 새삼스럽게 깨달았다.

나는 아무리 언론 지형이 불리해도 포기하지 말고 진보진영의 언론들을 최대한 이용해 기사를 싣고 방송을 하고 광고를 해야 한다고 주장했다. 그리고 서울시에 협조를 의뢰해 지하철역이나 객차 안 그리고 버스의 내부와 외부, 택시의 외부에 광고판을 설치하자고도 했다. 또 시각 광고만이 아니라 시청각 광고를 위해 지하철역이나 객차 안의 모니터 송출 광고도 하고, 자동차 안에서 들을 수 있도록 라디오 방송 광고도 하자고 했다.

또한 다양한 광고를 위해 예산도 크게 증액해야 한다고도 했다. 아무리 왜곡된 공격에 반박하는 보도자료를 내도 언론에서 잘 실어주지도 않고, 혁신정책에 대한 설명 책자를 발부해도 거의 보는 사람이 없어 효과가 없지만 그럴수록 적극적으로 매체를 발굴하고, 효과적인 광고 전략을 수립하며, 이를 뒷받침해줄 예산을 대폭 증액해야 한다고 주장했다.

그리고 국회에서 '함께여는교육연구소'와 2012 학교 혁신정책포럼 조직위원회[1] 주최로 열린 '혁신학교 성과 분석 및 확산 방안' 토론회(2012. 9. 11)에서도 모든 진보교육감의 교육청이 공동자금을 모아 혁신정책에 대한 적극적인 공보 전략을 마련하고 추진해야 한다고 역설했건만 모두들 무관심했다.

최근에는 언론 지형도 과거에 비해 많이 바뀐 모양새다. 좋은 기회라는 생각이 든다. 성공적인 교육 혁신을 위해 적극적인 홍보가 매우 중요하다는 사실을 간과하지 않았으면 좋겠다.

---

1. 전교조, 좋은교사, 새학교넷, 한국교육연구네트워크

교육, 이제는 바꿔야 한다

앞에서도 밝힌 바 있지만, 교육부를 비롯한 중앙정부의 협조 없이 교육 개혁의 성과를 내기란 요원하다. 이에 정부에 간절하게 도움을 호소하고 싶었다. 또한 현장에 계신 모든 교사들이 변화하려는 의지를 갖고 이제는 적극적으로 행동해주기를 호소한다. 끝으로 국민이 하나로 힘을 모을 때 세상을 바꿀 수 있다는 것이 위대한 촛불로 증명된 만큼, 교육 개혁에 있어서도 한목소리를 내주기 바라는 마음으로 호소하고 싶다. 함께 꾸는 꿈은 더 빨리 이루어지기 때문이다.

1. 정부에게 고한다
교육 정상화는 미룰 수 없는 과제이다

우리나라의 교육 정책은 너무 오랫동안 잘못된 방향으로 흘러왔다. 학교가 온전한 교육기관으로서의 제 기능을 잃어가며 공교육은 부실해졌고, 학생과 교사, 학부모 모두가 불행해졌다. 결국 교육이 가장 큰 자원인 국가에 어두운 그림자를 드리운 것이다. 이러한 교육 비정상의 상태를 더 이상 방임해서는 안 된다.

학벌사회를 타파해야 한다

공교육이 무너진 가장 큰 원인은 바로 **학벌사회**이다. 대학, 그것도 소위 명문대 출신이 아니면 우리 사회에서 살아가기에 여러모로 힘들다. 이에 대학 입시제도는 모든 교육 현안을 삼키는 거대한 블랙홀로 작용해 초·중등교육을 종속시켜버렸다.

만약 학벌사회가 아니면 대학 입시에 초·중등교육이 종속될 이유가 없고, 학생과 학부모가 무한경쟁으로 고통받을 이유도 없다. 초·중등교육에 여유가 생기고, 교육의 본질에 충실해져서 학생들은 서로 배려하고 협동하는 가운데 훌륭한 인격자와 민주시민으로 성장하게 될 것이다. 이 모든 것은 학벌사회에서 벗어날 때 비로소 실현 가능하다.

학벌사회는 반드시 타파해야 한다. 정부는 학벌이 아니라 실력으로 인정받는 사회를 만들어주기 바란다.

하향식 교육정책사업들을 모두 없애야 한다

공교육의 부실을 극복하고 미래에 대처하려면 학교자치가 절실하다. 이는 이미 성공한 혁신학교를 통해 검증된 바이다. 하지만 학교자치가 제대로 이루어지려면 교육행정기관에 대한 거시적인 구조조정 작업이 필요하고, 그 혁신의 과정은 결코 쉽지 않을 것이다. 그렇다고 마냥 미룰 순 없다.

여기서 내가 제안하고자 하는 것이 바로 교육부(중앙정부)의 획기적인 교육정책사업 정비이다. 나는 이 정비야말로 교육 혁신의 출발점이라고 본다. 학생, 학부모, 교사 모두가 만족하는, 우리 교육 역사상 전대미문의 성과를 거둔 혁신학교는 교사들을 상부기관(?)으로부터 오는 온갖 잡무로부터 해방시키는 일부터 시작했다. 만약 교육부와 교육청이 함께 정비 작업을 하면 분명 괄목할 만한 교육 혁신 효과가 있으리라고 생각한다.

「지방교육재정교부금법」 제5조의2에 따라 2015년에는 특별교부금 1조 4,443억 원의 60%인 8,666억 원을 정책사업과 시·도교육청평가에 따른 보상성 교부에 사용할 수 있었으니, 교육부의 정책사업을 감축하면 엄청난 예산을 절감할 수도 있게 된다.

서울시교육청에서 교육정책사업을 수년간 정비한 경험에 의하면 교육부의 정책사업은 거의 다 없애도 된다. 이처럼 모든 중앙부처의 정책사업을 면밀히 검토하여 감축하면 절감 예산의 규모는 어마어마할 것이다. 때를 놓치면 안 된다.

교사에게는 교육활동에 전념하고,
더 나은 교육활동을 연구할 시간이 필요하다

1966년에 ILO, UNESCO에 의해 채택된 「교원의 지위에 관한 권고(Recommendation concerning the Status of Teachers)」를 보면 교육 선진국들은 교사들을 위해서가 아니라 사회의 미래를 위해 이미 반세기 전부터 교사들이 교육활동에 전념하도록 보장해주었고 연구활동을 장려하고 지원해주었다.

우리가 절대 간과하지 말아야 할 것은 교육은 결코 교사의 수준을 넘을 수 없다는 점이다. 교사는 더 나은 교육활동을 위해 열심히 연구하고 협의해야 한다. 교육은 국가의 미래를 좌우한다. 결국 국가의 미래는 교사들의 미래역량에 달려 있다. 그리고 교사들의 미래역량을 기르려면 함께 연구하고 협의할 시간을 확보해주어야 한다. 우리나라 교사들의 잠재력은 이미 혁신성공학교를 통해 증명했다고 자부한다.

그런데 교사들은 학생들이 귀가한 후에야 비로소 그날 교육에 대한 정리와 평가를 하고, 다음 날 있을 교육을 계획하고 준비할 수 있다. 연구활동도 그 시간에야 가능하다. 그런데 지금도 학생들의 귀가 후 퇴근까지의 시간 동안에 정리, 평가, 준비, 연구를 다 하기에는 너무나 부족하다. 그런 상황임에도 원래 정부와 지자체의 일인 방과후학교, 돌봄업무 등을 제자리로 돌려 이 시간을 더 확보해줘야 할 정부가 초등학교 저학년 학생들의 귀가 시간을 3시까지로 늦추려는 정책을 고려한 것은 너무나 안타깝다.

교장은 학교구성원들이 선출해야 한다

교장을 학교구성원들이 선출해야 교육부·교육청의 눈치 보기에 연연하지 않고, 학교구성원에 대한 책무성을 강화할 수 있다. 이는 학교 자체의 교육력을 크게 향상시킬 것이고, 나아가 행복한 학교를 만드는 데 기여할 것이다. 내부형 공모교장에 대한 교육개발원의 연구 결과가 이를 입증해준다. 내부형 공모교장이 이끄는 학교는 학교구성원들을 바라보며 학교를 운영했기 때문에 구성원들의 만족도도 높을 뿐만 아니라, 미래지향적이고 창의적인 교육을 펼칠 수 있었다.

「학폭법」과 「학폭법 시행령」은 현장 교사들의 참여하에 현실에 맞게 고치고, 교사인권도 제대로 보호받을 수 있어야 한다

본문에서 소개한 대로, 「학폭법」과 「학폭법 시행령」의 규정은 실제 학교현장에서는 현실적으로 시행 불가능한 것들이 많다. 따라서 현장 교사들의 참여하에 현실에 맞게 고쳐야만 한다. 학교에서 해결이 불가능한 사안은 경찰에 인계하고 변호사가 학교를 대리해 사건을 해결하도록 함으로써 학교는 교육에만 전념할 수 있어야 한다.

또한 피해학생과 가해학생의 치유와 회복을 의뢰할 전문기관이 너무 부족하고, 학부모의 동행 협조나 동행 인력이 없어서 거의 이루어지지 않고 있는 실정이다. 이에 대한 실효성 있는 대책이 절실하다.

교육정책을 수립할 때 반드시 교사들의 의견을 반영하여야 한다

현 정부가 출범한 지 1년 남짓인데, 대체적으로 잘한다는 의견이 70%를 넘나들며 좋은 평가를 받고 있다. 그런데 아쉽게도 교육 분야에는 아직 기대에 많이 못 미치고 있다는 생각이 든다. 왜냐 하면 교육정책이 실현되는 최종 종착지는 학교와 교실 현장인데 현장 교사들의 의견보다 '현장 사정에 어두운' 교수들과 교육 관료들의 의견을 더욱 중시하기 때문이다.

대통령 직속 국가교육회의와 교육부장관 직속 교육부 정책자 문위원회 위원 구성을 보면 이런 사실이 분명히 드러난다. 앞으로 엄청나게 중요한 교육정책들의 방향과 지침을 마련해 제시하게 될 국가교육회의의 위원은 위원장을 포함하여 12명이다. 그런데 그중 7명이 대학교수, 2명은 정치계 사람, 1명이 교육행정가 출신 그리고 학교에서 교육 경험이 있는 위원은 단 2명이다. 그 2 명도 교원단체의 추천을 받아 선임된 것이 아니기 때문에 현장 교사들의 의견을 대표할 수 있을지 의문이다.

교육부 정책자문위원회는 5개 분과로 구성되어 있다. 그런데 이 중에서 '초·중등교육'정책을 자문할 학교교육혁신분과만 봐도 위원 11명 중 6명이 대학교수, 5명이 학교에서 교육 경험이 있는 위원으로 학교현장 경험이 없는 대학교수가 더 많다. 전문계 고등학교 정책도 매우 중요한 사안이라 평생직업교육혁신분과도 살펴보니 13명의 위원 중 7명이 대학교수이고, 학교에서 교육 경험이 있는 위원은 단 1명뿐이었다.

역대 정권에서도 교육정책을 좌지우지할 이렇게 중요한 위원회 위원들과 교육부 고위 관료들 중에 학교현장에서 교육해본 경험이 전무한 사람들이 대부분이어서 학교현장과는 괴리된 엉뚱한 정책들을 남발해 오히려 교육을 방해하는 경우가 다반사였다. 최근에 대통령 직속의 저출산·고령사회위원회가 제안한 '초등 저학년 3시까지 수업' 방안도 학교현장 상황을 전혀 고려하지 않은 탁상공론식의 정책 발상이다. 17명의 위원 중 학교현장에서 교육해본 경험이 있는 사람이 단 1명도 없으니 공교육 부실을 더욱 악화시키는 이런 어처구니없는 발상이 나오는 것이다.

　　앞으로는 교육정책을 수립할 때 반드시 교원단체에서 추천받은 교사들이 참여하여 의견을 제시할 수 있게 하고 학교와 교실 현장을 가장 잘 아는 교사들의 의견을 최우선으로 반영하기를 간절히 부탁한다.

2. 교사에게 고한다
이제 당당히 목소리를 내야 한다

교사들은 고달프다. 위에서 내려오는 행정업무에 매달리다 보니 교육 전문가로서의 자존감은 추락해버렸다. 심지어 폭력과 위협에 노출되어 교사로서의 권위는커녕 인권 보호가 필요한 지경이다. 이런 암울한 현실에서도 그저 수동적 자세를 견지한다면 계속 지금과 같은 처지에 머물 수밖에 없다.

함께 공부할 시간을 쟁취하고 공부하라. 지혜와 힘을 합쳐야 할 때이다

우리나라 교사의 자기효능감이 OECD 국가 중 최하위라고 한다. 제대로 교육력을 발휘할 수 없는 현실에 분노가 치밀지 않는가? 학생과 학부모의 신뢰 속에 당당히 교사의 권위를 인정받기는커녕 겨우 교사인권을 보호나 해달라고 하는 처지에 자괴감이 들지는 않는가?

교사들의 처지가 이렇게 된 원인은 정치권력이 교육을 장악하고 교육의 본질에는 관심 없이, 교육을 권력의 유지·강화를 위해 이용하려고 한 것 때문이다. 정권은 교사들이 반발하면 너무나 손쉽게 진압했고, 그런 경험이 쌓이며 교사들은 아예 목소리조차 내지 않으니, 교사들은 어느덧 무시해도 되는 존재가 되고 말았다.

대체 언제까지 이렇게 로봇처럼 살아야 하는가? 언제까지 소외된 채 시키는 대로 하면서 살아야 하는가? 언제까지 교육 전문가임을 인정받지 못하고 교육력도 발휘하지 못한 채 살아야 하는가? 이제는 아닌 것은 아니라고 말해야 한다. 이제는 모여서 함께 공부하고 대안을 만들어 학교를 우리 힘으로 바꿔야 한다. 만약 그럴 만한 시간적 여유가 없다면 여유를 만들자고 말해야 한다.

나는 교사들에게 이제는 스스로 자세를 가다듬어야 할 때임을 간곡히 호소하고 싶다. 교사연구공동체를 만들어 함께 공부하려는 노력도 기울이고, 그럴 시간이 부족하면 학교 자체의 일들을 먼저 정비하는 등 지혜를 발휘해주기 바란다.

교사들의 정치기본권도 쟁취하자. 교육 선진국 교사들이 교육력을 마음껏 발휘할 수 있는 배경에는 그들에게 정치적 발언권과 교육정책을 결정할 수 있는 공직취임권이 있기 때문이다. 올바른 교육을 방해하는 모든 것들을 바꿔나가려면 정치적인 힘이 없이는 불가능하다. 지금 필요한 것은 교사들 스스로 변화하고자 하는 용기이다.

퇴직교사로서의 조언, 나는 이렇게 해보았다

나는 교사들이 함께 공부하고, 힘을 모아 부당한 것에 항거하여 권리를 쟁취할 수 있기를 간절히 바란다. 하지만 그것이 현장에서 여전히 쉽지 않음을 잘 알고 있다. 그러니 아마도 "너는 그렇게 했냐?"며 항변하는 분도 계실 거라는 생각에 나의 경험담을 소개하려 한다.

① 아무것도 하지 않으면 변화도 없다

나는 평생 '벌떡교사'로 살았다. 물론 스트레스도 많고 불이익도 많았지만 갑질당하지 않고 당당하게 산 것이 교장이 되는 것보다 더 귀한 긍지로 남았다.[1]

어떤 학교에서는 교무회의에서 매일(그 시절만 해도 매일 직원 종례가 있었다) "이게 교육이냐?"라며 하나하나 사례를 들어 성토했다. 동조해주는 동료가 없어 외로웠지만 매일 외쳤다. 어느 날 직원회의 후 내가 교장실까지 따라 들어가 따지는 동안 교무실에서 우리도 가만히 있으면 안 되겠다는 결의를 한 것 같았다. 퇴근 시간이 지났는데도 한 분도 빠짐없이 모든 선생님이 교무실에 남아서 두 시간이 넘게 잘못된 점을 성토하고 올바른 방향을 제시했다. 그리고 다음 날부터 학교가 완전히 바뀌었다.[2]

② 교사는 배우고 성장해야 하는 존재다

2011년 서울시교육청에서 교사학습동아리 지원정책이 처음 등장했다. 공문을 보자마자 계획을 세우고 교실마다 돌아다니며 설득해 함께할 교사를 모집해 15명으로 동아리를 구성했고, 지원동아리로 선정되었다. 꾸준히 참석한 분은 5명도 안 되었지만, 그 정

---

1. 나는 전교조에서 해직된 교사들에 대해 평생 죄송하고 감사한 마음으로 살고 있다. 그 당시 출근할 때마다 어린 딸을 보며 그렇게까지는 동참하지 못했던 것이다. 그 선까지 넘어섰던 그분들의 용기 덕분에 정말로 많은 것들이 개선되었다고 생각한다.

2. 불행히도 이듬해 내가 그 학교를 떠난 후 다시 예전으로 돌아갔다. 하지만 결국 그 교장은 다음 학교에서 언론 보도까지 되며 불명예 퇴진했다.

도로 시작해도 충분히 학교를 바꿀 수 있다고 생각한다.

교사학습동아리를 하려고 해도 워낙 일이 많다 보니 시간이 없을 것이다. 혁신성공학교처럼 잡무를 줄이고, 교무행정전담팀이 행정업무를 잘 맡아주어서 시간을 확보한 사례가 있지만, 대부분의 학교에서는 여전히 어려운 일이다.

하지만 포기하지 말고 함께 공부할 여건을 주장하고 쟁취해야 한다. 내가 근무하던 학교도 교장이 워낙 비협조적이라 어려웠지만 교사들이 힘을 합쳐 노력한 끝에 학년 말에 교장, 교감이 교체되었고, 혁신을 주도할 3명의 교사를 초빙해 교사들이 교육활동에만 전념하고 함께 공부하는 여건을 갖춰 혁신성공학교로 거듭났다.

③ 교원단체에 가입해 힘을 모아야 한다. 정치기본권을 쟁취해야 한다.
   모두가 힘을 모을 때 꿈은 더 빨리 실현된다

혼자만의 힘으로는 아무것도 바꿀 수 없다. 교원단체와 교육운동단체에 가입하고 지혜와 힘을 합쳐야 한다. 나는 '좋은교사운동'의 회원이 되어 함께 공부하며 교육을 바꾸기 위한 대안들을 연구하고 제안했다. 최근 태동하고 있는, 실력과 열정을 겸비한 젊은 교사들이 많은 '실천교육교사모임'의 회원이 되어 교육을 바꾸는 운동에도 힘을 합치고 있다. '교육희망네트워크'라는 단체에도 가입해 함께하고 있다. 교사, 학부모, 시민활동가들이 모여 활발하게 활동하는 단체이다. 핍박이 심할 때는 회피해놓고 안전해지고 나니 가입하기가 미안한 마음에 '전교조'에는 가입하지 않았지만, 교육을 바꾸는 많은 활동에 함께하고 있다. 전교조는 우리 교육을 바꾸는 데 크게 공헌했고, 실력과 열정을 겸비한 존경스러운 교사들이 많이 있다.

교육을 바꾸는 데 가장 힘을 발휘할 수 있는 것이 바로 교사들의 정치기본권 쟁취이다. 이를 위해 '징검다리교육공동체' 중심으로 헌법소원을 제기하는 등 매우 활발하게 전개 중이다. 나 또한 이 단체에 가입해 힘을 보태고 있다. '평등교육 실현을 위한 전국학부모회'와 '참교육학부모회' 등 진보교육단체에도 관심을 가지고 참여와 후원을 하고 있다.

뭐든 혼자서는 좌절하기 쉽다. 함께하기를 바란다. 함께 꾸는 꿈은 더욱 빨리 이루어진다.

3. 국민에게 고한다
교육은 국가의 미래를 좌우한다

이제 국민들도 자신이 옳다고 믿는 것에 대해 목소리를 낼 수 있는 시대이다. 여론이나 분위기에 휩쓸려 수동적인 자세를 취하던 시대는 지나갔다. 학교가 본연의 가치를 상실한 채 행정기관으로 표류하고 있는 현실은 교육의 비정상화를 초래한 주범이다. 이에 교육의 정상화를 위해 국민들이 힘을 보태주기를 바라는 마음으로 몇 자 적으려 한다.

교사가 학생 지도에만 전념할 수 있는 여건이 조성되어야 한다

교실붕괴, 학교붕괴에 대한 우려는 이미 어제오늘 일이 아니다. 가장 중요한 원인은 교사들이 도무지 교육력을 제대로 발휘할 수 없는 환경에 있다. 교사들은 아무리 달리고 싶어도 말뚝에 발목이 묶여 달릴 수 없다. 사회에서는 말뚝은 보지 못한 채 그저 교사들이 달리지 않는다고 비난만 한다.

그 말뚝이 바로 중앙정부에서 기획해 학교에 요구하거나 법령으로 강제하는 모든 사업들이다. 교육 선진국에는 거의 전무한 공문이 우리나라 학교에는 무려 1년에 4,755~5,589건이나 접수되고 있다.[3] 대부분이 교육정책사업들과 관련이 있다. 그러니 도무

---

3. 출처는 '서울시교육청 2015년 공문서 감축 계획'

지 학생들을 위한 교육활동에 전념할 수 없는 것이다. 만약 교사가 교육활동에만 전념하겠다며 이러한 공문을 무시하면 학교생활 자체가 힘들어지는 게 현실이다.

학교붕괴의 원인은 따로 있는데, 교사들이 모든 책임을 뒤집어쓴 채 비난을 듣고 있다. 그래서 나는 학부모들께 신원을 하려 한다. 이 지긋지긋한 말뚝을 제거해달라고 말이다.

학교에 강제하는 모든 교육정책사업들이 폐지되어 교사가 학생 지도에만 전념할 수 있게 압력을 가해주기 바란다. 그러면 우리 교사들은 학생들이 행복한 학교, 학부모가 신뢰하는 학교를 만들 수 있다.

내부형 교장공모제가 확대되어야 한다

교장을 교육청이 일방적으로 정하는 것과 학교구성원들이 선출하는 것 중에서 선택하라고 하면 대다수의 학부모들은 당연히 후자를 고를 것이다. 학교구성원이 교장을 선출할 수 있는 교장공모제는 교장자격증 소지자가 응모할 수 있는 초빙형 교장공모제와 교장자격증 없이도 응모할 수 있는 내부형 교장공모제가 있는데, 침체된 교육 현실을 회복시키려면 교장 임용의 문호를 넓힐 필요가 있다는 취지로 참여정부 시절부터 시작되었다.

2010년까지 내부형 공모로 교장을 선출한 학교 수는 총 196개 교인데, 이 중 약 80%가 교장자격증을 가진 교장, 교감 출신이 뽑혔고, 교사 출신은 겨우 18명에 불과했다. 그런데 이 교사 출신 교장들이 학교 혁신에 가히 돌풍을 일으켰다.[4] 관련 연구에서 내부형(평교사도 응모 가능)이 '교원과 학부모 만족도' 조사 항목 8개 전체에서 모두 '초빙형(교장자격증 소지자만 응모 가능)'보다 더 좋은 평가를 받았다고 한다.[5]

그런데 과거 이명박정부에서는 「초·중등교육법 시행령」을 수정해 공모할 수 있는 학교 중 15%만 내부형에 할당을 하는 식의 꼼수를 부려 교장 결원 학교 중 2.25%만 내부형이 가능하도록 크게 제한했다. 그 결과 성공적인 학교 혁신을 주도하던 평교사 출신 교장이 배출되는 길은 거의 차단되고 말았다.

시대가 바뀌어 이제는 교육부가 학교 교육력 강화와 공교육 회복을 위해 이러한 제한을 풀고 내부형 교장공모제를 확대하려고 하는데, 과거 정부의 비호를 받던 교육 기득권 세력들이 거세게 반발한다는 게 안타깝다.

과연 교장자격증이 학교교육을 이끌 자격을 인증하는 것인지 되묻고 싶다. 나는 교장자격증을 획득하는 과정 자체가 매우 비교육적이므로 오히려 그 과정을 거쳐 교장자격증을 획득한 대부분의 교장이 학교교육을 이끌 자격이 없다고 생각한다.[6] 교장자

---

4. 2010년 12월에 출판된 《나는 혁신학교에 간다》를 보면 양평 조현초등학교, 고양 덕양중학교, 용인 흥덕고등학교가 내부형 공모교장을 모신 후 어떻게 폐교 위기에서 서울에서도 전학을 오는 학교로, 또 기피 학교에서 선호 학교로 변했는지에 대해 자세히 소개되어 있다.

5. 김갑성, 〈교장공모제 성과 분석 및 세부 시행 모형 개선 연구〉, 한국교육개발원, 2010

6. 물론 이렇게 교장이 된 분들 중 학교를 훌륭하게 이끄는 분들이 계시다는 점을 밝혀두고 싶다. 다만 그런 분들의 이야기를 들어보면 굳이 교장이 되려고 애썼다기보다는 좋은 교장을 만나 잘 보이려고 애쓰지 않아도 정당한 근무평가를 받는 등 행운이 따른 경우가 많았다.

격증이라는 승진제도가 얼마나 비교육적인가를 잘 파악하고, **내부형 교장공모제**가 확대되도록 힘을 보태주기를 간절히 바란다.

교사인권은 보호를 받아야 한다

교사인권이 부단히 침해받는 상황에서 교육은 부실 정도가 아니라 아예 불가능하다. 내 아이가 제대로 교육받으려면 교사인권은 반드시 보호해야 한다. 현재 교사인권 침해 상황은 매우 심각하다. 교사의 권위가 실추된 결과 나타난 현상이다. 대체 왜 이렇게 된 것일까?

우선 교사에 대한 인식이 일반적으로 매우 부정적으로 변화했다. 학부모들이 경험한 일부 교사들에 대한 나쁜 감정이 모든 교사에 대한 감정으로 확장되기도 하고, 정치권력이 일부 교사의 비행이나 비리를 침소봉대하여 며칠간 언론플레이를 하면 많은 국민들은 그에 휩쓸려 교사들을 비난하며 일부 교사의 비행과 비리를 모든 교사가 그런 것처럼 일반화해버리기 때문이다.[7]

게다가 교사들은 편하게 일하며, 공교육 부실의 주범이 되고 있다는 오해까지 대중에게 일반화되어 있다. 사실 앞에서 교사들이 말뚝에 묶여 있는 것으로 비유한 것처럼 정치권력이 그런 식으로 추진한 교육정책 실패가 공교육 부실의 가장 큰 원인인데도 이를 교사들에게 뒤집어씌운 것이다. 안타까운 것은 이런 오해를 풀지

---

7. 특히나 정치권력은 교원평가 도입 등 자기들이 추진하려는 정책을 밀어붙이기 위해, 또는 자기들에게 불리한 쟁점이 터질 때에 그것을 무마하려고 종종 이런 농간을 부려왔다.

못한 채 모든 비난의 화살을 학교와 교사가 고스란히 맞고 있고, 그 결과 교사에 대한 인식이 일반적으로 매우 부정적으로 변화했다는 점이다.

내가 2014년 교육감 선거 당시 공약을 만드는 정책회의에서 교사인권에 대한 강력한 보호 조치를 공약화하자고 했을 때 학부모 단체에서 파견된 분이 매우 화를 내며 반대하는 바람에 포기한 적이 있다. 그때의 주장이 비록 공약으로 이어지지는 못했지만 학부모(단체)들이 교사인권 침해 현상을 심각하게 생각하면서도 보호 조치 주장에 소극적인 것은 교사에 대한 부정적인 감정들이 작용한 탓도 있으리라고 생각해 교사들의 처지를 소개했던 것이 기억난다.

교사인권 침해 문제는 그저 교사만의 문제가 아니다. 왜냐하면 공교육의 부실이나 학생들의 학습권과도 직결되기 때문이다. 교사인권 침해는 대부분 수업 상황에서 일어나는데, 교사가 폭행(폭언)이나 희롱을 당하는 상황에서 정상적인 수업은 불가능하다. 그리고 그런 상황은 그 한 시간으로 끝나는 게 아니다. 교사가 교체된다고 해결될 문제도 아니다.

일각에서는 교사인권이 무시당하고 공격당하는 원인을 교사들 스스로 자초한 것으로 보고 먼저 신뢰부터 회복하라고 일침할 수도 있다. 일면 맞는 말이기도 하다. 그러나 일부 교사의 문제가 일반화된 경우가 많고, 그런 교사들은 단호하게 퇴출시키는 방법을 생각하면 된다. 모든 교사들을 불신하며 교사의 권위를 외면하면 결국 그것은 학생들의 학습권 침해와 공교육 부실로 돌아올 것이다.

우리 사회에서 국회의원이나 검사가 폭행을 당했다는 뉴스는 거의 들어본 적이 없다. 아마 우리 사회에 전반적으로 퍼져 있는 강자에게 약하고, 약자에게 강한 지극히 비굴한 풍토 때문일 것이다. 초임 발령 때부터 "강자에게 강하고 약자에게 약하라"고 가르쳐온 나로서는 이 대목에서 너무나 화가 치민다. 교사는 폭행당해도 교사 스스로도, 교장이나 교육청도 더 골치 아파지지 않게 그저 덮고 넘어가기를 원하기 때문에 어느 순간 교사들은 공격에 아주 취약한 약자가 되고 말았다.

지금처럼 교사인권 침해 상황이 계속된다면 우리 교육은 희망이 없다. 내가 교사였기 때문에 그들의 입장만 대변해서 하는 말이 아니다. 교실붕괴와 공교육 부실은 더욱 가속화될 게 뻔하고, 그 결과는 학생, 학부모, 교사 모두에게 심각한 고통을 가져다줄 게 자명하다.

이제 교사인권 침해를 초래하는 교권 추락의 근본 원인(말뚝론)을 바르게 판단하고, 교사들이 교육역량을 강화하고 마음껏 발휘하는 여건 마련에 관심을 갖고 협조를 해줄 때이다. 또한 교사인권 침해에 강력 대응할 방법을 함께 연구하고 속히 실행되도록 촉구해야 할 것이다.

더 이상 맹목적으로 달리지 말고, 교육 현실을 직시하라

아이를 잘 키워내기 참으로 힘든 사회이다. 남들과 비교해 뒤처지지 않게 키우려니 경제적 부담이 만만치 않고, 또 온갖 노력을 다해 아이에게 투자하고 헌신한다고 해도 자칫 엇나가기 쉬운 환경에 부모들은 안절부절못하고 있다. 이렇게 힘이 드니 요즘 젊은 사람들 중에는 아예 부모가 되기를 지레 포기해버리기도 한다.

사회 환경은 정의롭지 못하고 온갖 갑질과 폭력이 난무하니 저마다 불법을 예사로 저지르고 방종과 무책임 속에 빠져들고 있다. 이러한 환경 속에서 일부 학부모는 학교(교사)를 무시하거나 적대시할 뿐만 아니라, 학교(교사)를 공격해 학교교육을 마비시키기까지 한다.

아프리카에는 수천 마리씩 떼를 지어 사는 '스프링벅'이라는 산

양이 있다. 이들은 집단으로 달리다가 벼랑에 떨어져 몰사하는 어리석은 양으로 유명하다. 수천 마리가 떼를 지어 다니면 앞에 있는 양들이 풀을 다 뜯어먹거나 발로 밟아놓기 때문에 뒤에 있는 양은 풀을 먹을 수 없다. 그래서 뒤에 있는 양은 본능적으로 앞으로 나아가려고 밀기 시작하는 것이다. 뒤에 있는 양이 자꾸 미니까 앞쪽에 있는 양의 걸음이 점점 빨라지다 결국 뛰게 된다. 그렇게 앞의 양이 뛰면 뒤의 양은 빈자리에서 천천히 풀을 뜯어먹으면 되는데, 집단에서 이탈하는 게 두려워 따라서 뛴다. 결국 왜 뛰는지, 어디로 뛰는지도 모른 채 양 전체가 뛰는 것이다. 그렇게 뛰다가 벼랑이라도 만나면 모두가 몰사할 수밖에 없다.

이제는 근본적인 질문을 던져야 할 때이다. 무엇이 우리를 이들 스프링벅처럼 맹목적으로 뛰게 할까를 생각해보고 근본적인 해결책을 찾아야 한다.

그런데 우리를 이렇게 맹목적으로 뛰게 해놓고 웃는 세력이 있다. 자기들 권력을 확대·재생산하려는 세력들은 국민들을 무한경쟁 속으로 밀어넣어 생각할 틈조차 주지 않고, 이렇게 만드는 학벌사회를 온존시킨다. 그리고 지시·통제 위주의 교육 시스템과 언론을 통해 우민으로 세뇌시키려 한다. 그 세력들은 그 속에서 우후죽순처럼 사립대학교들을 만들고, 이를 비호하는 사학법을 만들어 국민들의 고혈을 짜내기에 바쁘다.

이제 우리가 무엇을 해야 하는지 답은 거의 나와 있다. 더 이상 맹목적으로 뛰지 말자. 그리고 지금까지 우리를 세뇌시켜 뛰게 만든 학벌사회 체제를 끊어내야 한다. 우리를 위해, 우리 아이들을 위해 이 일을 해야만 한다. 우리는 이미 전 세계가 놀란 촛불의 기적을 경험했다. 학벌사회 타파를 위해서도 촛불을 들어야 한다. 모두 함께 꾸는 꿈을 꿀 때, 더 쉽게 더 빨리 이룰 수 있는 것이다.

부모는 멀리 보라 하고 학부모는 앞만 보라 합니다.
부모는 함께 가라 하고 학부모는 앞서 가라 합니다.
부모는 꿈을 꾸라 하고 학부모는 꿈꿀 시간을 주지 않습니다.
당신은 부모입니까? 학부모입니까?

수년 전에 어느 방송에서 본 멘트이다. 학벌사회에서 벗어나면 진정한 부모가 될 수 있다. 우리 아이들에게 멀리 보라고 하고, 함께 가라고 하고, 꿈을 꾸라고 하며 오늘과 미래의 행복과 희망을 누리게 할 수 있다.

2012년부터 진보교육감의 교육청에서 일하기 시작하면서 학부모가 아닌 부모를 만나기 시작했다. 바로 혁신학교 아이들의 부모였다. 그분들은 정말로 아이들에게 멀리 보라 하고, 함께 가라 하고, 꿈을 꾸라고 한다. 그리고 다른 많은 학부모들이 부모가 되도록 캠페인을 벌이기도 한다. 이런 부모들이 모여 학부모네트워크를 만들고 혁신학교 교사들과도 함께 활동하며, 때로는 매서운 찬바람을 맞아가며 중앙정부와 용감하게 맞서기도 했다. 그분들은 우리의 교육을 바꾸는 데 크나큰 활력소가 되고 있다.

부모로 바뀌는 학부모는 점점 더 늘어나고 있지만, 현실은 여전히 학부모가 대세를 이루고 있다. 학벌사회와 입시경쟁 교육 풍토가 온존하고 있기 때문이다. 그러므로 모든 역량을 집결해 이것부터 타파해야 할 것이다.

어느 학생의 부모로부터 받은 편지의 일부

삶과 교육을 바꾸는
맘에드림 출판사 교육 도서

나는 혁신학교에 간다

경태영 지음 / 값 14,000원

공교육을 바꾸겠다는 거대한 희망을 품고 시작된 '혁신학교'. 이 책은 일곱 개 혁신학교의 이야기를 담고 있다. 지금 우리 교육이 변화하는 생생한 현장의 모습과 아이들이 꿈을 키우고 행복하게 공부하는 희망의 터로 새롭게 자리매김하는 학교들을 이 책에서 만날 수 있다.

혁신학교란 무엇인가

김성천 지음 / 값 15,000원

교육공동체가 만들어내는 우리 시대 혁신학교 들여다보기. 혁신학교 전반에 관한 이야기를 다루고 있는 책으로, 공교육 안에서 혁신학교가 생기게 된 역사에서부터 혁신학교의 핵심 가치, 이론적 토대, 원리와 원칙, 성공적인 혁신학교의 모습을 보이고 있는 단위학교의 모습까지 담아냈다.

학부모가 알아야 할 혁신학교의 모든 것

김성천 · 오재길 지음 / 값 15,000원

학부모들을 위한 혁신학교 지침서!
'혁신학교에서는 무엇을, 어떻게 가르치고 있는지, 교사 · 학생 · 학부모는 어떻게 만나서 대화하고 관계를 맺어가는지, 어떤 교육목표를 지향하고 있는지 등 이 책은 대한민국 학부모들의 궁금증에 친절하게 답을 한다.

덕양중학교 혁신학교 도전기

김삼진 외 지음 / 값 14,500원

이 책의 1부는 지난 4년 동안 덕양중학교가 시도한 혁신과 도전, 성장을 사실과 경험에 기반한 스토리텔링 방식의 성장기로 전개하고 있다. 그리고 2부는 지역사회와 협력하여 펼치고 있는 교육 프로그램, 배움의 공동체 수업 등을 현장 사례 중심의 교육적 에세이 형태로 담고 있다.

학교 바꾸기 그 후 12년

권새봄 외 지음 / 값 14,500원

MBC 〈PD 수첩〉에 방영되어 화제가 되었던 남한산초등학교. 아이들이 모두 행복하고, 얼굴 표정이 밝은 아이들. 학교 가는 것을 무엇보다 좋아하고, 방학을 싫어하는 아이들. 수업과 발표를 즐겼던 이 학교를 졸업한 아이들이 그 후 12년의 삶을 세상에 이야기한다.

혁신교육 미래를 말한다

서용선 외 지음 / 값 14,000원

혁신교육 정책을 입안하고 추진하는 데 기여해왔던 6명의 교사 출신 연구자들이 혁신교육 발전에 필요한 정책 과제들을 모아 하나의 책으로 제시한다. 이 책은 교육철학, 교육과정, 교육행정과 학교 운영(거버넌스) 등에서 주요 이슈들을 정리하고 혁신교육의 성과와 과제를 보여준다.

좋은 엄마가 스마트폰을 이긴다

깨끗한미디어를위한교사운동 지음 / 값 13,500원

스마트폰은 '재미있고 편리하다'. 그러나 스마트폰 때문에 아이들은 시간을 빼앗기고, 건강이 나빠지고, 대화가 사라지며, 공부와 휴식, 수면마저 방해를 받는다. 이 책은 이러한 사례들을 생생하게 소개하고 부모들에게 아이들의 스마트폰 사용에 어떻게 대응해야 하는지 대안을 제시한다.

진짜 공부

김지수 외 지음 / 값 15,000원

혁신학교가 추구하는 '진짜 공부'와 '진짜 스펙'이 무엇인지 보여주는, 졸업생들의 생동감 넘치는 경험담. 12명의 졸업생들은 학교에서 탐방, 글쓰기, 독서, 발표, 토론, 연구, 동아리, 학생회 활동을 통해 자신들이 생각하지도 못한 진짜 공부를 경험했음을 보여준다. 이 책을 통해 무엇이 진짜 공부인지를 새삼 느낄 수 있다.

행복한 나는 혁신학교 학부모입니다

서울형 혁신학교학부모네트워크 지음 / 값 16,000원

이 책은 학부모가 자신의 눈높이에서 일러주는 아이들의 혁신학교 적응기일 뿐만 아니라, 학부모 역시 학교를 통해 자신의 삶을 고양시켜가는 부모 성장기라는 점에서 대한민국의 모든 학부모들에게 건네는 희망 보고서이기도 하다. 이 책은 혁신학교 학부모로서의 체험을 미리 하는 데 부족함이 없을 것이다.

일반고 리모델링 혁신고가 정답이다

김인호 · 오안근 지음 / 값 15,000원

서울의 한 일반계 고등학교가 혁신학교로서 4년간 도전과 변화를 겪으면서 쌓은 진로, 진학의 비결을 우리 사회 모든 학생, 학부모, 교사, 시민 등에게 낱낱이 소개해주는 책. 무엇보다 '혁신학교는 대학 입시에 도움이 안 된다'는 세간의 편견을 말끔히 떨어 없앤다.

교사, 어떻게 살아야 하는가

김성천 외 지음 / 값 15,000원

오랫동안 교육현장에서 교육과 연구를 병행해온 저자 5인이 쓴 '신규 교사를 위한 이 시대의 교사론'. 이 책은 학교구성원과의 관계 맺기부터 학교현장에서 맞닥뜨리게 되는 여러 가지 문제들과 극복 방법 등 어떻게 개인의 성장을 도모해야 하는지를 두루 답하고 있다.

다섯 빛깔 교육이야기

이상님 지음 / 값 16,000원

충북 혁신학교(행복씨앗학교)인 청주 동화초등학교의 동화 작가 출신 선생님이 아이들과 함께 보낸 한해살이 이야기다. 초등학생의 특성에 맞도록 활동 중심의 교육과정을 재구성하는 한편, 표현 위주의 교육을 위한 생활 글쓰기 교육을 실천하면서, 학교교육을 아이들의 삶과 연결시키고자 노력한 이야기들을 담고 있다.

만들자, 학교협동조합

박주희 · 주수원 지음 / 값 14,500원

이 책은 학교협동조합이 무엇인지, 어떤 유형의 학교협동조합이 가능한지, 전국적으로 현재 학교협동조합의 추진 상황은 어떠한지 국내외 사례를 통해 소개하고 안내하는 한편, 학교협동조합을 운영하는 원리와 구체적인 교육 방법을 상세하게 풀어놓고 있다.

혁신 교육 내비게이터 곽노현입니다

곽노현 편저 · 해제 / 값 17,000원

서울시 18대 교육감이자 첫 번째 진보 교육감으로서 혁신 교육을 펼쳤던 곽노현은, 우리 사회 전반을 아우르는 주요 교육 현안들을 이 책에서 포괄적으로 다루고 있다. 2014년 3월부터 1년간 방송된 교육 전문 팟캐스트 '나비 프로젝트' 인터뷰에 출연한 전문가들과 나눈 대화와 그에 대한 성찰적 후기를 담고 있다.

무엇이 학교 혁신을 지속가능하게 하는가

권성호 · 김현철 · 유병규 · 정진헌 · 정훈 지음 / 값 14,500원

독일 '괴팅겐 통합학교', 미국 '센트럴파크이스트 중등학교', 한국 혁신학교의 사례들을 통해 성공적인 학교 혁신의 공통점을 찾아내고 그것을 지속가능하도록 만들기 위해서 필요한 것은 무엇인지를 보여준다. 독자들은 '좋은 학교'를 만들기 위한 학교 혁신의 세계적인 공통점을 찾을 수 있다.

혁신학교의 거의 모든 것

김성천 · 서용선 · 홍섭근 지음 / 값 15,000원

이 책은 혁신학교에 대한 100가지 질문에 답하면서 혁신학교의 역사, 배경, 현황, 평가와 전망을 구체적인 증거를 통해 설명하고 있다. 이 책은 우리 사회에 필요한 교육은 무엇인지, 교사와 학생들이 더 즐겁게 가르치고 배우면서 성장할 수 있는 교육을 위해 필요한 것이 무엇인지 등을 더 깊이 생각해보게 한다.

혁신학교 효과

한희정 지음 / 값 15,000원

이 책에서 저자는 혁신학교 효과를 살펴보기 위해 혁신학교가 OECD DeSeCo 프로젝트에 제시된 '핵심 역량'을 가르치고 있는지, 학생·학부모·교사가 서로 배우는 교육공동체를 이루고 있는지, 학생의 발달을 위한 다양한 교육과정을 운영하고 있는지 등을 반 학교와 비교하여 설명한다.

더불어 읽기

한현미 지음 / 값 13,500원

이 책은 교사들이 학습공동체를 통해 교직의 전문성과 자율성을 새롭게 발견하며 성장하는 이야기를 다룬다. 이 책에서 저자는 이러한 비인격적인 제도와 환경 아래서 교사들이 행복을 되찾기 위해서는 서로 협력하며 같이 배우면서 아이들과 함께 성장할 수 있어야 한다고 말한다.

I Love 학교협동조합

박선하 외 지음 / 값 13,000원

학교에 협동조합을 만드는 일에 참여했던 학생들의 협동조합 활동과 더불어 자신과 친구들이 어떻게 성장했는지를 이야기한다. 글쓴이 중에는 중학교 1학년 때부터 사회복지사라는 장래 희망을 가지고 학교협동조합에 참여한 학생도 있고, '뭔가 재밌을 것 같다'는 호기심을 가지고 시작한 학생 등 다양한 사례를 담고 있다.

내면 아이

이준원·김은정 지음 / 값 15,500원

'내면 아이'가 자녀/학생과의 관계에서 어떠한 영향력을 행사하는지, 어떻게 갈등을 일으키는지 볼 수 있게 한다. 그 뿌리를 찾아 근원부터 치유하는 방법들은 필자의 경험을 바탕으로 종합한 것이다. 또한 임상 경험을 아주 쉽게 소개하여 스스로 자신의 '내면 아이'를 만나고 치유할 수 있도록 하는 데 중점을 두었다.

어서 와, 학부모회는 처음이지?

조용미 지음 / 값 15,000원

두 아이의 엄마인 저자가 다년간 학부모회 활동을 하면서 알게 된 노하우와 그간의 이야기들을 담은 책. 학부모회 활동을 처음 시작하는 이들이나, 이미 학부모회에서 활동 중이지만 학교라는 높은 벽에 부딪혀 방향성을 고민 중인 이들에게 권한다.

학교협동조합 A to Z

주수원 · 박주희 지음 / 값 11,500원

'학교협동조합'의 설립 및 운영과 관련해 학생, 학부모, 교사들이 궁금해할 만한 이야기들을 질문과 답변 형식으로 풀어냈다. 강의와 상담을 통해 자주 접하는 질문들로 구성했으며, 학교협동조합과 관련된 개념들을 좀 더 쉽고 빠르게 이해하는 데 중점을 두었다.

교육을 교육답게 우리교육 다시 세우기

최승복 지음 / 값 16,000원

20여 년간 교육부 공무원으로 정책을 연구하고 입안해온 저자가 우리 사회가 당면한 교육 문제의 본질과 대안을 명확하게 정리한 책. 저자는 표준화된 교육과정과 평가에 따라 학생들에게 획일성과 경쟁만 강조해왔던 과거의 교육을 단호히 비판하고 학생 개개인에게 맞는 개별화 교육이 필요하다고 주장한다.

혁신교육지구란 무엇인가?

강민정 · 안선영 · 박동국 지음 / 값 16,000원

이 책은 혁신교육지구에 관한 거의 모든 것을 아우른다. 시흥시와 도봉구의 실제 운영 사례와 향후 과제는 물론 정책 제안까지 담고 있어, 혁신교육지구에 관심을 가진 사람들뿐만 아니라 혁신교육지구와 관련된 업무를 담당하고 있는 현장의 전문가 및 정책 입안자들에게도 큰 도움이 될 것이다.

공교육, 위기와 도전
김인호 지음 / 값 15,000원

학생들에게 무한경쟁만 강요하는, 우리 교육 시스템과 그로 인해 붕괴된 교실에서 교육주체들은 길을 잃고 말았다. 이 책은 이러한 시스템 속에서 고통을 겪고 있는 교사, 학생, 학부모, 지역사회가 연대하여, 교육과정·수업·평가·진로 등 모든 영역에서 잘못된 교육 제도와 관행을 이겨낼 수 있는 대안과 실천 사례를 상세히 제시한다.

고교학점제란 무엇인가?
김성천 · 민일홍 · 정미라 지음 / 값 17,000원

이 책은 아직까지 우리나라에서는 생소한 개념인 고교학점제에 대한 거의 모든 것을 아우른다. 아울러 고교학점제가 올바로 정착하기 위해 학교 현장의 교사는 물론 학생, 학부모에게도 학점제를 좀 더 깊이 이해하기 위한 좋은 지침서가 되어줄 것이다.

학교, 민주시민교육을 만나다!
김성천, 김형태, 서지연, 임재일, 윤상준 지음 / 값 15,000원

2016년 '촛불 혁명'의 광장에서 보인 학생들의 민주성은 학교에서는 찾아보기 힘들다. 민주시민교육은 법률과 교육과정 총론에 명시되어 있지만 그 중요성을 실제로는 인정받지 못해왔다. 또한 '정치적 중립성'이 대체로 '정치의 배제'로 잘못 해석됨으로써 구체적인 쟁점이나 현안을 외면해왔다. 이 책은 교육과정, 학교문화 등 다양한 측면에서 시민교육을 성찰하고 정책 대안을 제시한다.

학교, 민주시민교육을 실천하다!
교육정책디자인연구소시민모음 지음 / 값 17,000원

학교에서 어떤 식으로 민주시민교육이 이루어져야 하는지를 이야기한다. 특히 학생들의 눈높이에 맞춰 민주주의를 그들의 삶과 어떻게 연결시킬지에 초점을 맞추었다. 18세 선거권, 다문화와 젠더 등 다양한 차별과 혐오 이슈, 미디어 홍수 시대의 시민교육, 통일 이후의 평화로운 공존 방안 등의 시민교육 주제들을 아우른다.

고교학점제, 어떻게 실천할 것인가?

김삼향 · 김인엽 · 노병태 · 정미라 · 최영선 지음/ 값 20,000원

이 책은 고교학점제의 구체적인 실천 방안을 중심으로 풀어간다. 특히 소통과 협력이 원활한 학교문화, 체계적인 학교운영, 학생들이 주체가 된 과목 선택과 진로교육을 위한 다양한 교육과정 편성 및 운영, 발달적 관점에서의 질적 평가, 학점제에 최적화된 학교 공간혁신 등을 아우른다. 특히 마이스터고와 특성화고의 실천 사례들도 함께 소개하고 있다.

시인 체육교사로 산다는 것

김재룡 지음 / 값 16,000원

이 책은 정년퇴임까지의 한평생을 체육교사이자 시인으로서 살아온 저자가 솔직하고 담담한 자세로 쓴 일상의 기록이며, 한편으로는 구술사를 꾸준히 고민해온 저자 자신의 역사가 담긴 사료(史料)이다. 그는 자신의 삶 속에서 타인의 고통과 접속하며 자신의 고통을 대면하여 가볍게 만드는, 자기치유의 가능성을 말한다. 사소한 순간의 기억이 모여 운명처럼 완성된 한 생애의 이야기가 여기에 있다.

독자 여러분의 소중한 원고를 기다립니다

맘에드림 출판사는 독자 여러분의 소중한 원고를 기다리고 있습니다. 원고가 있으신 분은 momdreampub@naver.com으로 원고의 간단한 소개와 연락처를 보내주시면 빠른 시간에 검토해 연락을 드리겠습니다.